戦争文化と愛国心

非戦を考える

海老坂 武

みすず書房

戦争文化と愛国心　目次

第一章　国民学校一年生
——言葉を擦り込まれた少年　1

第一章　国民学校一年生——言葉を擦り込まれた少年

「日本を、取り戻す」「戦後レジームからの脱却」「積極的平和主義」……怪しげな言葉、きなくさい言葉が横行する時代になった。ああ、またあの呪《まじな》い言葉、あの節回しだ、と七十年以上前の記憶がどっと押し寄せてくる。その記憶を探り直すところからこの本を始めたい。七歳で「大東亜戦争」を迎えた子供にとって戦争とは何だったたか。

じっさい、さまざまな戦争体験があるのだ。戦場で戦ったものだけが戦争体験を独占していたわけではないし、戦場にいた場合にもそれぞれの戦争体験は違っている。飢えと病に冒されながら戦闘を強いられた者もいれば、ひたすら敗走を続けているだけで戦わぬうちに捕虜となって内地に送還された者、あるいはシベリアに何年も抑留された者もいる。沖縄戦で過酷な戦闘体験を持つ兵士もいれば、内地勤務で弾丸一発打たぬまま、食料を抱えて帰宅した者もいる。

私の父親がそうだった。「支那事変」で二度駆り出されたあと、四十歳を過ぎていたにもかかわらず一九四五年にまたもや動員された彼は、中国地方のどこかでぼんやり数ヶ月勤務していたらしい。

一般市民にもそれぞれの戦争体験がある。爆撃で家を焼かれた者、疎開を強いられた者、いや何よりも広島、長崎の原爆被災者がいる。東京、大阪の数回にわたる大空襲の被災者がいる。生き残った者も、その多くは家族の誰かを失っている。爆撃にさらされなかった者の場合にも、「歓呼の声」で家族の誰かを戦場に送り出したのはよいものの、帰ってきたのは遺骨のみだった、という形での戦争体験もある。

そして子供たちには子供たちの戦争体験がある。私の場合はどうだったたか。戦争は遠くでなされていた。疎開をしていたので爆撃も直接受けたことはない。しかし私は他愛なく「少国民」となって「鬼畜米英」を唱えていた。私の戦争は頭の中でなされていた。私はどのようにして「戦争」の言葉を、あるいは時代の狂気を擦り込まれていったのか。別の言い方をすれば、どのような戦争文化の中にいたか。

1「コクミンガッコウ　イチネンセイ」

国民学校

一九三四年に生まれた私は、いわば戦争の申し子のような存在である。「武」という命名自体が「武運長久」「文武両道」「武士道」、その他もろもろの表現に含まれている「武」、時代のたけしさとたぶん無関係ではない。生まれる三年前に満州事変が始まり、三年後に支那事変が始まり、七年後に大東亜戦争が始まった。大東亜戦争の始まったその年、一九四一年、昭和で言い直すなら昭和十六年の四月に、私は小学校ではなく、国民学校と呼ばれることになったばかりの学校に入学している。つまり私は国民学校の第一回生である（したがって、戦後の新制中学校のやはり第一回生〔新制中学に入学し、卒業した最初の年代〕、井上ひさし、田原総一郎、倉本聡、大江健三郎、樋口陽一、次に参照する入江曜子などと同年である）。

昭和十六年四月、私はたぶん新しいランドセルを背負って、家のすぐ近くにある月光原国民学校（東京市目黒区）に入学した（ただ、母親の意志で、二学期からは目黒区に引っ越す前にいた大森区〔現・大田区〕の住所に近い赤松国民学校に転校）。それが四月一日であったかどうか、その日学校で何をしたか、担任の先生がどんな人であったか、情けないことに、私は何も憶えていない。憶えているのは「コクミンガッコ

ウ　イチネンセイ」という歌を歌ったことぐらいである。

尋常小学校がなぜ国民学校に変わったのか、そのことの説明は誰もしてくれなかったと思う。国民学校設立の意図が何であったかを知ったのは、ずっとあとのことだ。この年、三月一日に公布された「国民学校令」の第一条にはこのように書かれている。

「国民学校ハ皇国ノ道ニ則リテ初等普通教育ヲ施シ国民ノ基礎的錬成ヲ為スヲ以テ目的トス」

しかも、この「国民ノ基礎的錬成」は原案（昭和十五年三月一日・国民学校令第一条）においては「皇国民タルノ基礎的錬成」となっており、「皇国民」が「国民」に変えられたのは、「国民学校」の名称と一致させたにすぎなかったという。また「国民学校」でなく「皇民学校」にせよという意見も強かったという。

要するに、以後五年近く、私は同時代の国民学校生とともに、「皇国民」として学校に迎えられ、「皇国民」にふさわしい教育を与えられていたわけだ。入江曜子が『日本が「神の国」だった時代――国民学校の教科書をよむ』で引いている東京高等師範教授石山脩平の次の言葉、最初の新入生を迎えるにあたっての言葉は、それがエリート校の教育者の言であるだけに、時代の狂気の深さを示している。

「唯漠然たる人間の子を迎えるのではなく、また街や村の誰彼の子を迎えるのではなくて、実に「すめらみくに」の「おおみたから」を迎えるのであり、皇国民の若い民草《たみくさ》を迎えるのである」

そう、「唯漠然たる人間の子」ではなく、「皇国民の若い民草」として私たちは教育を受けたのである。

この国民学校制度がどのような背景のもとに、どのような経過を経て設立されたか、その経過についてはいくつもの研究があるが、ここでは戸田金一の『国民学校 皇国の道』を少しだけひもといておこう。背景として重要なのは第一に、一九三七年三月に文部省が発行した『国体の本義』なる書である（この本は三〇万部発行されたという）。ここで説かれている天皇と国民の関係（臣民の関係）、個人主義教育の否定（国民の育成）、武の精神の意味付け（和のための武）は、単に日本の国体を明らかにするという理論の要請から出たというよりは、「戦争政策」の一翼を担っていた、という指摘（『日本近代教育百年史』第一巻）はそのとおりであろう。第二に、日中戦争が始まった一九三七年七月七日から一月半後に閣議で決定された「国民精神総動員実施要綱」であり、このときから国民精神総動員運動が開始されたことだ。これを受けて秋田県で作成され、知事から学校長ならびに教育行政官の役割をもっていた市町村長に発せられた「教育綱領」を戸田は引用しているが、その第一条を拾い読みするとこうだ。まず「国体の本義に基づき教学の刷新を期すべし」と基本方針が示され、ついで「忠君愛国の士気を発揚すべし」「国民精神文化の闡明《せんめい》に努め国民的情操の啓培に努むべし」「師道を確立し、学校をして日本精神体現の道場たらしむべし」といった具合に「べし」「べし」のオンパレードだ。

さらにこれに答える形で秋田県教育会の機関誌には「秋田県教育要綱実践要項」というさらに細分化された文書――似たような文言で書かれた文書、しかし国旗尊重、宮城遥拝、東亜教材の重視といったきわめて具体的な行動が指示されている文書――が掲載されている。日中戦争のさなか、中央権力から地方権力へ、地方権力から学校校長への〈上意下達〉がなされただけでなく、地方教育会はこれに迎合した、あるいは「官に無批判の下達《かたつ》を助ける翼賛的機関に転じた」のである。これは今日の教育委員会が置かれている状況とどれだけ違っているだろうか。

教師たちの養成

しかし生徒を洗脳するためには、まず教師を洗脳する必要がある。それはどのように行なわれたか。戸田金一はやはりこの本の中で、秋田県の小学校の四代の学校長が残した「学校経営文書」を掘り起こし、「国民学校以前からはじまる「皇国の道」の現場における把握」がどのようなものであったか、教師に対してどのような工作がなされたかを明らかにしている。

とりわけ興味深いのは、一九三四年四月三日に宮城前広場で開催された「全国小学校教員精神作興《さっこう》大会」なる催し、三万五千三二二名が参加した催しについての記述である。教育の中にどのような経路を経て戦争文化が腰を据えたか、その筋道がはっきりと見て取れるのだ。

まずこの大会の背景だが、主催者は国ではなく、全国連合小学校教員会だ。つまり小学校の教員の集まりだ。しかし実務は文部省の役人が主導し、予算も組まれているのだから、実際には国の意向を受けて催されたと考えてよい。民間団体が国策に迎合して、あるいは国策に便乗していく風景は当時数多く見られたが、これもその一つである。

名称はなぜ「教員精神作興」なのか。それは一九二三年十一月十日に発せられた「国民精神作興に関する詔書」が契機になっているからだ。開催時期として教員が多忙なはずの四月三日になぜ設定されたのか。それは、ほかでもない神武天皇祭日にあたるからなのだ。

大会の目的は何か。それはこうだ。「本大会は全国小学校教員相会し、皇太子殿下の御誕生を奉祝し、聖旨を奉体して日本精神を顕揚《けんよう》し、天地神明に誓って教育報国の覚悟を宣明するを目的とす」。そう、皇太子――現天皇は私より一つ年上で、その前の年に生まれていたのだ。

日本語の文脈はしばしば曖昧さを許すが、この数行には目的が四つ記されていると読んでいい。親睦の会であること、皇太子誕生の祝賀であること、この二つはまあよいとしよう。三つ目はどうか。聖旨（天皇のおぼしめし）を奉体（心にとめ、実行する）して日本精神を世に広め高めること。これは単にこの催しの目的を語っているだけではないだろう。そうではなく、小学校教員は何をすべきかの役割を語っている箇所でもある。四つ目は教育報国の覚悟を宣言するとある。これは何か。これは教育の目的が国家への奉仕であることを確認し、このことを教員相互に誓い合う場にするということでもある。

いや、まだまだある。戸田金一は大会案内に添えられたという趣意書の一節をも引いている。

「我等は至誠一心、聖旨を奉体して日本精神を顕揚し、忠孝礼譲の道を明かにし、確呼不抜《ふばつ》の志を抱いて、清節不撓《ふとう》の風《ふう》を励まさんとするものなり。（中略）

我等は国史に鑑《かんが》み、仰いで悠久三千年、万邦無比の国体を奉戴し、天壌無窮の神勅により、万世一系の皇祚《こうそ》を継承し給える皇室の御繁栄と皇国の隆昌とを祈念して已《や》まず」

前半の二行は前に引いた文章とほぼ同じだが、ここでは「忠孝礼譲」の一語が付け加わり、後半の二行では天皇崇拝がほとんど宗教の高み（?）に達している。「悠久三千年」となると、紀元二千六百年を祝おうと企画している役人たちも顔負けのふくらませぶりである。

しかしこうした大会が東京で一回開催されただけというのなら、その効果は微々たるものだっただろう。大会の目的が達成されるためには、事後処置が必要である。大会に参加しなかった教員にもその精神を植え付ける必要がある。それぞれの道府県においてどのように聖旨が奉体されたか、何が実行されたかを報告するように文部省は求めている。これに対して各道府県では、勅語の奉読をするとか、勅語を学校に掲示するとか、名士に講演を依頼するとか、参加者の感想文を募集しこれを配布するとか、教員の修養会を企画するとか、さまざまな対応をして「聖旨奉体」を徹底させるべく腐心している。ここでも「上意下達」だけでなく、下からの「翼賛」つまりは自発的従属が求められていたのだ。

ただ言っておかなければならないが、すべての先生がこうした天皇教の信者であったわけでもなく、極端な国家主義者であったわけでもないということだ。おそらく彼らの大多数は天皇の権威を信じ、「教育報国」のスローガンを受け入れていたであろうが、そこには強弱があったはずだ。

戸田金一の本には国民学校の制度作りが一九三七年の十二月十日の教育審議会の設置に始まったこと、それがどういう議論の過程を経て一九四一年三月一日の勅令「国民学校令」となって公布されるかについての詳しい記述があるが、その紹介は省略する。

2「アカイ　アカイ　アサヒ　アサヒ」

学校ではどんな教科書を使っていたのだろう。私は国語の教科書『ヨミカタ』だけはよく覚えている。なぜならこのとき初めて片仮名を習ったからだ。今では学校に行くまえに家庭で片仮名や平仮名を習っているようだが、昔は小学校で初めて習うのが普通だった。

長い間、私はその第一課のテキストがどんなであったかを忘れていた。それを思い出したのは、一九七一年に、『朝日ジャーナル』（三月一九日号）で「櫻画報」と題する赤瀬川原平のイラスト（日章旗に似た朝日新聞の社章が水平線から昇ってくる）とこれに添えられた「アカイ　アカイ　アサヒ　アサヒ」の文を見たときである。これには「朝日は赤くなければ朝日ではないのだ」といわば追い撃ちの説明文までついていたために朝日新聞の内部で〈事件〉になった。それ以来第一課の最初の五、六行がすらすら口に出てくるようになった。

アカイ　アカイ
アサヒ　アサヒ

アサヒ

ハト
コイ　コイ
コマイヌサン
ア
コマイヌサン
ウン

ヒノマルノ　ハタ
バンザイ
バンザイ

ヘイタイサン
ススメ
ススメ

チテチテタ
トタ　テテ

タテタ

おしまいの「チテ チテタ トタ テテ タテタ」はいったいなんなのだろう。進軍らっぱの音だったのか。私の頭の中ではこの箇所にはメロディーがついていて、いまでもすっと歌える。

次の文もさっと記憶に蘇る。

オミヤノ 石ダン、一二三、
四五六七、八九十、
二十五ダンデ ゴシンゼン。
二ド オジギシテ、手ヲ ウッテ、
モ一ツ ウッテ、オジギシテ、
ワタクシタチハ ゲンキ デス。

これが記憶の引き出しかすらすらと出てくるのは全体が七五調だから、そしてなんとなくコミックだからだろう。

一年生の修身の教科書には『ヨイコドモ』という題がつけられている。その「上」（一年生用）ではまず見開きページに宮城（この時代には皇居と言わず宮城と言った）の色彩画がでてくる。ついで学校風景の絵が続いたかと思うと、天皇が馬に乗って閲兵をしている絵と少年が家の前で日の丸の旗を立てている絵とが見開きのページで一緒に出てくる。全体として家庭道徳と国家道徳という二本の柱で組み立てられていることは明らかなのだが、子供の道徳には関係のないこんな文章が突如出てくる。

テキノタマガ、雨ノヤウニ
トンデ来ル中ヲ、日本グンハ、
イキホヒヨク　ススミマシタ。
テキノシロニ、日ノマルノ
ハタガタカク　ヒルガヘリ
マシタ。

さらに、「出た！」と思わず言ってみたくなるのは二年用の『ヨイコドモ　下』に出てくる次の四行である。これはぼんやりと記憶の中に残っている。

日本ヨイ国、キヨイ国。
世界ニ一ツノ　神ノ国。
日本ヨイ国、強イ国。
世界ニ　カガヤク　エライ国。(1)

実は私自身七五調の文句が好きで、いまでも自分用に七五調の詩を書くことがあるが、それは軍歌の影響だけでなく、こうした低学年時代の教科書による擦り込みの影響かもしれぬ、という気がちらりとする。いやむしろこう言うべきだ。擦り込みやすいからこそ〈彼ら〉は計画的に七五調の文章にしたのだ、と。

二〇〇〇年に現職の総理大臣であった森喜朗が神道政治連盟国会議員懇談会で「日本の国、まさに天皇を中心としている神の国であるぞということを国民の皆さんにしっかりと承知をして戴く」と述べて解散に追い込まれたことがあったが、森は私より三つ下、これは彼の信念というよりはかつて擦り込まれた「世界ニ一ツノ神ノ国」のオウム的反応に思われる。

もちろん、今あらためて当時の教科書を眺めてみて、まったく記憶に留められていない文章にもいくつもお目にかかる。これは、私がもともと憶えの悪い子だったためか、単なる歳月の作用なのかはわからぬ。ましてや、その分だけ擦り込みの度合いが薄いと言えるかどうかもわからぬ。しかしもしかしたら、「彼ら」のあの猿知恵、あるいは深謀遠慮も全能ではなかったのかもしれない。

先に挙げた入江曜子の本を読むことによって、また山中恒『戦争のための愛国心――ボクラ少国民の作り方』を読むことによって、私は自分の受けた教育、日の丸教育、君が代教育、軍人同一化教育、大東亜共栄圏教育、「軍国の母」教育がどのようなものであったかを、驚きとともに再認する。国民学校の教科書（第五期教科書）と、それまでの教科書とがどのように違うかが丹念に拾い出され、その違いがイデオロギー面から明らかにされているのだ。

たとえば小学校時代の国語の教科書の一年生の第一課は「サイタ　サイタ　サクラ　ガ　サイタ」だった。それがなぜ「アカイ　アカイ　アサヒ　アサヒ」に変わったのか。入江はこう説明する。「この期から共通の教科書を使用することになった朝鮮、台湾、満洲に対する配慮であるだけでなく、「大東亜共栄圏」のどの地域にも通じる明るさ、力強さといった普遍的イメージとともに、その形と色から日の丸の旗と関連させた国威発揚へ、さらには抽象的な「光」である天皇賛美へと発展していく伏線として重視したためであろう」。また、ハトやコマイヌが出てくるのは「神社への親しみ」を感じさせるためのものだとのこと。姑息な計算と言いたいところだが、そう言ってすませてはならないのだろう。深謀遠慮と言うべきなのだろう。戦争文化はこういう細部に宿るのだから。

3　日の丸教育

入江は国民学校の教科書第五期国定国語読本と、それまでの教科書とがどのように違うかを丹念に拾い出し、その違いをイデオロギー面から明らかにする。

たとえば日の丸教育だ。入江や私が一年のときに国語で習ったのは「ヒノマルノ ハタ　バンザイ バンザイ」である。第一期（国定尋常小学読本）においては「ヒノマルノハタハ、ニッポンノシルシデアリマス。ヨイハタデハアリマセンカ」だった。客観的な文章、疑問形の文章であったものが無条件の賛美の文章に変わっている。「日の丸に対する感動を植えつけることを目的としたきわめて主観的な文章」に変わっている。

音楽の時間に覚えた「日の丸の旗」も歌詞が変わった。それまでは「白地に赤く　日の丸染めて、あうつくしや、日本の旗は。」（『尋常小学唱歌　第一学年用』および『新訂　尋常小学唱歌 伴奏附　第一学年用』）だった。ところが国民学校では、「アオゾラ タカク　ヒノマル アゲテ、アア、ウツクシイ、ニホンノ ハタハ」になった。この変更の意図は何か。入江によれば「日の丸の旗は視覚的な美しさから、高くかかげてこそ美しい、と意味が変ったのである」。じっさい、子供たちは、図画の時間に日の丸を高くかかげる絵を描かされることになる「家の屋根に、山の上に、軍艦の舳先に」

実を言えば、私は「白地に赤く」の方の歌詞もよく覚えている。そして「アオゾラタカク」に変わったときの戸惑いをぼんやりいま思い出している。ということは、学校に入る前に、もしかしたら幼稚園ですでに「白地に赤く」を歌っていたのだろう。

驚いたことに、算数の教科書『カズノホン 二』にも日の丸が登場していたようだ。私の記憶にはないが日の丸の旗をつけた飛行機とシルエットの敵の飛行機と、どちらが多いかを数えさせたという。要するに、国民学校においてはあらゆる教科を動員して日の丸の美しさ、勇ましさを幼い頭脳に刻印させようとしていたのだ。

教科間の連携も指摘されている。音楽の授業で「アオゾラタカク」を歌ったあと、二年の『よみかた』では、支那の子どもがこの歌を歌う話が出てくる（『よみかた 四』「支那の子ども」）。日の丸の旗は学年が進むとともに、支那に、東南アジアに翻るのだ。

また二年の『よみかた 三』の「日曜日の朝」では、日の丸の旗を立てたあと、宮城を拝み、兵隊さんへ慰問文を書く。これに合わせて『ヨイコドモ 下』では「兵タイサンへ」と題された慰問文のお手本が示される。

兵タイサン、ボクノ
カイタヱヤジヲ
見テクダサイ。
シナノ子ドモ
タチニモ、見セテ

アゲテ クダサイ。
日ノ丸ノ 旗ハ、
ヂン地ヲ センリヤウ
ナサッタ時、コレヲ
フッテ、バンザイヲ
トナヘテ クダサイ。

ここでは日の丸の旗は戦争の勝利のシンボルとなっている。日の丸の旗はまた君が代とセットになっている。以下は、一年三学期、紀元節（二月十一日）の前後に使われる『ヨミカタ 二』の一節だ。

日本の しるしに
はたが ある。
　朝日を うつした
日の丸の はた。

日本の しるしに
山が ある。
　すがたの りっぱな

ふじの 山。

日本の しるしに
うたが ある。
ありがたい うた、
君が代の うた。

（『ヨミカタ 二』「日本のしるし」）

どのパラグラフもリズムがあって覚えやすい。まず旗についての、ついで山についての客観的な描写があり、最後に君が代についての価値が忍び込み「ありがたい うた」となる。客観から主観へ、事実から価値への軽やかな滑走、繰り返すことと並んで、これが「擦り込み」の一つの手法なのだ。

入江はさらに二つの手法を暴き出している。

一つは「ぼくらは」「私たちは」という複数の主語を用いて感情の同一化を促す手法。たとえばこんなテキストだ。

ああ、かがやく日章旗、ぼくらは興亜の少国民だ。

（朝鮮総督府編纂『初等国語読本 巻八』）

日の丸の旗をささげて進むのが、私たちの尊いつとめです。

（『初等科修身 二』「日本は海の国」）

もう一つは「つくづく感じます」「しみじみ思います」という情緒に訴える手法。こんなテキストが挙げられている。

日の丸の旗は、いつ見ても、ほんたうにりっぱな旗です。
祝祭日に、朝早く起きて、日の丸の旗を立てると、私どもは、
「この旗を、立てることのできる国民だ。」
「私たちは、しあはせな日本のこどもだ。」
と、つくづく感じます。

（『初等科修身 一』「日の丸の旗」）

一つだけ、個人的感慨を付け加える。第一学年では「兵タイゴッコ」をとおして兵隊さんへの親近感を抱かせたあと、二年生の国語になると軍人への憧れが語られはじめる。軍艦大好きな春雄さんが登場し「ぼくは、あれに のって、せかい中の 海を のりまはして みたい」となる。この箇所にきて私は愕然とする。後に述べるように、私は兄の指示と『あゝ江田島』（菊村到）という本を読んで自分で決めたのだと思い込んでいたが、実はそれ以前にこのテキストによって精神の「地ならし」がなされていたのかもしれないではないか。

以上、入江の教科書研究をもとにして、反復、客観から主観へ（事実から価値へ）、同一化への誘い、情緒への働きかけという四つの「擦り込み」の手法を、日の丸教育についてみてきたが、この手法は一

言で言うなら「皇国民教育」の全体（君が代教育、軍人同一化教育、大東亜共栄圏教育、神の国教育、軍国の母教育、靖国神社教育）について多かれ少なかれ用いられている。これは、今日の小学校で用いられている教科書のテキストを検討するときにも重要な視点となるだろう。

4 教室風景

体操の時間で私が好きだったのは相撲についで剣道だった。『柳生十兵衛』などの剣術ものの本をむさぼり読んでいたからか、あるいは剣道自体が好きだったからか、どちらかはもうわからなくなっている。授業以外に剣道部があり、毎年学内で学年別剣道大会が催された。出場が許されたのは三年生になってからだったか。自分ではかなり強いつもりでいたが、一回戦であっけなく負けてしまった。四年のときに疎開したが、疎開先の田舎の国民学校では、なぜか剣道は授業で取り上げられなかった。それよりも田畑の耕作や草刈りの方が大事だったのだ。

学校での罰は、軽いのがたちんぼで、だいたいはこれですんだ。遅刻したり、忘れ物をしたときである。一年、二年のときは男女共学で、受け持ちは優しい女の先生、野里先生、可愛がられた思い出しかない。沖縄出身だということはかなり後になって知った。三年からは「男女十歳にして席を同じうせず」ということか、男だけのクラスに変わり、受け持ちも男の先生に変わった。けっしてファシスト型の先生ではなかったが、ある日すさまじい光景をまのあたりにした。

学校の近くに「朝鮮人部落」があった。私のクラスにも二、三人ここから通ってきている生徒がいたのだが、そのうちの一人がどんなきっかけだったか、教室で「天皇のバカ」と口ばしったのである。この時代、こうした非国民的な言葉を先生が許すわけはない。担任の先生は、彼を前に引っ張り出して往復ビンタを食らわせた。しかし少年はこれにめげることなくもう一度同じ言葉を叫んで、もう一度なぐられ、よろめきはしたが倒れなかった。日頃はむしろとろんとした生徒に見えたが、このときだけは眼をらんらんと輝かせて、謝るどころか一歩も引かない姿勢を示したのだ。先生が最後にどう処理したのかはもう覚えていないのだが、この生徒とは後に同じ新制中学に進んだこともあり、戦争中の忘れられない一コマとして記憶のフィルムに収まっている。

5　愛国節をうなる

真珠湾の攻撃の報が伝えられたのは十二月八日だったろうか。街の提灯行列に加わって「万歳」を連呼していたような気もするが、これはその前の年の紀元二千六百年の祭典と混同しているのかもしれない。それよりも開戦についてはっきり覚えているのは、攻撃に参加した特殊潜航艇の「軍神九勇士」の話である。しかしそのとき、九人はおかしい、という話は誰もしてくれなかった。実は潜航艇は二人乗りであって、もう一人の乗組員、坂巻和男は捕虜になったことがわかったのはずっとあとのことである。二〇〇〇年に精神科医の中井久夫と対談をしていて驚かされたことがある。中井久夫は私より一つ上の学年（一九三四年一月生）なのだが、「支那事変」が始まった日、一九三七年の七月七日を覚えている、という。しかもトイレで「大量の死者が出るだろう」と直覚し、「人間はいつかは死ぬべきものである」という考えがひらめいた、というのだ（シンポジウム『生きるということ』二〇〇〇年一月二十日、関西学院大学出版会によるまとめ。未発表）。

この対談の間じゅう、私は中井の子供の頃の記憶の豊饒さに圧倒され続けた。「支那事変」についてだけではない。「大東亜戦争」が始まったときにも彼は「これはまずいことが始まったのではないか」とクラスメートに漏らしたというのだ。いや、それ以前、昭和十六年二月の朝日新聞に、日本とアメリカとの戦いの仮想図が載っていたそうだが、これはたまらんと思ったとのこと（『戦争と平和　ある観察』）。国民学校二年生の中井少年のこの判断力、恐るべし。家庭の環境の違いがあるにしても、私には彼の判断力のかけらもなかった。

戦争開始以後、私の脳みそには次々と愛国的スローガンが埋め込まれていくことになる。ラジオの「大本営発表」で覚えたのだろうか。新聞をめくって覚えたのだろうか。漢字も読めなかったくせに、その一つ一つをごく当たり前のように吸収していった。「皇軍」「英霊」「軍神」といった二字の言葉もあったが、「神国日本」「神州不滅」「鬼畜米英」「七生報国」「滅私奉公」「一億一心」と四つ文字がやたらに多かった。どうしてこんな漢字が読めたのか、またその意味がわかったのか、今から考えると不思議だが、それが時代の文化、戦争文化といったものなのだろう。

一見もっともらしいものもあった。「四海同胞」「大東亜共栄圏」とくるとこれは高遠な理想を語っている。しかしその実態は、後になってわかったことだが侵略と植民地化以外のものではなかった。少し時が経つと、「贅沢は敵」「欲シガリマセン勝ツマデハ」を唱えることになる。これはもう、戦争で物資がなくなってきてからの、ほとんどやぶれかぶれのスローガンで、おまじないにひとしかった。

家族の中にも愛国節は忍び込んでいた。五つ違いの私の次兄は府立中学に落ちて不良の多いとされる私立中学にいたので、母親が心配したのだろう、二年になるときに陸軍幼年学校を受験させられた。そのときの母親の次の言葉を私はなぜか覚えている。「男の兄弟が多いのだから、一人ぐらいはお国のために働いてもらわねばね」

昭和十八年のことで、軍人になれば死ぬ確率の高かった時代の話である。受験した結果、彼は合格して仙台の幼年学校に入った。士官学校に行く前に敗戦になったので戦死することはなかったが、あの母親の言葉はどういう心の働きから出てきたのだろう。「お国のために」、これは時代が生んだもっともポピュラーな愛国節であり、戦争文化の核心に位置する常套句である。いやいや、こんな歌も歌った。「お国のために戦った（……）兵隊さんよありがとう」

小学生時代、たぶん戦争中のことだが、私の愛読書に佐藤紅緑の『ああ、玉杯に花うけて』があった。熱血少年小説と言おうか。これに影響されて、私は将来一高（旧制）に入りたいとある日志を述べたところ、八歳年長の長兄からぴしゃりと言われた。「この非常時に一高はダメだ、海軍兵学校にしろ」と。彼自身は医学部の予科に通っていたのだから、あとから考えればこれは不当な言説だが、こんなふうにして、私も将来は江田島の海軍兵学校と心に決めるようになった。「非常時」、これもよく耳にした愛国節だ。

しかも、目が悪いと不合格になると誰かに教えられ、これを防ぐため、毎日遠くの空をじっと見つめる訓練をするようになった。その訓練が科学的に意味のあるものだったかどうかは知らない。でもたしかに、いまでも私はこの原稿を書くのに眼鏡の助けは借りていないから、あの訓練は多少の役に立ったのかもしれない。

こうした私の兵学校志望自体が、あるとき伯父にたしなめられた。「陸軍の兵隊はてくてく歩かなければならない、海軍は船に乗ってられる、海軍の制服はきれいだ」などと無邪気に口走ったときだ。「軍隊で楽をしようなどと思ってはいけない。みんな黙々と仕事をしてるのだ」。おそらく彼は兵学校という私のエリート志向をたしなめたのだ。ただ、この「黙々と」という言葉は当時よく耳にしたので、これも愛国節につながっていたのかもしれない。

戦争に向けて、あるいは戦争のさなかに、どのようなスローガン、どのような言葉がとびかっていたかを知るには、昭和十年代の新聞を開いてみるだけで十分である。こうしたスローガンは誰が考案したのだろうか。昭和十五年、近衛内閣のときに戦争向けのプロパガンダ、言論統制を目的として情報局が設けられているが、ここから直接発信されたものなのかどうか。

それが迅速に流布し、子供の脳みそにまで浸透してきたのは、当時はこれしかなかったという媒体の、新聞、雑誌、そしてラジオを通じてであっただろう。ちなみに「欲シガリマセン勝ツマデハ」の文句は、「大東亜戦争一周年・国民決意の標語募集」というコンクールでの入選作の一つであり、このコンクールを主催したのは大政翼賛会ならびに読売、朝日、毎日（東日・大毎）といった新聞社である。じっさい、どの新聞も驚くほど似た言葉で、しかも繰り返し繰り返し、愛国節の擦り込みに協力している。いや、それが擦り込みの作業であると自覚さえしていなかったのかもしれない。

たとえば、紀元二千六百年を迎えた昭和十五年一月一日の東京朝日新聞を開いてみる。まず一日、「紀元二千六百年に寄す」と題された近衛文麿の文章が巻頭におかれている。いわく「二千六百年の歴史は血と汗の努力を傾倒して築き上げた民族的事業の記録である」「我が歴史あって以来の大戦争が隣邦支那との間に勃発してすでに今年で四年目」「平和のための戦争との言い古された陳腐な言葉が言葉どおり通用するのがこの事変なのである」「戦争完遂の使命は現代日本に託された歴史的必然的なもの」当初は戦争と呼ばずにあくまでも「事変」と突っ張ってきたはずなのだが、ここではもはや「大戦争」となっている。「歴史的必然的」は当時の流行の言い回し、しかし、「平和のための戦争との言い古された陳腐な言葉」は笑わせる。さすがに「支那」との戦争にこの言葉をストレートに使うのはためらわれたのであろうか。

同じ紙面に「軍用機献納資金」への寄付状況が記されている。この日までの寄付額総計七〇三万五千六八八円三五銭。なお四日の紙面には福澤諭吉が明治二十七年の暮れに一万円献金をして、これが戦時献金の先鞭となったとの記事が載っている。

二日には阿部首相の講演が載せられている。いわく、支那事変とは「日本の歴史始まって以来の大戦争」、いわく「全国民こぞっての共同的責任感」を持てとの呼びかけである。私の目を惹いたのは「戦争と文化」と題された朝日記者の記事、こういう文章がすでに書かれている。「歴史に残るほどの戦争は多かれ少なかれ文化となり時代を画したと言って過言ではあるまい」、そして「フランスは戦争文化を語るには時期早」。戦争文化という言葉がこの時代にも使われていたのである。

しかしときに、愛国音頭一色の紙面に、まったく異質の文章が挟み込まれていることがある。二日、高村光太郎による「われら民族の血の純潔と悠久」といった愛国節のとなりに、谷川徹三の「大国民たる資格」という覚めた文章がおかれている。天皇のための戦いでよいのか、と疑問を呈し、こう書いている。「すべての国民が一つの中心に結《むす》びつき一つの中心のために生き、死ぬのは美《うつく》しく尊《とうと》い伝説《でんせつ》である。しかしそれは国民相互《ご》の連帯《れんたい》の感情《かんじょう》となって始《はじ》めて尊い」。「伝説」と書き、「しかし」と続ける。この時代のぎりぎりの表現と受け止めたい。新聞社の中にこのような文章を書かせる硬骨な部分が存在していたことを物語っている。

6　そこのけそこのけ軍歌がとおる

愛国的な歌や軍歌も、何曲となく私の中で眠っている。曲も歌詞もそっくり残っている。やっかいなことに、近年それがときどき眼をさまして口をついて飛び出してくる。少年期におけるその擦り込みの深さに自分でもあきれざるをえない。

何年か前に見たアラン・レネの『恋するシャンソン』は、登場人物たちの会話の断片が歌につながっていくユニークな作品だが、実は私も一人で同じようなことをやっていた。たとえば「雲の果て」という言葉に出会うと、すぐに「隼は往く　雲の果て」とつながり（『加藤隼戦闘隊』）、「男所帯」とくると「男所帯は気ままなものよ」となる（『轟沈』）。軍歌に通じていく言葉にいたるところでぶつかるのだ。一種の文化的疎外と言うべきだろう。

若い頃はこういう歌に激しい嫌悪感を持っていたので、思わず口ずさむということもなかった。一時期、右翼の街宣車が軍艦マーチ「守るも攻めるもクロガネの」をよく流していたが、私はいつも耳をふさいでいた。

軍歌に寛大になったのは歳のせい、戦争時代ではなく少年期へのノスタルジーの一コマと思いたい。それに口にしたあとよく考えてみると、なかなかみごとな歌詞もあることに気がついた。たとえばこんな歌詞だ。

ここはお国を何百里　離れて遠き満州の
赤い夕陽に照らされて　友は野末の石の下

『戦友』と題されたこの歌はまだまだ続く。故郷をはなれた戦場での戦友の死を悼む厭戦の気配のある歌だ。そのためか、あるいは戦意を減退させるようなメロディーのせいか戦争中は禁止されていたそうだ。

ただ注目してよいのは、四十年も前の明治の時代に作られたこの歌が、「大東亜戦争」下の小学生にまで伝わってきたということである。しかも私はこの歌詞の続きをいくつも覚えている。どこで覚えたのか。戦中に禁止されていたのなら、ラジオから聴き覚えたのではないはずだ。ということは、一般に、長い間にわたってひそかに広く歌われ続けていたということだろう。

辻田真佐憲の『日本の軍歌――国民的音楽の歴史』によれば、「戦友」はそもそも一九〇五年に刊行された、真下飛泉『学校及家庭用言文一致叙事唱歌』全十二篇のシリーズの一つで、全体としては反戦でも反軍でもなかった、ただ、この一篇だけが演歌師たちによって歌い広められ、「飛泉の意図を離れて、日露戦争後の厭戦的な雰囲気にマッチしたところはあったのだろう」とのことだ。

学校の音楽の時間によく歌ったのは、『愛国行進曲』だ。

見よ東海の空明けて　旭日高く輝けば

天地の正気潑剌と　希望は踊る大八洲
おお晴朗の朝雲に（……）

ただ、私はこの歌の二番をまったく覚えていない。一番はすらすら口に出てくるのだが、二番以下は出てこない。小学生には歌詞が難しすぎて歌わせなかったのかもしれない。じっさい、一番の「おおやしま」にしても、それが「大八洲」という漢字に相当すること、これは今回原文を確かめて初めて知ったことだ。

もう一つよく歌ったのは『兵隊さんよありがとう』だ。

肩をならべて兄さんと
今日も学校に行けるのは
兵隊さんのおかげです
お国のために お国のために戦った
兵隊さんのおかげです
兵隊さんよありがとう　兵隊さんよありがとう

『露営の歌』もよく歌った。ただこの歌は、私は違う歌詞で歌っていた。

勝ってくるぞと勇ましく

誓って故郷を出たからは
手柄たてずに帰らりょか（死なれよか）
進軍ラッパ聴くたびに
瞼に浮かぶ母の顔（旗の波）

（　）の中が正しい歌詞のようだが、私の記憶の中にこの正しい歌詞は存在しない。替え歌を歌っていたのだろうか。歌っていた頃には意識していなかったが、「死なれよか」が「帰らりょか」となり、「旗の波」が「母の顔」となると、まったく意味が違ってしまう。これでは反戦歌になってしまうではないか。死なずに帰還することを前提にしており、そもそも母の顔を思い浮かべては死ねないだろう。生きて帰れよ、というメッセージをこめて誰かが替え歌を造ったのだろうか。だとすればこれは天才的な替え歌と言っていい。

音楽の時間に歌うことはなかったと思うが、儀式になると必ず歌ったのが『海ゆかば』である。しかし、メロディーが暗く不吉なので一人で歌うとなにか悲しくなるので、口ずさむことはなかった。ただ「大君のへにこそ死なめ」の「へに」をいつもおかしく感じていた。「屁」を思わせたのだ。

『予科練の歌』も冒頭の部分を違う言葉で歌っていた。私の記憶の中では「若い血潮の予科練の」ではなく「赤い血潮の予科練の」なのだ。聞き間違えたのだろうか。

替え歌か創作かはしらないが、こんな歌もよく歌った。

いやじゃありませんか軍隊は

カネのお碗にカネのはし
仏さまでもあるまいに
一膳メシとはなさけなや

正確な歌詞はこれとやや違って、「竹のはし」のようだが、ここでも記憶に刻まれたがままに記しておく。こんな歌が公に許されていたはずはない。誰かが作り、口から口へと伝えられた。子供の私が覚えているのだからこれまた広く歌われていたのだろう。

替え歌のすごさは、しばしば元の歌を忘れさせることだ。兵学校にあこがれていた頃よく歌ったのが「貴様と俺とは同期の桜」（『同期の桜』）だが、これが西条八十の『二輪の桜』の替え歌だとは知るよしもなかった。

もう一つ例を挙げる。明らかに替え歌で、本歌は忘れてしまっている。本歌は「皇紀紀元二千六百年」に合わせて作られた歌だ。明治政府は神武天皇の即位は西洋紀元を遡ること六百六十年と定めて、これを皇紀元年とした。どんな御用学者がどのような計算をしたのだろうか、この計算で昭和十五年を紀元二千六百年にしたのだ。政府はこれを大々的に祝うことで国民の戦意を高揚させようと計り、一万八千人近くの応募作品から選んだのがこの奉祝国民歌「紀元二千六百年」である。

ひょっとすると初めから本歌を歌わなかったのかもしれない。私の歌っていた替え歌はこうだ。

金鵄《きんし》輝く十五銭　はーやる光三十銭
鵬翼《ほうよく》高く五十銭　紀元は二千六百年

ああ一億の金は減る

金鵄はゴールデンバットの英語名が使えなくなったために付けられた名前、ちなみにこれは神武天皇の弓に止まった霊鳥のこと。「光」も「鵬翼」も当時販売されていた煙草の名前で、これらの煙草の値上げに対する鬱憤から作られ、広まった替え歌と考えてよいだろう。ところでいま記した歌詞は「正しい」替え歌の歌詞とはちがっている。「正しい」替え歌にはこのようなものもある。

金鵄上がって十五銭　栄えある光三十銭
朝日は昇って四十五銭　紀元は二千六百年
あゝ一億の金は減る

金鵄上がって十五銭　栄えある光三十銭
それより高い鵬翼は　苦くて辛くて五十銭
あゝ一億の金がいる

歌詞のある部分は本歌どおりに、ある部分は本歌をゆがめた替え歌の歌詞で歌っていた可能性がある。なぜなら一行目の本歌はこうだからだ。

金鵄輝く日本の　栄ある光身に受けて

もう一箇所、「鵬翼高く」は替え歌では「朝日は昇って」と歌われていたようだが、実はこれは両方あったのではないか。というのも、この歌ができてから一年後に新しい煙草として鵬翼が発売されているからだ。古い方が朝日、新しい方が鵬翼なのではないかと推測している。

軍歌のパトロン

『日本の軍歌』は、私の記憶違い、おそらく意味のある記憶違いを正してくれたが、それだけではない。軍歌作成に戦争責任があるとすれば、その責任がどこに、誰にあるかを明らかにしている。いくつかの驚きがある。第一に、満州事変以来、日本が「軍歌大国」に変貌していった一九三〇年代から四〇年代初頭にかけて、当時の、あるいは後年の有名な詩人、作曲家がこぞって軍歌を作っていることである。そこには当然商売（レコード会社、雑誌、新聞）もからんでいた。私はどれも歌ったことがないが『満州行進曲』（一九三二年）の作曲は堀内敬三、『爆弾三勇士の歌』（一九三二年）の作詞は与謝野寛、作曲は辻順治・大沼哲である。『討匪行』（一九三二年）は藤原義江が作曲し、自分で歌っている。『露営の歌』（一九三七年）、『暁に祈る』（一九四〇年）の作曲はともに古関裕而。二十三万三千枚レコードが売れたと言う『若鷲の歌』（一九四三年）は西条八十作詞、古関裕而作曲である。

第二に、ヒット軍歌の多くが、官庁の募集やメディアの主導による作品（『愛国行進曲』、『海ゆかば』、前者は内閣情報部による募集、後者は日本放送協会制作、いずれも一九三七年）であるだけでなく、新聞社による懸賞募集で選ばれたものであることだ。『露営の歌』（一九三七年）は毎日新聞の「進軍の歌」の歌詞募集で選ばれた佳作第一席、『日の丸行進曲』も『大陸行進曲』も（いずれも一九三八年）「大東亜決戦の歌」（一九四一年）も、どれも毎日新聞の懸賞募集入選作だ。

他方、『父よあなたは強かった』（一九三八年）は朝日新聞による「皇軍将士に感謝の歌」の歌詞募集一等入選歌である。福田節作詞でその歌詞の二番にはこうある。

夫よ　あなたは強かった
骨まで凍る　酷寒を
背《せい》も届かぬクリークに
三日もつかっていたとやら
十日食べずにいたとやら
よくこそ勝って下さった

この歌について戦後、作者が生存しているのなら、こんな状態でどうして生きていられたのか、その秘訣を教えてもらいたい、と書いたのはフランス文学者の石川湧である。そして皮肉まじりに「こんなバカげた歌を、世界の大新聞社が入選させ、国民の大多数が熱狂して歌っていたこの軍歌を」たまには歌ってみるのも悪くはあるまい、とも（『石川湧文集』）。

第三に、明らかに日中戦争の戦意高揚のためになされた懸賞募集の審査員の名前である。彼らの戦争協力を裁くためではなく、軍歌の普及のために文学界と音楽界とがどれほど動員されたかを忘れずにおくためにその名前を何人か記しておく。

『露営の歌』が佳作第一席として選ばれた毎日新聞の懸賞募集の歌詞の選者は菊池寛、北原白秋、秦彦三郎の三名である。『愛国行進曲』を選んだ内閣情報部による懸賞募集の歌詞の選者は七名いるが、ここでは島崎藤村、北原白秋、佐佐木信綱の三人の名を挙げておく。作曲の選者は八名いて、このうち音楽界からは近衛秀麿、山田耕筰、橋本国彦、堀内敬三、小松耕輔、信時潔が名を連ねている。

満州事変以後急速に厖大な軍歌が生産され、日露戦争の時代につぐ「第二次軍歌ブーム」を迎えた理由として辻田真佐憲は「メディアやレコード会社の時局便乗、音楽評論家・作詞者・作曲家たちの生き残り戦術、娯楽を求める国民の欲望など、さまざまな当事者の複雑な利害関係」を指摘している。要するに、官庁と軍とメディアと業界とがほとんど一体となって、戦意昂揚のために軍歌の普及に努めていたのだ。

じっさい、『露営の歌』のレコードは年で六十万枚売れ、『愛国行進曲』は百万枚売れたと言う。蓄音機の普及があり、ラジオと新聞との協力、さらには音楽界、レコード業界、詩人、作曲家の協力があってはじめて軍歌が一般に広く浸透したのだ。辻田の言葉を借りるなら「軍歌大国＝利益共同体」ということになる。

7　英雄と悪人の歴史物語

あの戦争の間、小学生の私はどんな本を呼んでいたのだろう。ここでも私は先ほど名前を出した中井久夫との落差を感じさせられる。中井の書いた本の中に小学校のときに読んだ本が列挙されているが、彼の早熟なことと目眩を覚えるほどで、彼が読んでいた本はただ一冊を除いて、私は何一つ読んでいなかった。その一冊とは『のらくろ』である。

では私は何を読んでいたのか。

すぐに思いだすのは『国史の光』という題の歴史物語だ。後光が射しているような橙色の表紙で、上下二巻、かなり部厚い本だった。「大日本帝国は、遠く神の世に始まる」という一句から始まっていたから、皇国史観に立つ時局便乗の学者が書いたいい加減な本だったのだろう。私は学校で歴史を習う前に、漢字にはすべて仮名がふってあるこの本を読んでいたので、日本の歴史の大体の時代区分はここから学んでいた。

『国史の光』の前半のヒーローは菅原道真であり、平重盛であり、楠正成である。いずれも天皇を思い、天皇のために戦う忠臣たちである。この本で覚えた道真の和歌、「東風ふかば匂いおこせよ梅の花主なしとて春なわすれそ」は私が暗記した最初の和歌であり、「去年の今夜清涼に侍す　秋思の詩篇独

り腸を断つ　恩賜の御衣今ここにあり　捧持して毎日余香を拝す」は私が暗記した最初の漢詩だ。

また父親平清盛の非道、不敬をいさめる息子重盛の悩み、「忠ならんと欲すれば孝ならず　孝ならんと欲すれば忠ならず」という言葉は、自分の問題ではまったくないにもかかわらず、長い間、頭の中に居座って離れなかった。

楠正成、正行父子の涙ながらの生き別れを歌った『桜井の別れ』を知ったのもこの本ではなかったか。「汝《いまし》はここまで来つれども　とくとく帰れふるさとへ」。これを歌っては少年の私は涙ぐんでいた。歌詞も曲も現在の私の記憶の中にまだ無傷でおさまっている。大学に入ったころ、この歌の替え歌、かなりえげつない春歌があることを知って嫌な思いをしたことも覚えている。

『国史の光』の中にははっきりした悪人がいた。道鏡であり、藤原道長であり、平清盛であり、これよりさらに悪いのが「逆賊」足利尊氏である。天皇をないがしろにした者、天皇に刃向かった者はすべて悪人とされていた。

ところが、戦国時代になると天皇の影がうすくなり、忠臣と悪人との区別ができなくなる。しかし、血湧き肉踊る物語がこれでもか、これでもかと詰め込まれていた。武田信玄と上杉謙信との川中島の一騎打、信玄をわずかに討ち損なった謙信の口惜しさを詠う「遺恨十年一剣を磨く」の漢詩。毛利家の賢い三兄弟の「三本の矢」――サンフレッチェの話エトセトラ。

そして信長に仕える木下藤吉郎の機知のエピソードがいくつも続く。明智光秀はもちろん「奸臣」であり、電光石火、信長の仇を打った秀吉は英雄だった。

豊臣と徳川の争いで悪役は家康である。だいたい「鳴かぬなら　鳴くまで待とう　ほととぎす」などとのんびり陰謀をたくらむ「古狸」を、英雄主義に冒された子供が好きになるはずがない。時代はすでに「鳴かぬなら　鳴かせてみせよう　ほととぎす」を通り越して、「鳴かぬなら　殺してしまえ　ほととぎす」にまで行き着いていたのだ。

したがって私は豊臣に肩入れしながら、とりわけ真田十勇士の活躍を、手に汗握りながら読んでいた。真田幸村を始めとして、猿飛佐助、霧隠才蔵、三好清海入道などは私の中で、弱気を助ける伝説的な英雄として生き残ることになる。

江戸時代にはいるとこの本はひたすら退屈になる。平和な時代は英雄も冒険物語も作り出さない。たしかに赤穂浪士による復讐劇のエピソードはあった。大石内蔵助という名前は確実にインプットされた。「昼あんどん」というあだ名も覚えていたが、これは別の本から得た情報だろうか。しかし明治時代に辿りつくこともなく、私は途中でこの本から脱落したのではないかと思う。

あとから振り返ってこの本の影響と言えるものが三点ほどある。一つは歴史的人物に対する好悪の感情。天皇教史観の馬鹿らしさを知ったあとにも、この頃に染み付いた好悪の感情はなお跡をとどめており、道真の太宰府、正成の湊川神社にわざわざ足を運んだりする。

第二は私の悲劇趣味――歴史は、世界は、人生は悲劇であるべきだ――に多少の影響を与えたようだ。じっさい、この本には、正成を始めとして、義経、実朝、幸村などの最後がかなり細かく語られていて、そのたびに私は感動していたからである。文学においても長い間、悲劇の感覚がない作品は好きにならなかった。

第三に『国史の光』にはたくさんの和歌が収められており、私はその多くを暗唱していた。とりわけ辞世の句に感動していた。そんなことから和歌が好きになり、中学時代には自分でも作るようになった。それは私にとって「文学」への第一歩だったのかもしれない。

歴史物語で他に記憶に残るのは吉川英治の『新書太閤記』である。これは兄が読んでいたものを、兄の留守のときに盗み読みしていた。『国史の光』ですっかり豊臣びいきになっていたため、藤吉郎に興味を持ったのだろう。ただ文章が大人向けに書かれており、しかも何巻もあったので、最後までは読まなかったのではないか。

やはり歴史物と言えるが、少年講談をたぶん二十冊ぐらい読んでいる。講談社が少年講談シリーズを立ち上げたのが昭和六年、それから八年ほどで四十五巻を出版している。柳生十兵衛、荒木又右衛門、霧隠才蔵などの名前をおぼえたのはこのシリーズでだった。忍術、忍術、武術に秀でた者が私の英雄だったのだ。ただこれらの本は、家では買ってくれなかったので、すべて学校友だちから借りて読んでいて、本持ちの級友に心にもなくすりよっていったことがある。

もう一種類は冒険小説、とりわけ山中峯太郎だ。今では物語の中身はすっかり忘れているが、『敵中横断三百里』（昭和六年）『亜細亜の曙』（昭和七年）などの主人公の冒険にどれだけ心を踊らせたことか。山中がもと陸軍の軍人であったこと、陸軍大学校をやめて中国の革命に積極的に参加したこと、その革命のための資金作りだろうか、新聞社に籍を置きながら日本郵船の客船淡路丸沈没という贋情報を流して株式市場を混乱させた罪で服役したことなどを知ったのはずっとあとになってからである（尾崎秀樹『夢いまだ成らず　評伝山中峯太郎』）。私はこれらの本によって好戦的気分にかられたとは思わないが、時代に歩調を合わせて書かれた本だとは言えるかもしれない。

他方、私がまったく知らなかったのは外国の童話の世界である。記憶の中をどうほじくっても童話の題名一つ出てこない。アンデルセンもイソップもいない世界で私は少年期の前半を過ごしたのだ。これは先に名前を出した中井久夫も同じで、二人の間の数少ない共通点である。もしかするとあの時代、同じ年頃の少年少女は、日本の童話はともかくとして、外国の童話を読まなかった、読めなかったのではないか。

　読書についての中井とのもう一つの共通点は漫画を読まなかったこと、ただ先に述べたように二人とも、『のらくろ』だけは読んでいたことを確認した。『日の丸旗之助』『タンクタンクロー』という名前も耳にしたが読んではいない。そもそもそんなに数多くの漫画はなかったのではないか。いずれにせよ私の漫画に対する感受性はこの頃に芽を摘まれ、戦後になってフクちゃんやサザエさんが皆に読まれるようになっても、常に横目で通り過ぎることになる。

　映画はどうだっただろう。ニュース映画はよく見た。あの頃は劇映画の前にかならずニュース映画を上映していたのだ。しかし、劇映画として見たのは『無法松の一生』（脚本：伊丹万作、監督：稲垣浩）だけだ。発表されたのが昭和十八年というから小学校の三年のとき、こんな時代に誰が子供をこんな映画に連れ出したのだろうか。

　しかしこの映画は私に強い印象を残した。無法松の秘めたる恋心は小学校三年の少年にもよくわかり、私は涙を流していたのではないかと思う。戦争中にこんな映画が上映できたということは、今考えるときわめて不思議である。

第二章　戦争文化とは何か

1　騙されたではすまない

このように、私の子供時代はすっぽりと戦争文化の中にあった。その内容は教科書であり、軍歌であり、歴史物語であり、国民学校の生活にともなうあれこれの儀式であり（日の丸、君が代）、慣習であり（朝礼）、ファッションであり（丸坊主、半ズボン）その程度のものであった。しかしその他にも、新聞、ラジオ、雑誌、書物、映画、絵画、音楽、文学等々、人々を知らず知らずのうちに戦争の方に引っ張っていく文化的な表現、ならびにその手段が存在した。また何よりも、人々を動員する法律や制度があった。したがって、戦争文化という言葉の意味内容をもっと拡げて考える必要がある。

「戦争文化」、この言葉を最初に見つけたのは加藤周一の本の中である。戦後世代に戦争責任はあるかないかを論じた講演の中で、加藤はこんな意のことを語っている。戦後に生まれた人間は日中戦争についても大東亜戦争についてももちろん直接の責任はない。これは自明のことだ、と。戦中に「少国民」にすぎなかった私も自分についてそう思う。ではいかなる責任もないか。そうではない、と加藤は言う。

> 戦争と戦争犯罪を生み出したところの諸々の条件の中で、社会的、文化的条件の一部は現在も存続している。その存続しているものに対しては責任がある。

（『加藤周一　戦後を語る』）

この「社会的、文化的条件」を加藤は「戦争文化」と呼ぶのだが、講演という枠組みのせいか、その内容については触れていない。ただ、そこからすぐに、戦争を支える国民の意識（心理、態度）に焦点をあてその特徴を四点挙げている。

第一に「メディアを通じての政府の大衆操作《マニピュレイション》」に無抵抗であること。第二に大勢順応主義。第三に鎖国心理。第四に差別。

この羅列はやや曖昧であり、第三点と第四点は第一点と第二点を心理的に説明するものと解すべきであろうが、この点はさておく。要は、「戦争文化」は権力が押しつけてくるもの、権力の戦略であるとしても、これを支える国民の意識的、無意識的な同意、順応、協力がなければ機能しないということである。そうであるからこそ権力は「擦り込み」に、「洗脳」に、「操作」に、またしばしば「嘘八百」に大きな力をそそぐわけだ。逆に言えば、国民はたえず「擦り込み」に、「洗脳」に、「操作」に反応し、「嘘八百」に騙されぬよう警戒すべしということになる。あとになって「騙された」（武者公路実篤の戦後の発言。同書）ではすまないことになる。

「少国民」時代のことを思い出しながら、私はここにあと二点補足として付け加えたい。

補足(1)　言葉に対する鈍感さ。「神国日本」「鬼畜米英」を鵜呑みにした国民の側のあの鈍感さがメディアによる大衆操作を可能にしている。これは加藤の挙げた第一点と関連する。

補足(2)　封建的上下関係。社会的地位において上の者の言うことを下の者が黙って受け入れるという「命令文化」に従順であること。これは第二点の大勢順応主義へと通じている。

以上挙げた意識態度から今日の日本人は解き放たれたのかどうか。敗戦はこの意識態度を変革する契機となりえたのかどうか、これは後の章で検討するとして、その前に「戦争文化」という言葉の使い方について立ち止まる必要がある。というのも、少し前に私はマーチン・ファン・クレフェルトの『戦争文化論』というとんでもない本にぶつかったからだ。

2　戦争のない世界は恐ろしい

まずクレフェルトにとって戦争とは非合理的な活動である。目的を達成するための手段ではない。戦争を、対立する集団を無力化する合理的な活動と見ることを彼は拒否する。そこに戦争の真実の一部しか認めない。戦争の本質は戦闘そのものであるとは考えないのだ。

また、戦争を政治の延長とみなし、そこに効用と利益しか見ようとしない官僚たち（ネオリアリスト）の合理主義を批判する。そうではなく、戦争自体に強烈な魅力があり、「この魅力のなかから戦争を取り巻く一つの体系としての文化」が育ったとする。戦争の非合理性を強調し、その非合理性のうちにこそ戦争の本質を見る。そして戦争文化の誕生を見るのだ。

では彼がこうした戦争文化とするものの内容は何か。

上巻においては、未開社会に始まり現代にいたるまでの東西の社会から、この戦争文化の内容が具体的に拾い上げられている。それは甲冑や兜や城や大砲や飛行機であったり（道具）、出陣の化粧や軍服や迷彩服であったり（ファッション）、軍事演習や戦略であったり（準備行動）、狩りや馬上槍試合であったり（ゲーム）、宣戦布告や行進や閲兵式であったり（儀式）、軍旗や軍歌であったり（刺激剤）、軍法や国際法であったり（ルール）、戦争記念碑、戦争文学、戦争絵画であったり、墓地であったり（芸術）、きわめて広範囲に渡っている。クレフェルトのこの分類からするなら、慰安婦施設も靖国神社も、もちろん戦争文化の重要な一角を占めることになろう。

興味深いのは「軍人を養成する」と題された第一部第三章である。「民主主義の名でなされたものであろうとフェミニズムの名でなされたものであろうと、甘やかされた教育の痕跡を完全に消し去らねばならないという、根深い要求」のもとに行なわれている軍事教育の初期訓練の方法が具体的に挙げられているのだ。すなわち外部との接触の禁止、兵士に屈辱を与えること、肉体的な虐待、睡眠時間の制限、危険な試練の強制等々だ。言うまでもなく、これらはすべて戦争文化に属する。

ある意味では、これは野間宏の『真空地帯』などで私たちにもおなじみの世界だが、あれは天皇主義時代の軍隊の話だった。ところがここで語られているのは今日の話である。

もっともアメリカの海兵隊の訓練では似たような訓練が行なわれているようだから、今日でも世界の常識なのかもしれない。だとするなら、またもや発覚した自衛隊内部のいじめ、虐待は「文化」として擁護すべきものとなり、事件は起こるべくして起こったということになる。

下巻においてクレフェルトはまず世界の現状を素描する（第四部）。反戦思想は大昔からあり、啓蒙思想はそれを練り上げたが世界を変えることはなく、「平和だった時期はほとんどない」と。一般大衆は、刺激的であるがゆえに戦争に魅力を感じ、戦争を求めてさえいたと。しかしいまや大国間の戦争は消滅した。それは平和運動の成果ではなく、核兵器が拡散したためだとする。彼は平和運動の効果も価値もまったく認めないのだ。おそらくそのためだろう、ベトナム戦争についてはほとんど触れられていない。

他方、戦争は減っていない。平均一年に二つ、しかも長期の戦争が行なわれている。彼はこうした現代の戦争を四つのタイプに分け（核保有国と保有しない国の間、核を保有していない国と国の間、国家と他国に拠点を持つゲリラやテロリストに対してその目標となっている国家が行なう、そして内戦）、これら四タイプの戦争は核戦争に通じていかないから行なわれたと考える。

そこから出てくる結論はこうだ。戦争は依然として人々の想像力に訴えるものを持ち、戦争文化は消滅することがない、と。いや、彼はさらにこう書いている。「戦争が消えてしまったら、人々の生活は今とはまったく違ってしまうだろう。人々が何を見て、何を読み、何をして遊ぶようになるのか見当がつかない」

戦争がなくなれば、あるいはなくなる方向に向かえば、戦争文学はなくなり、戦争映画はなくなり、戦争文化は発展を抑えられるだろう。それはクレフェルトにとっては恐るべき世界である。その恐るべき世界の特徴を彼は最後に四つ挙げている（第五部）。

第一に「野蛮な集団」。例として挙げられているのはいずれも戦闘集団で、戦争に負けて規律がなくなったり、長期戦で士気がなくなったりする場合だ。歴史的には奴隷の反乱も農民反乱も旧ユーゴスラヴィアの内戦もすべて盗賊団と同じ部類に入れられている。残虐な行為も大量虐殺もすべて戦争の結果ではなく、戦争文化の崩壊のためということになる。

第二に、「魂のない機械」。ここでは戦争がなくなってしまった戦闘集団の例が挙げられている。大勝利を収めたあとの例として、フリードリッヒ大王のプロイセンの軍隊。閲兵式が重視され、兵士はロボットとなる。逆に敗戦後に組織された東ドイツの国家人民軍はソ連に範を求める伝統なき軍隊で、閲兵式の歩調や軍服の色だけは第二次大戦中のそれと似ていた。他方、旧西ドイツのドイツ連邦軍は非ナチ化ということで過去の遺産を放棄したが徹底されず、現在は人間味のない官僚的軍隊になっている。

第三に「気概を失くした男たち」。戦争文化を軽蔑して「挑発されても立ちあがって自分の身を守ろうとしない男たち」が侮蔑の対象になっている。その例として挙げられているのが「離散ユダヤ人」であるのは、筆者がイスラエル人であるだけに興味深い。イスラエルにおける戦争文化の退潮を憂いているのであろうか。

第四に「フェミニズム」。クレフェルトは「戦争にとって女性は絶対に欠かすことができない本質的な存在」なのだが、それはあくまでも女性として振る舞う限りにおいてである。男たちは女がいるからこそ戦争文化を作ったというのだ。そこで彼は二つの形のフェミニズムの危険を説く。一つは戦争文化に反対するフェミニズム。これは彼の立場からすれば当然だ。もう一つは男の真似をして軍隊への入隊を奨励するフェミニズム。これも彼が「国民皆兵」であるイスラエルの人であるからこそ出てくる言葉であろう。戦争文化の主体はあくまでも男でなくてはならぬのである。

最後に彼が戦争文化の機能について書いている一節を引いておこう。

「戦争文化の表向きの機能は、兵士たちが死に立ち向かうことをいとわないように、いやむしろ積極的に死に立ち向かうようにすることだ。それは、死に立ち向かうことが目的を達するための一つの手段ではなく、それ自体が目的であると兵士たちに理解されたときにのみ可能だ」。そして「理解する」という言葉では不十分であるとして、少しあとのところでこう言い換えている。

「戦争文化を肌で感じ、体験し、戦争文化と戦争文化の担い手が一つになり、区別できなくなるぐらいまで戦争文化は兵士たちの魂に入り込まなければならない」

ここで戦中少年だった私は思い出す。第一に、あの「海行かば」の歌、「大君の辺にこそ死なめ、かへりみはせじ」の歌である。あれはまさにこうした一体感を讃える歌、讃えることによって、魂の中での天皇文化との一体感を情緒的に強いる歌だった。

次に思い出すのは『きけ わだつみのこえ』の中から聞こえてくる若者たちの叫びである。特攻隊員として死ぬことは天皇のため、国家のため、世界史のため、大きな目的のためである、という時代の価値観をなんとか信じようと努めつつ死んでいったあの若者たち。しかし、よく耳を傾ければ「生きたい、生き延びたい」という言葉になし得ぬ言葉が聞こえてくるではないか。

三つ目に、私の瞼には、南の島々の密林の中をさまよい、飢えと病に苦しめられながら死んでいった無数の兵士の姿が浮かんでくる。彼らは降服することができなかった。なぜなら「生きて虜囚の辱めを受けず」の戦陣訓を魂の中に入り込ませていたからだ。戦陣訓を示達《じたつ》した東条英機が生きのびて「虜囚の辱め」を受けることになろうとはもちろん彼らは知るよしもなかった。

3　反面教師として

この本の欠点は数えられぬくらいある。しかしその批判のために多くのページを費やすのは無駄であろう。ただ、次の三点だけを指摘しておく。

第一に、戦争を理論的に（経済、社会の制度、国家間の利害などから）考えることを拒否していること。戦争を戦う人間の刺激—興奮—喜びにしか眼をとめていないこと。もっともこれは初めから彼が断っていることであり、この本全体の主張でもある。

この主張は、かつてこの国でなされた一つの論争へと私を連れ戻す。年配の読者なら記憶されているかもしれないが、ユネスコ憲章の前文にある次の一句をめぐる論争である。

戦争は人の心の中で生まれるものであるから、人の心の中に平和のとりでを築かなければならない。

これに対して主としてマルクス主義の学者たちから、戦争は人の心の中に生まれるのではない、経済、社会の矛盾から生まれるのだ、といった批判がなされた。この文脈で言えばクレフェルトの議論はユネスコ憲章の前文につながるのだが、ただ彼は人の心の在り方は変わらない、したがって「平和のとりで」を心の中に築くことは不可能だと主張しているのである。

第二に、彼が語るのは、戦争に伴う文化、戦争の結果生じる文化についてであり、戦争の誘因としての文化ではない。戦争を惹き起こす文化、戦争に向かわせる文化については寡黙というか、ほとんど視野から外していることだ。しかしもしも戦争を避けようとするなら本当に重要なのは、後者である。彼がこの面を語らないのは、戦争を是認する、いや、戦争を礼賛するからである。

けれどもこの本は反面教師として役に立つことは事実だ。いかなる点においてか。

（1）戦争は単なる軍事技術や戦略だけには還元されない、「戦争の周辺にはその社会の文化が満ちている」という視点、「人間の思想、信念、心構えは互いに影響し合い、補強し合っている」という視点、これはそのとおりであろう。そしてこれは戦争文化という言葉が成立する根拠でもある。

（2）戦争を取り巻く文化の一覧表を具体的に提示していること。これを手がかりにして戦争と文化の関係を考える素材を提示していること。とりわけ教育システムが持つ重要性を指摘していること。

（3）そこから戦争を防ごうとするなら何が必要かを、著者の意図とは別に示唆してくれる。「戦争反対」を叫ぶだけでは十分ではなく、戦争文化が戦争を準備し、支援し、誘発する要因をなしていることを見て、あらかじめ戦争文化に立ち向かわねばならないことを示唆してくれる。

（4）しかし、この作業が実に大変なものであること、絶望的な作業かもしれないことも教えてくれる。なぜなら戦争文化には何千年の歴史があり、何千年にわたって人類は戦争文化によって洗脳され続けていること――クレフェルトもそうだが――が読み取れるからだ。

たとえば私たちは、集団殺人の訓練を毎日している職業的殺人集団を軍隊と呼んで不思議には思っていない。何年か前に、民主党の仙谷由内閣官房長官が自衛隊を「暴力装置」と呼んだことが批判を招いた。私などは、軍隊の定義としてこれは社会科学の常識と考えているが、そうではないとなると、これもじわじわと進行している洗脳の結果ではないかと思いたくなる。こういう文化を解体し、脱洗脳をおこなうのは大変な事業であることに間違いはないのだ。

集団的自衛権に関連して南丘喜八郎はこう語っている。

「今日、集団的自衛権の議論で気になるのは「人を殺す」という認識の欠如だ。「戦争に巻き込まれる」「日本人が殺される」と受け身の発想ばかり。いざ戦闘になったら敵、人を殺すことが第一の任務になることを忘れてはならない」(1)

しかしもしも現在の自衛隊教育がその先を行っていて、「第一の任務」をきちんと隊員に植え付けていたとしたらどうだろう。もしも軍人養成の方法は何千年来変わっていないというクレフェルトの診断が正しかったとしたらどうだろう。

4　フランス歴史学から

もう一つの戦争文化論がある。クレフェルトはまったく触れていないが、一九八〇年代にフランスの歴史学者の中から出されてきたものだ。フレデリック・ルソー編 *Guerres, paix et societes 1911-1946*, 2004（『戦争、平和、社会』）の巻末には「近年の概念〈戦争文化〉について」という論文が置かれていて、この概念が出てきた背景とこの語の使われ方とがまず紹介され、ついでこれに対する批判が数点挙げられている。

この論文によれば、戦争文化という概念が誕生するまでには第一次大戦研究の先史がある。ごく簡単にまとめるなら、国際関係史、政治外交史をとおして戦争の起源、原因を明らかにしようという研究から、交戦下にある兵士や一般国民の心性（メンタリティー）の研究へという視線の変化があった。「なぜ文明先進国の諸民族がこのドラマにこぞって参加したのか。四年続いた第一次大戦の戦闘のほとんどは、劣悪な環境（飢え、不衛生、悪臭）のもとでの塹壕戦だったが、その塹壕戦を兵士たちはどのようにして耐えたのか。どのようにして戦う意志を持ち続けたのか」、このような問いに答えようとしたのである。

ちなみに、この戦争――交戦国において一千万を越える死者を数え、勝者となったフランスでも三百万人以上の死者を出したこの戦争――が起こった原因についてはさまざまな見方があり、いまだに歴史学者の間で意見の一致をみていないという。発端がオーストリア皇太子の暗殺であることは明らかだが、また連合国側（英仏露他）にも同盟国側（墺独他）にも軍事同盟があり、次々にそれが発動されたのは事実だが、なぜ、そうなったのか。

客観的ファクターとしては、それぞれの国の間に植民地競争、経済競争があり、独仏の間にアルザス＝ロレーヌ問題などがあったが、どれも決定的原因とはみなされておらず、近年の研究ではむしろ相手に対する不信、そこから生じた不安と恐怖、「戦争不可避」の心理といった主観的ファクターが強調されている(2)。いずれにせよそれは、客観的に見れば、どちらにとっても大義名分のない、無意味な戦争だったという確認は広く分け持たれている。そこで戦後、戦争のきっかけ、経緯を越えて、あの戦争はいったい何だったのかという問いがなされたのは当然であり、この問いは百年を経た今日もなされ続けている。

この学派を代表する学者として、ピエール・ルヌーヴァン、ジャン＝ジャック・ベッケルの名が挙げられている。彼らの共通認識、あるいは研究の出発点は、平和主義史観、ないしは「生け贄史観」の拒否である。すなわち、兵士たちはエリート指導層の犠牲者である、いやいや戦闘に駆り出された生け贄であるという、戦後になってから平和主義の時代に勢いを持った史観の拒否である。こうした見方は戦後における兵士たちの証言をもとにしており、戦後の証言は戦闘に参加しているときの彼らの体験を歪めている、一種の検閲がほどこされているとして、戦後ではなく、戦時下の兵士たちの自己表象（日記、手紙）や戦時下の一般世論を資料とした大戦の読み直しを主張したのである。

そして押し出されてきたのが、名付けるなら「コンセンサス史観」である。すなわち、塹壕の中の兵士たちも銃後の国民もこの戦争に心から同意していた、戦争を積極的に支持していたとする。兵士や国民が戦ったのは「強制」による「洗脳」の結果であるという見方を排し、「国民感情」の深さによるものであることを強調したのである。

こうした史観を受け継いで「戦争文化 la culture de guerre」という言葉を初めて用いたのはステファン・オドワン゠ルゾーである。ルゾーは兵隊たちが戦闘の合間に作った新聞や彼らの日記から、塹壕の中での生活体験や思考が記されている部分を拾い出していく。そしてそこにすべての兵士に共通の文化、すなわち国民感情の深さとその表象があることを指摘し、分析の道具として「戦争文化」という概念を提出したのである。

さらに彼はアネット・ベッケルとの共著 *14-18 retrouver la Guerre*, 2000（『一九一四—一八年　第一次大戦の再発見』）において、戦争文化の定義を拡大し、「同時代人が自己を表象し、戦闘を表象した仕方」とした。そしてこうして定義された戦争文化の特色を四つの次元で分析している。

第一に、それまでの戦争に類のない暴力性（戦闘の激しさ、残虐さ、暴力の制限の消滅）。そこから生じた両大戦間のヨーロッパ社会の凶暴化。第二に憎悪の広がりと深さ、それも前線におけるよりも銃後においてより激しい言語とイメージの凶暴さ。第三に人種的抗争の側面。第四に文明の擁護、十字軍的熱狂と、戦後における記念行事をとおしての「喪」の感情の深さと持続。

この四点は、言葉を少し入れ替えたり補充するだけで、満州事変、「支那事変」、「大東亜戦争」という三つの戦争と日本社会との関連についてもあてはまることを指摘しておこう。

ところでこの戦争文化論に対しては、さまざまな批判がなされている（『戦争、平和、社会』）。大きくまとめると次の五点になるであろうか。

（1）文化という言葉への違和感。文化にグローバルな性格が与えられ、前線と銃後、社会階層などの違いが考慮にいれられていない。集団的表現（たとえばナショナリズムの言説）がそのまま文化と言えるか。文化という言葉はもっと広く、世界の解釈体系や行動の構造体系を含むのではないか。

（2）時間の要素の無視。出来事によって生ずる社会の変化、過程を無視している。突如「文化」が自発的に出現するかのごとく。

（3）戦時における「平和の文化」の無視。敵味方相互に負傷者の手当をし合ったことをどう考えるか。人々は平和時の感受性、表象によって影響を受けていたからではないか。暴力性は戦争のためではなく、軍隊組織のためではないか。

（4）上＝国家からの動員の分析の欠如。戦争文化という仮説がどのようにして発展し、伝達されていったか。文化を環境として考えるべきではないか。

（5）文化を社会の説明要因とすることへの違和感。文化は一つの条件であって、それ自体社会を説明できないのではないか。

どの批判にも一理あるが、ルゾーらの研究で私がもっとも違和感を感じるのは、先のクレフェルトの戦争文化論の場合と同じだが、彼らが戦争とともに生じた文化を戦争文化と呼んでいることである。この違和感は第二点、第四点の批判に私を近付ける。時間の要素を考えに入れれば、戦争文化なるものは、突如生じた何かではなく、それ以前からの蓄積の結果として長い射程の中で考えられるべきものであろう。また、ルゾーは否定しているが、「国民感情」の形成において、上＝国家からの働きかけ、「洗脳」のプロパガンダがなかったとは考えられない。

ただ、「戦争文化」という言葉自体は、ここに見られる批判をふまえた上で、ゆるやかな道具概念として保持したいと思う。なぜならこの概念を用いることによって、戦争についての人々の感情、メンタリティ、考え方、行動様式、表象などの推移を測ることが可能になるからであり、とりわけ軍国少年であった私自身の形成を理解させてくれるからである。また第二に、これと対立する概念としての「平和文化」あるいは「非戦文化」を想定し、社会の一定期間の歴史を「戦争文化」対「非戦文化」の抗争として理解する視野が開けるからである。

ただし、繰り返して強調しておくが、この場合の「戦争文化」とは、クレフェルトやルゾーの定義とは異なり、戦争とともに、あるいは戦争の結果として生じた文化ではなく、戦争に通じていく文化、戦争の誘因となる文化の意であり、それが戦前のこの国においてどのような形をとったかは、第一章において私自身の経験をとおして記したとおりである。

しかし、ここでもう少し視野を拡げて、私より少し上の世代における「戦争文化」の影響について振り返ってみたい。

5　若者たちの戦争文化――『きけ わだつみのこえ』

一九三〇年代の戦争文化によってもっとも強烈に冒されたのは、私より五歳から十歳年上の世代（一九二〇―三〇年生まれの世代）である。新聞、ラジオ、雑誌、書物、映画、絵画、音楽、文学等々、いろいろな形で強烈な影響を蒙っている。私たちの場合には、洗脳教育によって全人格を支配されるということはなかった。いま私はこんなことを書いているし、先に記した同じ学年の、樋口陽一にしても大江健三郎にしても井上ひさしにしても倉本聡にしても田原総一郎にしても、また入江陽子にしてもその言説を見れば明らかである。しかし、上の世代の若者の多くはそうではなかった。戦争文化を最大限に呼吸したまま、そこに生き甲斐を求めながらそのまま死んでいってしまった、そのことに私は哀切の感情を抑えることができない。

ここ数年、私は戦没学生の手記『雲ながるる果てに――戦歿飛行予備学生の手記』や『戦没学生の遺書にみる十五年戦争――開戦・日中戦争・太平洋戦争・敗戦』その他いくつかの手記や手紙を繰り返し読み直しているが、ここでは学生時代に初めて手にした『きけ わだつみのこえ』を取り上げる。

この本についてはさまざまな議論がある。テキストについてはその選択の恣意性（軍国主的な言説を排除）が当初から問題視されていた。また内容については学生という知的エリートであった限界（非エリート層からの批判)、戦争責任の自覚の欠如(後の世代からの批判)。教養の欠如(上の世代からの批判)(3)などが指摘されていた。しかしこれらの点はいまおいて〈戦争文化〉をどのように映し出しているか、またその中で何を、どのように考えて生きているかという視点で、二種の言説を取り出してみる。

(1) 戦争文化と密着した言説

まず特攻隊員で戦死した佐々木八郎から引いてみよう。彼は『資本論』を読み宮澤賢治を読む読書家であるが、同時に、またおそらく読書家であるがゆえに、その文章にはこの当時流行の言説がちりばめられている。「個人主義は資本主義のエトスである。新しいエトスは全体主義でなければならない」「現下の日本に生きる青年としてこの世界史の創造の機会に参画できることは光栄の至りであると思う」「人として最も美しく、崇高な努力の中に死にたいと思う」「悠久《ゆうきゅう》の歴史の流れに身を委《ゆだ》ねて、僕は僕の真髄を発揮しよう」「すべては大いなる天の解決する所、各人が世界史の審判に何の恐るる所なく直面せられん事を望むのみである」「我々の期待出来るのは、一国民としての立場を超えた世界史的観点において、我々の努力は、我が国の努力は、世界史の発展を約束するであろうという事のみである」「世界史の創造」「世界史の審判」「世界史の発展」「悠久の歴史」という言葉は時代の言説空間を飛び交っていた。そして愛国の思想、報国の思想と並んで「死」の覚悟が語られている。いや、これは逆かもしれない。避けがたい死を前にして、死の意味を愛国、報国に求めたということもあるだろう。以下の言葉もそうだ。

「先輩も自分も大東亜の建設のため、日本の安寧《あんねい》平和のために死んでゆきあるいは傷《きず》つく」「満足して死んでゆきたい。自分の死に誇りを持って死にたい。死の解決はただ一つ、自分の信ずるところに満足して死ぬことである。それは自分の場合には、新たなる日本の建設、新しき大東亜の建設である」(松岡欣平）、「殉国の心は定まっている」（宮崎龍夫）、「敵に向って突入する時「自己の死」について考える者はいないであろう。ただ日本の永遠の生命の発展を祈りつつ突入して行く」（御厨卓爾）、「今限りなく美しい祖国に我が清き生命を捧げ得る事に大きな誇りと喜びを感ずる」（市島保男）。

そして戦時中いたるところで謳歌されていた死の美学、「散華《さんげ》」の美学を反映する次の言葉群。「死はあくまで美しくなければならぬ。静かに清く終らねばならぬ」（上村元太）、「この若さにおいて散ることこそ自分の最も本望とするところ」（平井聖）、「よく死ぬことによってよく生きうる」（中尾武徳）、「生きることが死ぬことであり、死ぬことが生きることである。そういった場合がある」（中村徳郎）。「今夜は満月だ。沖縄《おきなわ》本島の沖合で月見しながら敵を物色し徐《おもむ》ろに突っ込む。勇敢にしかも慎重に死んでみせる」（大塚晟夫）。

このように、自分の死に意味を求める心の傾きが一方にあるが、他方に、もはや意味すら求めず運命という言葉に身を預ける心の傾きがある。「来《きた》るべき時にはただ来るべき時だ。運命のままに死地につくのみ」（山中忠信）、「総《す》べて時の流れに運命に委せ征く」（篠崎二郎）、「生きようとも死のうとも思わない。何が意義があるのか、私は知らない。運命の流れを静かに見つめたい。そして歴史の流れを。最後に、歴史の、そして運命の本質を」（柳田陽一）。

「運命」とは、逃れられない死を前にした人間が最後にしがみつく言葉であろう。ただ、これは、大東亜戦争は「近代日本の運命」といった具合に、この時代の哲学者たちが振りまいている言葉でもあった。同じように、この本に見られる「大東亜の建設」「悠久の大義」「殉国」「報国」「聖戦」「祖国愛」「世界史の転換」「大君のみことのままに」「有終の美」「最後の死花」。いずれも当時の新聞、雑誌の記事にあふれる言葉をそのまま映し出している。

（2）　戦争文化に距離をおく言説

軍隊生活の愚劣さ、おぞましさについての数多くの証言がある。ソロモン諸島のブーゲンビル島で戦死した福中五郎は友人に宛てた手紙でこう書いている。「軍隊、それは予想していた何層倍もテリブルな所です。一ケ年の軍隊生活は、遂《つい》に全ての人から人間性を奪ってしまっています」。「いいと思っていた戦友も、いよいよ本性を現わして来ました。一日に二回くらいの割合でなぐられています。兵営内には一人として人間らしい者はいません。自分も人間から遠ざかったような気がします」。

沖縄で戦死した長谷川信の次の言葉。彼は陸軍少尉だった。「実に馬鹿馬鹿しい。近代文化の精を極めてこれからの戦争に処する我が国の軍隊に、文字を一字一句違えたらいかん……の原始的な非能率的な国民学校流のものが存在するとは、ただただあきれるばかり」。そして中支に転戦した将校から、「女の兵隊や、捕虜の殺し方」について話を聞き、「それはむごいとか残忍とかそんな言葉じゃ言い表わせないほどのものだ」と書き残している。そこから、人間についての、また戦争についての次の認識までは遠くない。「人間の獣性というか、そんなものの深く深く人間性の中に根を張っていることを沁々《しみじみ》と思う」「今次の戦争には、もはや正義云々《うんぬん》の問題はなく、ただただ民族間の憎悪の爆発あるのみだ」「恐しき哉《かな》、浅ましき哉《かな》　人類よ、猿の親類よ」

「殉国の心は定まっている」と書いた宮崎龍夫もその直前で、それが何かを明示していないが、軍隊での生活を、「Delicacy のない生活、光なき生活に皆が弱くなってゆく」と記し、また「品性と情緒を失える最中にあって、旅の子は愛情を求め、故郷の山河、父母、妻の顔をなつかしく思い浮べる」と心の助けを外に求めている。

敗戦の年の五月に家族とともに戦災で死んだ住吉胡之吉は航空研究所勤務で、日記を残している。彼はそこで「祖国愛、自分は従容《しょうよう》として死に就《つ》くことは出来るつもりなり」としているが、「国家への疑惑」あるを隠さない。「現実の日本へ割り切れなさ」を感じている。「〔軍人〕勅諭《ちょくゆ》の暗唱の強要。愚だ。それにつけても今の気持は次第次第にコスモポリタン的になって来ている」と揺れている。とりわけ「国体」に違和感を感じている。「国体のために戦うのはどうしても割り切れぬ。人間の悲惨事は天皇では救えぬ」と。

軍隊の暴虐を告発するだけではない。その中にいて暴虐に対して何もなしえない自分をむち打つ悲鳴も聞こえてくる。北支で戦死した陸軍中尉川島正の言葉。「中沢《なかさわ》隊の一兵が一支那《シナ》人を岩石で殴打し、頭蓋骨が割れて鮮血にまみれ地上に倒れた。それを足蹴《あしげ》にし、また石を投げつける。見るに忍びない。それを中沢隊の将校も冷然と見ている。高木《たかぎ》少尉の指図《さしず》らしい。冷血漢。罪なき民の身の上を思い、あの時何故《なぜ》遅《おく》れ馳《ば》せでも良い、俺はあの農夫を助けなかったか。自責の念が起る（中略）俺の子供はもう軍人にはしない、軍人にだけは……平和だ。平和の世界が一番だ」

特攻隊員として戦死した上原良司は日本軍隊の精神主義、「文化の力」の無視を批判し、さらにこう書いている。「日本軍隊においては、人間の本性たる自由を抑えることを修業すれど、謂《いわ》く、そして自由性をある程度抑えることができると、修養ができた、軍人精神が入ったと思い、誇らしく思う。およそこれほど愚かなものはない。人間の本性たる自分を抑えよう抑えようと努力する。何たるかの浪費ぞ。自由性は如何にしても抑えることは出来ぬ」

ときとして「何のために」という問いかけ、そして答えがないままに投げ出されたままの問いかけにぶつかることがある。「一体私は陛下のために銃をとるのであろうか。あるいは祖国のために（観念上の）、またあるいは私にとって疑いきれぬ肉親の愛のために、さらに常に私の故郷であった日本の自然のために、あるいはこれら全部または一部のためにであろうか。しかし今の私にはこれらのために自分の死を賭《と》するという事が解決されないでいるのである」（菊山裕生）。

ここには、陛下、祖国、肉親、故郷、四つの言葉が出されている。それは日本人の「愛国心」を構成している四要素と言える。しかし四つに分解してみると、そのどれも「自分の死」を賭けるに値するとは思われない。そうなると生に未練が出てくるに違いない。「自分のようなものでも、どうかして生きたい」という島崎藤村の言葉を彼は引用している。

『きけ わだつみのこえ』全体の中でもっとも明晰な思考を見せているのは、私の見るところ、ビルマで行方不明になったという武井脩が残した覚え書きである。ほとんど全文を紹介したくなるほどの自己凝視、時代批判、後で引用する当時の哲学者たちの言説に比べてはるかに冴えている。

「生への執着《しゅうじゃく》は、生への力強き肯定にまでは高められませんが、しかもなお肯定はそのまま刑場に通ずる〝今〟の道でありました」「東条《とうじょう》首相という男はひげを生やした浅蜊《あさり》のような顔をしています。この介殻《かいがら》のなかで歴史の虹が織られるのです。東条は詩人だということになるのでしょうか。呵々《かか》」「ボードレールの言ったごとく、魂の喪失すなわち死は、やはりありのままの死ではないのだろうか。滴《したた》るような死と、絞《しぼ》るような死があるような気がする」「ああ群衆よ。喧嘩《けんか》する樽《たる》よ。樽のなかの汚水よ。作られる虚構よ。（作るものは何一つない）」「私は考えない。考えることが出来るゆえに」「自からの手で建設し、みずからの血で守り、みずからの手で破壊する民族よ。名よ」

彼はこうした文章を綴るたびに「呵々」と大笑いしていたのではないかと思われる。しかし、その「呵々」にはなんという哀しみが籠っていることか。いや彼はこうも書いているのである。「私の時間は泣いているのに私の時計は笑っている」

私はいま仮に二つの言説を分けてみたが「戦争文化と密着した言説」と思われる文章のそれぞれにも、戦争文化に吸収されない何かが残されていることも事実である。その何かを考えてみたい。一つには「私」への執着がある。

たとえば入営の前の日に「運命の流れを静かに見つめたい」「今夜は最後の夜である。何も思わない。それが私の疑問なのだ。期待しない。望まない。これが私の理想である」と諦念を言葉した柳田陽一にしても、その三ヶ月前にこう書いていた。「俺は俺の生活を生きていきたい。何があっても――ただ俺の中に俺を裏切る俺がいることがくやしい」

海兵団にいて船の沈没によって戦死した海軍少尉竹田喜義は軍隊生活に肉体的、精神的苦痛を感じながらも、なんとかこれに適応しようとしていた。しかし最後まで「自我」を捨てまいとする。「棄てても棄て切れない自分。自分で最も良いものと信じている自分の姿。それは最後まで立派に育て上げるのだ。その自我が、いかにして、軍隊生活の中に生き抜いて行くか、――単なる妥協でなく、ごまかしでなく、誠実の籠《こも》った意味で――それが自分にとって一番大きな問題だ」

フィリピン方面で行方不明になった中村徳郎は「日本民族の偉大性」「民族精神の昂揚」「歴史の永遠性」「歴史の規定性」といった時代に密着した言葉を連発している。しかし他方では「何において生甲斐《いきがい》を見出すべきか」と問い、「生かされているのではいけない。生きるのだ」と記している。そして自分が「将棋の駒」になることを拒否してこう書いている「いやしくも一個の、しかもある人格を持った「人間」が、その意思も意志も行為も一切が無視されて、尊重されることなく、ある一個のわけもわからない他人のちょっとした脳細胞のきまぐれな働きの函数《かんすう》となって左右されることほど無意味なことがあるでしょうか」

「大日本帝国よ、永遠に栄えんことを」と書き残して死んだ海軍中尉、特攻隊員林憲正は他方で次のような言葉を残している。彼は学徒出身の予備士官として、江田島の海軍兵学校出身者に徹底的にいじめられたらしい。「私は今宣言する！　帝国海軍のためには少くとも戦争しない。私が生きそして死ぬとすれば、それは祖国のためであり更に極言すれば私自身のプライドのためであると。私は帝国海軍に対して反感こそ持て、決して好意は持たない。私は今から私自身のこころに対して言う。私は私のプライドのためならば死に得るけれども、帝国海軍のためには絶対に死に得ないと」。「小さな反抗」を支えているのは怨恨であり、意地であり、「私」である。

第二に家族への想いがある。

「私の胸に今、よみがえってくるは、温《あたた》かき父母の慈《いつく》しみであり、遠い遠い日の思い出までも生々《いきいき》と私の心に通《かよ》ってきます」と書いているのは、「殉国の心は定まっている」とした宮崎龍夫である。「死はあくまでも美しくなければならぬ」と書いている上村元太にしても「生きたい」という想念を棄てることができない。死を怖れ、いつも母親のことを考えている。「母よ、頑張ってくれ。不孝者だったかも知れないが、何時《いつ》も何時も今では母者を忘れたことはない」

ニューギニアで戦死した篠崎二郎には妻子がいた。夫人への手紙の最後の箇所に「総《す》べて時の流れに運命に委せ征く」「国力を疑うことなくひたむきに、この大みいくさ捷《か》ちがためいく一人としての任務に強く征くこととする」と書いているが、その少し前の箇所では、「門出《かどで》の前夜「私を未亡人にしてはいや」といったきみの顔が、目が忘れられない」と書き、家族への想いを書き記している。

特攻隊員として戦死した林市造は出撃の前日に母親に手紙を書いている。「お母さん、とうとう悲しい便りを出さねばならないときがきました」「晴れて特攻隊員と選ばれて出陣するのは嬉《うれ》しいですが、お母さんのことを思うと泣けて来ます」

この「嬉しい」と「泣けて来ます」との二つの言葉をどう理解すべきだろう。なぜ彼はあえて「嬉しい」と書いたのか。

「勇敢にしかも慎重に死んでみせる」と出撃直前に書いた特攻隊員大塚晟夫も母親に次の言葉を残している。「泣きっぽい母上ですからちょっと心配ですが泣かないで下さい。私は笑って死にますよ」「笑って死にます」この言葉を最後に記した兵士は彼だけでなく、数知れず存在したと思われる。それはこの時代の常套句、つまりこの時代の戦争文化の産物なのか、あるいは「泣くな、悲しむな」と家族を思う優しさのほとばしりなのか。

何の迷いもないかのように特攻隊員として死んで逝ったかに見える市島保男は、自分の家族については何も語っていないが、出征兵士を見送る老婆の姿を見てこう記している。「泣くべきでない所で涙にくれる母の姿！　あまりにも人間的な姿である。これが二人にとって最後なのかも知れない。あわれに老いし母よ。息子の前途を祝し、清い大きな心の涙で送ってくれ」

「私」への執着、家族への想い、一言で言えば「私情」ということになるかもしれない。国家が振りかざす正義――「理」に対しての私情、そこには当然葛藤が生じるが、最後には私情を押し殺す。諦めて「運命」という言葉に救いを求める。このように私情をすてて国家の理につかせること、大日本帝国が何十年かにわたって努めてきた教育の核心がここにある。

そしてそれだけに、自分の心の動きだけを見つめている文章だけを残していった兵士の心根に私は打たれる。

「不憫《ふびん》な俺だ。髪の毛のような俺だ。大切な頭をまもるために生れたそれが、みにくいといって切り去られてしまう。畜生、肥料《こやし》にもならねえ」「抵当《ていとう》にされた俺の生命、明けくれ湿《しめ》っぽい質《しち》やのくらに憔悴《しょうすい》している」（浅見有一）

「願わくば我もまた南海の果てに身をさらす最後の瞬間まで母のいつくしみを忘れまい」（井上長どちらも自分の死を正当化する思想に背を向けている。「大義」を語るまいとしている。「私」の感情にのみ目を向けている。おそらくそれが、可能な唯一の抵抗だったのかもしれない。

第三に相手——他者の姿。

中国の山東省で戦死した大井栄光は「一切の雑念」を棄てて軍人になりきる修業を続けているのだが、繊細で鋭敏な感情を棄てきれない。そして「弱いながらに自己を保存し、細々ながら下手《へた》ながら、及ばずながらの努力をあらわしているのを見るとき」そこに可憐の情を覚える。あるとき、子供を抱いた支那人が日本軍の行進を眺めている姿を見てこの情を覚える。彼らは「敗れた国の国民」である。しかし「卑屈の情」は見られない。小さい子供には「将来の支那の可能性」がかくされているかのようだ。その彼らが「文化の光に遠いあの寒村に捨て去られんとしている」。それを見て「僕は進軍中に可憐な彼ら二人によって心はかきむしらるる思いがした」と。

中国の野戦病院で病死した目黒晃は「幾百とない苦力《クーリー》がうごめいて」いる姿に目を留める。彼らは皆「ボロを纏《まと》い」「年寄りから若者にいたるまで裸足《はだし》のままで右往左往している」。「それは私にとっては宿舎に向う途中、戦に廃墟《はいきょ》となった幾多の民家よりも印象深いものでした」。民家を廃墟にしたのは誰なのかは語られていない。苦力《クーリー》に対する感情も示されていない。「印象深い」とだけ記されている。目黒がこの父への手紙を書いたのは一九四一年の九月、南京においてである。その四年前に行なわれた日本軍による大虐殺を彼が知っていたかどうか。いずれにせよこの文章は大虐殺以後のこの町の一コマの描写として胸を打つ。

非常に不思議なのは『きけ わだつみのこえ』には、「敵」の姿がまったく見られないことである。これは、その他の戦没学生の手記についても同様である。そもそも、特攻隊員はもちろん、多くの兵士たちは日本を離れたことがなく、「敵」を現実に見たことがない。「敵」とは抽象的な言葉で、したがって彼らの文章のどこにも憎しみが記されていない。「鬼畜米英」は具体的な体験や感情から生み出された言葉ではなく、抽象的なスローガンにすぎなかったということである。日本のナショナリズムの特徴は敵を知らぬ夜郎自大のナショナリズムなのだ。「鬼畜米英」は、東京大空襲、原爆投下以後にこそ唱えられるべきではなかったか。

「私情」が国家の「大義」によって、葛藤を覚えながらも屈伏させられる、多くの手記が伝えるのはこの姿である。そこから何を学びうるか。私はこう考える。「私情」を手放さないこと、しかし、「私情」を信念にまで高めること、何らかの「法」や普遍的とされる概念に依拠する前に、「私」の「理」――「私原理」を立てること、国家の「理」を前にしてたじろぐことのない「理」――たとえば「私は場合によって人を殺すことがあるかも知れないが、国のためにだけは人を殺さない」――これが必要ではないか、と。

『きけ わだつみのこえ』の中にもこうした「私原理」の穏やかな宣言を聞くことができる。たとえばルソン島沖で船が沈没し戦死した岩ヶ谷治禄。「私は戦をぬきにして戦に征《ゆ》く。その言葉を解してくれるものはないかも知れぬ。ただ私は人の生命を奪おうとする猛獣的な闘争心は今持たぬのである。そうしてこの憐《あわ》れな、まるで渦中にすいこまれるような思いで、私は戦に往くのである」。彼は別の箇所でこうも書いている。「日本人の死は日本人だけが悲しむ。外国人の死は外国人のみが悲しむ。どうしてこうなければならぬのであろうか」。彼は師範学校出身の教員だった。宗教的信念を持っている様子もない。自分のことを「意久地《いくじ》なし」と言っている。しかし人の生命は奪わぬという決意だけはひっそりと握りしめているのである。

6　学者たち

他方、いわゆる思想誌において哲学者や歴史家が何を主題としてどのように論じていたかを見ておくのは無駄ではないだろう。なぜなら、学生知識層に対する戦争文化の発信地はこれらの思想誌だったからである。以下は月刊雑誌『理想』と『思想』に掲載された論文からの引用である。

「我々は今、世界史的激動のただ中に立って、そこに現れはじめている世界革新への政治的思想的根本徴候の二三を指摘し、それの世界観学的意義に言及したいと思う」（大江精志郎「世界新秩序の世界観学的考察」『理想』一九四一年十月号）

「日本は各民族をしてその所を得せしめると云う東亜共栄圏確立の指導的地位に立っている。固よりその指導者たるに相応しき実力を具えた唯一の東洋に於ける国家である。東亜的にして世界的なる文化創造をその民族的なる使命としている。この日本の歴史的、文化的なる源流を反省し、これを世界的規模に於いて展開せしむることを必要とする。日本的価値の世界史的な創造である」（湯村栄一「新しき世界と日本主義」『理想』一九四一年十月号）

「この未曾有の世界史的転換期に臨んでわが国もいま新しき時代の指導的思想を要求することが熾烈であるし、またその要求も充されかけているものの如く見える。しかし（……）」（樺俊雄「転換期日本と

指導的思想」『理想』一九四一年十二月号）

「我我が戦ったのは、常に止むに止まれざるものがあったからなのである。我我は常に戦争を避けんとした、——人は日米会談を想起せよ。しかもそれを避け得なかったのは、そこには世界史的必然性があったからである。それが世界史の意志であったからである」（高坂正顕「戦争の形而上学」『思想』一九四二年二月号）

「われわれはひとり上代のみの世界観にとどまらない、わが固有の世界観人生観にたぐいなき深さと大いさとを感じ、その顕現がいまや全世界を震撼させていることに、その逞しき創造性を思わずにはおれないのである」（佐藤通次「皇道と哲学」『理想』一九四二年一月号）

「現実日本が世界史的に飛躍しつつある時、我々哲学を研究しつつあるものは如何なる態度をとり、如何に哲学すべきかを切実に反省せざるをえない。現実日本が世界史的に飛躍すると共に思想日本も世界史的に飛躍すべきことが当然要請せられるのであり（……）」（鬼頭英一「現代日本の哲学」『理想』一九四二年五月号）

「大東亜戦には世界史的意義が含まれている。そしてその意義は戦争の進展と共に一層明瞭になるであろう。かく多くの人々が確信している。その信念に揺ぎがあってはならないことはもとよりである。しかし大東亜戦の持つ世界史意義とはいかなるものであろうか」（高坂正顕「大東亜戦と世界観」『思想』一九四二年六月号）

「大東亜戦争が如何なる世界史的意義を有するかを問うことは、それが世界文化の上に如何なる新しき内容を加え得るかを問うことである」（高橋穣「大東亜戦争の世界史的意義」『理想』一九四二年十一月号）

「大東亜の建設は、わが肇国《はつくに》の大精神の展開、大和の世界観の世界史的顕揚というところからのみ招

来されることができる」（竹下直之「日本的信念と思想戦」『理想』一九四三年六月号）

「とまれ今日世界史的なる国家としてあり、殊に大いなる目的の達成に向って全力を傾けつつある我が国に於いて、何より必要とせられる一つのことは、世界史的なる国民としての自負に基く責任性の自覚と、またそれに伴う道義的精神の昂揚とである。道義性と結び付いた力のみがよく我が民族の持つ世界史的なる使命を果さしめ得るに相違ないからである」（岩崎勉「世界史と道義性」『理想』一九四三年七月号）

「今日の大戦はまさしくこの地上に於ける最初の而も最激烈なる世界観の戦いである。凡そ戦いという戦いに於いて世界観の戦いほどに苛烈深刻にして且つ重大な意味を有つものはあり得ない。（中略）最初の世界的世界観戦に最後の世界的大勝を博するもの、皇国日本並びに盟邦こそ、世界史上永遠の栄光に輝くであろう」（高階順治「大戦下学生の世界観の問題」『理想』一九四三年十一月号）

いずれも学生知識層に影響力を持った哲学者の発言である。それにしてもなんという紋切り型の羅列、「世界史的激動」「世界史的創造」「世界史的転換期」「世界史的必然性」「世界史的飛躍」「世界史的意義」「世界史的顕揚」「世界史的国家」「世界史的国民」「世界史的使命」「世界的世界観」、お互いにコピペをしていたのではないか、と疑われるほど似通っている[4]。ここには引かなかったがその他の論文においても、今挙げた言葉のどれかを用いていない論文はないと言っていい。しかし、紋切り型こそ、おそらく洗脳のもっとも有効な手段だったのだ。

これらの論文で説かれているのは、一言で言えば、また一言でも十分言えるのだが、日本の偉大さ（神話学的、歴史的）と世界（史）における日本の役割―使命であり、そのためになされる大東亜戦争の意義である。そしてその目的はあけすけで、一にも二にも読者―青年学徒を、愛国心へと、戦争遂行へと動機付けること以外になかったと言っていい。

第三章　古い上着よ　さようなら

一九四五年八月、戦争は敗北に終わり、戦後、すなわち占領の時代が始まる。一般の人々はこの敗北をどう受け止めたか、また占領をどう受け止めたか。戦争文化はどこにいったか。

戦後、戦争組織、戦争文化を支える諸制度は占領軍によって矢継ぎ早に廃棄された。連合艦隊の解散、参謀本部の廃止、軍隊の武装解除といったことだけでなく、治安維持法は撤廃され、検閲制度は廃止され、軍国主義の支柱とみなされた財閥は解体され、軍国主義の温床とみなされた地主制度の改革が実施された。学校からは剣道と柔道とが追放され教科書の墨塗りの指令が出され、修身、歴史、地理の教育は停止された。戦争組織だけでなく、法律と制度において戦争文化は壊滅したと言える。

他方、人々の頭に擦り込まれた戦争文化はどうなったか。これもある程度、外の動きに呼応する形で解体したかに見える。厭戦と反戦の気分は戦後、日本国民に広く分け持たれていて、それを語るのに私はことさら文献を必要としない。「戦争は二度とごめんだ」という気分は、家族のうちにも学校環境のうちにも空気のように漂っていたからだ。敗戦直後ならいざしらず、半年後、一年後に、「鬼畜米英」に対しての、あるいは中立条約を犯して満州に攻め込んだソ連に対しての、報復戦争を唱える者は周囲に誰もいなかった。日本人はかなりすんなりと敗北を受け入れ、戦争文化を抜け出した、というか頭の中から追い出したと言える。

しかし敗戦を受け入れるのは一つのこと、占領を受け入れるのはもう一つのこと、両者の接続の仕方が問題である。人々はどのようにして敗戦の現実から占領の現実へと、戦争文化の時代から脱戦争文化の時代へと、ぎくしゃくなしに移っていったのか。いくつもの証言、回想がある。敗戦体験、占領体験をもとにした多くの文学作品がある。しかし、ここでもまず私は自分の記憶の中にある敗戦と戦後の占領時代を語ることから始めよう。

1　八月十五日

私が八月十五日の「玉音放送」を耳にしたのは、疎開先の富山県高岡市の郊外五十里《いかり》にあるお寺ででだった。太陽のぎらぎら照りつける暑い日だった。家族や住職夫婦だけでなく、お寺の本堂にしばらく前から泊まり込んでいた兵隊数人と一緒にラジオに耳を傾けていた。ラジオの具合が悪く、向こう側からは途切れ途切れのうわずった声が聞こえてきたが、何を言っているのかよくわからない。放送が終わった後、誰も口を利かなかった。しばらくして、誰かが言った。「戦争が終わったんかな」。しかし、答える者はいなかった。母も何も言わなかった。私は漠然とした不安以外に何も感じていなかった。涙はもちろん、屈辱感とも無縁の一日だった。

しかしこの放送を聞いて、あるいは日本が降服したことを知って涙を流した人は無数にいたようだ。宮城前に行って号泣した軍人と民間人、兵営で号泣した兵士、彼らの話はその後よく本で読み、それなりに理解がいく。しかし私よりも三歳年下の阿久悠が「敗戦の報に（中略）脱水症状になるのではないかと思う程泣いた」（『瀬戸内少年野球団』）と書いているのには驚かされた。やはり私よりも三歳年下の弟のことを考えると、これはほとんど信じがたい。阿久はおそろしく感受性の豊かな少年だったのだろう。

いや、私より一年下でやはり疎開先で敗戦を知り、もっと勇ましい反応をした、あるいは勇ましい反応を周囲に見ようとした少年もいる。彼は「戦争の遂行者であった民衆のひとりびとりが敗戦を本当の意味での自己の敗北として、国民の敗北を自分自身の屈辱として、一切の終焉、死として、厳粛に受けとっていたという事実」を確認している（西尾幹二「私の「戦後」観」）。これはまったくの作り話か、でないとすれば、私には縁のない世界で、戦争文化の擦り込みは西尾においても、彼の語る「民衆」においても全面的であったとしか言いようがない。

終戦が無条件降服であることが、私の近辺で確認されたのは次の日ではなかったか。それに続く日々、周囲に何が起こったかはほとんど忘れている。八月だから学校はなかった。学校に出てこいという招集もかからなかった。所によっては生徒をわざわざ登校させて、先生も生徒も一緒に「玉音」に耳を傾けた学校もあったとのこと。しかし、どうやってあの聞きにくいラジオを聞いたのだろう？　また先生方はそのとき敗戦をどのように説明したのだろう？

その後の日々の生活で、憶えているのはわずか二、三のことだ。一つは、いつも寺の境内におかれていた軍隊用のトラック二台が突然姿を消し、兵隊たちが大騒ぎをしていたこと。ほどなく伝わってきたひそひそ話によれば、兵隊の誰かが（運転のできる者は少なかったはずだ）トラックごと食糧を持ち逃げしたとのことだった。真相はわからない。その泥棒兵士が見つかったのかどうかも知らされなかった。あるいは、子供の私には知らされなかったということかもしれない。あれは天皇の声を聞いた一週間後だったか、二週間後だったか。

そのまた数日後、父が復員してきた。軍服のままリュックを背負い、両手に持てるだけの荷物をかかえていた。どうやって手に入れたのかは知らないが、その大半が食糧だった。その中にあった黒飴、これは何年ぶりかで味わった甘いもので、戦争が終わったことのまぎれもない証拠だった。それにしても、あの食糧を父はどのようにして手にいれたのだろうかと、いま考えてみたくなる。

十月のある夜、私とすぐ下の弟は疎開先近くの高岡の駅から上野行きの夜行の満員列車に積み込まれた。父はすでに東京の家に引き揚げていた。目黒区清水町の家は奇跡的に戦火から免れていたのだ。母は幼い弟妹二人と、もうしばらく五十里の村に残ることになっていた。私たち兄弟の手は弁当と水筒以外に大きなびんを握っていた。おしっこがしたくなったら、これにするのよ、と。じっさい、汽車の椅子の下まで人が潜り込み、足の踏み場はなく、車内の便所に行くことは不可能だった。与えられたびんを実際に利用したかどうかは憶えていない。それにしても女たちはあのときどうしていたのだろう。

次の日の昼近く、汽車は上野駅についた。山手線か地下鉄か、そのどちらかで渋谷に出て、東横線で第一師範（現・学芸大学）で降り、私と弟とは家に向かって歩いた。右も左も焼け野原、何もかもなくなっていた。ただトタン屋根の家のようなものだけがぽつぽつ目にはいった。それがバラックと呼ばれる住居であることを知ったのは後になってからである。いま洗足通りと呼ばれている通りをたどり、我が家に向かう。焼けていないとは知っていたが、実際に目にするまでは不安だった。細い路地を入ると、この一角だけはたしかに焼けていなかった。私の家も奇跡的に焼失を免れていたのである。一年半前に建っていた家は一年半前と同じ姿で建っていた。空が高く澄み渡る秋晴れの日だった。

2　闇市洗礼

戦後という言葉が私に喚起するのは何よりも活気である。解放感である。十二歳のときに私を捉えたこの感覚はいまでも消えていない。

そう、戦後の始まりは、私の目には間違いなく、明るく活気のある時代だった。食い物がない、住む場所がない、衣類は擦り切れている。しかしそれでも活気がある。それまでの戦争中の日常を、暗い暗い、と思って暮らしていたわけではないのだが、突如、青空を垣間見た感じなのだ。それまで閉塞感があったわけではないのだが、突如、荒野に放たれた感じなのだ。

荒野とは比喩である。しかし、いたるところに廃墟を抱えたままの殺伐とした東京の街、バラックの林立する東京の街は現実に荒野と言ってもよかった。その荒野に、たとえば上野に、新橋に、人々が忙しげにうごめいていた。闇市の露天商人たちである。ほどなく私もその仲間に入り、毎日、父親と一緒に新橋で物売りをすることになる。

当然のことだが、父親が働いていた高岡の飛行機会社はつぶれていた。復員後職がなく、父は東京に引き上げ、誰に教わったのか毎日リヤカーに物品を積んで新橋の闇市に通っていた。私も東京に帰ってきたものの学校がまだ再開されていなかったので、もう一台の自転車に乗って、学芸大学から約一時間、毎日父親のお供をすることになったのだ。新橋の駅から少し離れて、石段だけが残っている焼跡の一角で、父親と交代で店番をする。値段のついた売り物を前にして足し算と引き算ができれば小学生にもできる易しい仕事だった。

最初のうちは自宅からの持ち出しだ。母親が持っていた着物類はすでに疎開中に食い物にかわっていた。家に残っていたのは父親が集めていた象牙細工、水晶細工、石細工の小物、猿や犬や虎などの動物をかたどったものが多かった。それがどうして家にたくさんあったのかはわからない。もしかしたら「支那事変」への二度の応召から「土産」として持ち帰ったのかもしれない。いかなる意味での「土産」かは、ついに尋ねることができなかったのだが。

しかし毎日店を出しているうちに、これらの土産物はたちまちなくなった。家にはまだ象牙のマージャン牌が一組残っていたが、これは手放さなかった。それは父親と上の子供三人とのほとんど唯一のコミュニケーションの道具だったからだ。

夕方には荷物をたたんで、また一時間自転車をこいで帰る。しかし辛いとは思わなかった。見るもの聞くものが新鮮に感じられた。誰がどこに物を並べてもよく、路上には何でも並べられ、何でもよく売れた。(後年、一九九二年の夏、私はモスクワで同じような場面に出くわした。廃墟こそなかったが、ある界隈には、明らかにタケノコ生活の物売りがずらりと立ち並び、男も女も子供も何らかの品物をかかえていた。電球二つを両手に持っていた女性の姿は、私にとってソ連解体の文字と重なっている)。

家の中に売るものがなくなると、何かを仕入れなくてはならない。父親はどこからかあれこれの品物を仕入れてきた。ライター、缶詰、アメリカ煙草。そして正月近くなると藁でくるんだ鮭の荒巻だ。これは飛ぶように売れた。

後になって、新橋の闇市を牛耳っていたのは松田組のやくざだったということを知ったが、私たち父子が座り込んでいたのは新橋駅前から少し離れていたせいか、やくざにショバ代を請求されることもなかった。

私のもう一つの仕事はモク拾いだ。店が暇なとき、石段に腰を下ろしながら私は人々の行き来に目をやっていた。そして吸い殻がぽんと落とされるのを見ると、すぐに飛んでいく。集めた吸い殻は袋に入れて家に持ち帰り、夜の内職の素材となる。当時はどこでも売っていた手巻き煙草用の紙で巻き上げるのだ。煙草呑みの父親はだまって正当な賃金を息子に支払ってくれた。

そしてアメリカ兵だ。スカート姿の若い女だ。アメリカ兵と腕をくんだスカート姿の若い女だ。戦争中、もちろんスカート姿の若い女はいなかった。戦前にさかのぼっても記憶のアルバムの中にスカート姿の女は存在しない。十一歳の少年にとって、それは初めて目にする眩しい光景だった。しかも手をつないで歩いているではないか。

一世代上の青年にとって、これはたぶん苦々しい光景だったろう。右翼ならばここに大和魂の死滅を、左翼ならばここに植民地文化の光景を読み取ったに違いない。一般の男たちにしても日本の女を盗まれたように感じたかもしれない。しかも進駐軍の兵士が「パンパン」をつれて大手をふって歩き、彼らのまわりには、チューインガムとチョコレートのおこぼれにありつこうと子供たちがむらがっていた。これほど卑屈さを感じさせる光景はないだろう。

私よりも八歳年上の茨木のり子は、「卑屈な町」を敗戦後のイメージとしてうたっている（『わたしが一番きれいだったとき』）。私自身も茨木のり子が見た光景の一部をなしていたに違いない。しかし日本全体がいわば身売りをしていたのだから、街も人も卑屈でないわけがなかった。

太宰治の『冬の花火』という小説の中にも次のような言葉がある。一部は占領軍の検閲によって削除されたものだ。

日本の国の隅から隅まで占領されて、あたしたちは、ひとり残らず捕虜なのに、それをまあ、恥ずかしいとも思わずに、田舎の人たちったら、馬鹿だわねえ。

田舎の人が馬鹿だったかどうか、都会の人もおなじだったのではないか、は別にして、子供たちは明らかに馬鹿だった。あっけらかんと馬鹿だった。卑屈さという言葉を知らず、屈辱を覚えるほどの自我もなく、記憶に刻印されたのは、活発さ、解放感だけなのだ。

じっさい、私はなんの抵抗感も覚えなかった。まだ卑屈という感情を知らなかったということもある。そして生まれて初めての英語をおそるおそる口にしたのだ。誰かが教えてくれた「ギブミーチョコレート」「ギブミーチュインガム」を何回か試みた。相手はもちろん進駐軍の兵士だ。何回目かの「ギブミー」に一箱のチューインガムが投げてよこされた。パンパンと呼ばれていたお姉さんにぶらさがられている兵隊だった。

「ギブミー」の声に鋭く反応するのは兵隊たちではなく、これらのお姉さんたちだった。いわば彼女らの口利きで、この卑屈な片言英語がその後、再三効果を発揮することになる。そして最初にハーシーのチョコレートを、忘れもしないハーシーのチョコレートを投げてくれたのは、彼女らの一人だった。こうした優しいお姉さんたちをどうして悪く言うことができよう。どうして「パンパン」という言葉を、誹謗する言葉として使うことができよう。

「卑屈な町」、卑屈な戦後。そうかもしれぬ。しかしその卑屈な中にも明るさがあり希望がありあ未来があった。茨木のり子にしても「とんでもないところから／青空が見えたりなんかした」と書いているではないか。

戦中と違って、闇市では金さえあれば何でも食えた。もちろん何でもあったわけではないのだが、戦中にくらべれば、何でも、と言ってけっして大げさではない。人々はよくこの時代の飢えを語る。それは仮住まいの中に投げ入れられた都会の戦災者や引揚者の多くにとっては事実だっただろう。正義を貫こうとする人々にとっても事実だっただろう。闇を拒否して餓死した裁判官の話はよく知られている。しかし、逆に言えば、大半の人間は闇物資を何らかの仕方で調達し、胃の腑を充たしていたのだ。だからこそ生き延びられたのだ。食糧自体はどこかにあったのだ。あの新橋の屋台店にしても、カネさえ出せば何でも食えたのだから。

そう、国鉄の新橋駅の近くには食い物の屋台店が並んでいた。昼飯は父親と交代でそこに食べにいった。だいたいは焼き飯かおでんかコロッケだった。ラーメンなるものはまだ出回っていなかったと思う。小銭を握りしめ、屋台で大人たちにまじって小学生が一人でメシを食う、これは今考えると奇妙な風景だが、その当時はあちこちに見られた普通の風景だ。私は自分が子供であることを忘れていたのではないかと思う。ずっと後になってフランスの歴史家フィリップ・アリエスが「子供期というのは近代教育制度の創造だ」と言っているのを知ったとき（『〈子供〉の誕生――アンシァン・レジーム期の子供と家族生活』）私ははたと手を打っていた。そうだ、あの闇市世界は近代を吹っ飛ばした世界であり、そこに子供は存在しなかったのだ。

戦争直後の東京の闇市の活気、生命力を、さらには猥雑を伴う解放感を、独特の文章で描き出した傑作に石川淳の『焼跡のイエス』がある。ずっとあとに読んだこの小説の中に私は自分の一部を見出す。ここに戦後日本の原点を読むと言ったら言い過ぎだろうか。たとえばおにぎりを売っている若い女についての次の一節、「パンパン」について「スカート姿の若い女」としか書けない私の文章の貧しさを十分に補ってくれる。やや長いがこれが石川節、読んでいただきたい。

若さのみなぎった肉づきのほてるほど日に焼けた肌のうぶ毛のうえに、ゆたかにめぐる血の色がにおい出て、精根をもてあました肢体の、ぐっと反身になったのが、白いシュミーズを透かして乳房を匕首のようにひらめかせ、同じ白のスカートのみじかい裾をおもいきり刎ねあげて、腰掛にかけたままあらわな片足を恥らいもなく膝の上に載せた姿勢は、いわば自分で自分の情欲を挑発している恰好ではありながら、こうするよりほかに無理のないからだの置き方は無いというようすで、そこに醜悪と見るまでに自然の表現をとって、強烈な精力がほとばしっていた。人間の生理があたりをおそれず、こう野蛮な形式で押し出てくると、健全な道徳とは淫蕩よりほかのものでなく、肉体もまた一つの光源で、まぶしく目を打ってかがやき、白昼の天日の光のはうこそ、いっそ人工的に、おっとりとした色合いに眺められた。

そう、戦後の焼跡に現れたのはこうした若い娘たち、スカートの下にシュミーズなるものをちらつかせている娘たちだった。彼女らはそれまでどこに潜んでいたのだろう。あれは、茄子色か紺色のモンペ姿に肉体を包んで薙刀とか竹槍という幼稚な武器を振り回す練習をしていた少女たちと同じ娘だったのだろうか。

しかし今、その娘たちの一人が、短い裾の「白のスカート」をはき、「恥らいもなく」脚を組んでいる。肉体を誇示している。「精力」をほとばしらせている。それは白昼の太陽をも鈍い光に見させるほど輝きわたっている……これ以上に戦争直後の生命力、解放感を物語る文章を私は他に知らない。

焼け野原での店番、立ち食いメシ、ギブミー英語、パンパン、モク拾い、これらすべては私にとって感情教育の重要な素材となっている。同時に、それは戦争とつながっている戦後であり、戦後体験ではあるものの、戦争体験を含んでいる。

3　野球と歌と

闇市通いを三ヶ月続けたあと、正月がすぎてから、闇市小僧は国民学校五年の普通の子供に戻った。かつて学校の講堂の奥に掲げられていた「御真影」、常にその前で最敬礼をしなければならなかった天皇の写真は、いつのまにか引っ込められていた。そしてあの不吉な「君が代」を歌う必要はもうなく、日の丸の旗も姿を消していた。私の本当の戦後はそのときに始まったと言える。

いや、もう一つのことを憶えている。ある日の朝礼で校長の口から突然「親孝行は義務ではない」という言葉が飛び出してきたのだ。戦争中、『国史の光』を愛読し、「忠ならんと欲すれば孝ならず、孝ならんと欲すれば忠ならず」というあの平重盛の悩みに感動した小学生にとって、これは晴天の霹靂だった。もしもあと二、三歳年上だったら、「今さら何をいいやがる」と反発を覚えたかもしれないが、そのとき私はこの言葉に素直に共感していた。孝が義務でなければ忠も義務ではないだろう。いや、忠の方はあらためて考えるまでもなく、人々の口にものぼらなくなっていた。

五年の三学期に復学したのだが、仲のよかった二人の友だちはついに戻ってこなかった。疎開先から帰ってこなかったのか、あるいは戦火の犠牲になったのか。その後も再会することがないままに歳月は流れてしまった。

残念なのは体操の時間に剣道が禁止されてしまったことだ。残されたスポーツ、というか新たに発見されたスポーツが野球である。めいめいが持ち寄ったグローブ、どこからか誰かが持ってきたボール、それを相手に、晴れた日はいつも放課後に野球をしていた。六年生なので、運動場を独占できたのである。

この頃の野球で一つ苦い思い出がある。学校に正式の野球部などはもちろんなかったが、あるときお山の大将よろしく同志を集め、赤松国民学校の野球チームとして慶応の幼稚舎に対抗試合を申し込んだ。私が投手で試合はボロ負けしたが、それ以上に打ちのめされたのは、生意気なことに相手の選手は皆長髪、しかもお揃いのユニフォームを着ていたのである。我が方は皆坊主頭である上に、ユニフォームを着ていない者までいて、それこそ乞食の軍団だった。

あの頃なぜ野球があれほど少年たちの心を捉えたのか。戦勝国のスポーツだったからか。あれは占領政策の一環で、軍国主義に通じかねない相撲、剣道、柔道から子供たちを引き離すために、誰かがどこかで工作をしていたのだろうか。じっさい、野球で用いられる言葉は、セーフ、アウト、ピッチャー、バッター、ヒット、フライ、すべてが英語だった。だとするなら、子供たちはいちはやく転向していたわけである。

同じころ遠く離れた瀬戸内海の淡路島で、やはり野球に夢中になっていた少年がいる。先に名前を出した『瀬戸内少年野球団』の阿久悠だ。彼は私より三つ下で、育った環境も周囲の世界も私のそれとはまったく違う。にもかかわらず、二つの点において大いなる親近感を覚える。

一つがこの野球だ。しかも彼らの場合、道具を自家製造するところから始める。丸太をナイフで削りバットを作る。グローブは『少年倶楽部』の付録にあった型紙から作る。ボールは毛糸くずを集めて作る。いずれも周囲にいる大人の女たちの協力によるものだが、少年たちの情熱がなければ彼女らも手伝ってはくれなかっただろう。

もう一つは歌である。阿久はハーモニカの名手であったらしいし、その後歌詞作りのプロになるわけだから、のめり込み方において比較にはならないが、私もまた戦後、ラジオから聞こえてくる流行歌を貪るように吸収し口ずさんでいた。『瀬戸内少年野球団』で名が挙げられている『東京ブギウギ』『東京の花売り娘』『泣くな小鳩よ』『星の流れに』、いずれもいま歌うことができる。十一か十二の少年が「こんな女に誰がした」（『星の流れに』の一句）と歌うのもおかしな話だが、流行歌というのはそういうものなのだ。

文春文庫版の後書きで阿久はこう書いている。

> 長い歴史の中で、たった三年だけ、子供が大人より偉い時代があった。
> そして、たった三年だけ、お仕着せの価値観ではなく、庶民や子供が価値観を見つけ得る時代があった。
> そのたった三年とは、暗黒の時代といわれている昭和21〜23年である。飢え、死に瀕してはいたが、生きる活力と、新しいものに出会う興奮は、今から考えるとユートピアだといえなくもない。

私はこの言葉にほとんど同意する。ただし阿久の言う三年を五年に修正したい。阿久は小学生時代の最後の三年を念頭においているのだろうが、二つ年上の私は、この「ユートピア」を中学時代の終わりにまで引き延ばしたいからだ。

4　新制中学一年生――新憲法の申し子

一九四七年に、私は東京市大森区（後の大田区）の新制中学に入学する。実を言えば母は、この年から発足することになっていたが何の目鼻もついていない新制中学なるものに不安を憶えたのだろう、ある私立中学を私に受験させたのである。ところがわたしはみごとにすべって、やむを得ず赤松小学校の延長上にある大森六中に通うことになったのだ。この受験失敗は私の人生の最初の幸運だと後に考えるようになる。

大森六中には校舎も校庭もなく、赤松小学校、小池小学校、清水窪小学校の三校に間借りをしていた。いや、そもそも開校したのかどうかさえわからぬままに、学校に集まってぼんやりと時間を過ごしていた。ということは、ほとんど遊んでいたのだろう。一日中放課後のようなもので、先生を交えてピンポンをしたり、野球をしたり、暗くなるまで家に帰ることはなかった。

先生の数自体も不足していた。ほとんどが若く、旧制高校を出て大学の受験浪人をしている先生も何人かいた。そしてあの懐かしい『ジャック・アンド・ベティ』の教科書によって英語なるものを始めたのだが、英語を教えてくれたのは、あとからわかったのだが、実は社会科や体育の先生だった。

「鬼畜米英」の四年間、英語そのものが敵視された四年間のあとでは、英語を専門とする先生はおらず、これは当然のことだった。というわけで、私は自分の英語の発音の悪さは後々までこの時代の先生のせいにすることができた。高校に入ったときに、同級生で、一人、二人どこで習ったのかみごとな発音をするのがいて、一同脅威をおぼえたものだが、あとは似たりよったりだったのだ。

ユニークだったのは新しく設けられた「社会科」の授業（昭和二十二年九月スタート）。当初は日本の歴史や地理を教えてはいけないということで、苦しまぎれに作られた科目とみえて、先生も何をしてよいのかわからなかったのだろう。二年のときだったか、話の中に頻繁に「コモンセンス」なる語を連発する先生がいて、彼は生徒の自主性を重んずると称し、クラスをいくつかのグループに分けて大森区の文化遺産について調べさせ、その成果を発表させた。今だったら図書室を活用したりインターネットをのぞいたりの方法があるだろうが、当時は学校に図書室もなく百科事典のおいてある図書館を見つけて丸写しをしていた。教師も生徒も「文化遺産」「地域の文化」といった言葉が合い言葉になっていた時代の流れの中にいたのだ。

じっさい「文化」は新たなまじない言葉としていたるところに見られた。「これからは文化だ」を何回聞かされたことだろう。一番みごとな転身は、十一月三日の明治節から文化の日への早変わりだった。それだけではない、文化鍋、文化包丁、文化まないた、文化ミシンといった具合に、物として街にあふれていた。傑作は文化カレイという干物、これを食べると文化に少し近付けますよ、ということだったのか。

知識人もまた「文化」に未来を見出していた。高野岩三郎は大内兵衛などとともに「日本文化人連盟」の結成をいちはやく呼びかけ（一九四五年九月）、その綱領には「デモクラシーとヒューマニズムに基づく新日本文化を創造し、平和的進歩的日本の建設に参加する」とある。高野は同時に憲法研究会を組織し、「日本共和国憲法私案要綱」を発表している（同年十一月）。

また内田義彦、大塚久雄、中村哲などの社会科学者たちは「青年文化会議」を立ち上げ、『文化会議』という啓蒙誌を発刊し（一九四五年十一月）、花田清輝、野間宏、加藤周一らは「綜合文化協会」を設立、機関誌『綜合文化』を出版（一九四七年）といった具合に何十という数の「文化」の名をつけた雑誌が戦後発行されている。文化を名乗らずには知識人にあらず、というのが時代の風潮だったのだろう。

それにしても「これからは経済だ」という言葉が聞かれなかったのはどうしてだろう。現実があまりにも惨めだったからか。多くの人が食うや食わずの日常に苦しんでいたからか。いずれにしても、その四十年後に今度はこんな言葉が聞かれることになる。「経済はもうよし。これからは文化だ」。ちょうど文化自体がきなくさくなってきた頃である。

新制中学で何よりうれしかったのは、第一回生だということで上級生がいなかったことだ。そのため、上からのいじめがなく、三年間のびのびとしていられた。さらにうれしかったのは男女共学で同じクラスに女の子がいたことだ。これは国民学校二年以来のこと、「男女七歳にして席を同じうせず」の戒律がここで崩れた。敗戦さまさまである。しかし男女の距離は慣習面に残っていて、教室以外で女の子と話をするにはかなりの度胸が必要だった。ましてや、今の中学生がやっているように女の子を自転車の後ろに乗せて走るなどという芸当は、私の世代の「文化」にはなかった。それでもさらに女の子に近づくために、私は「職業」という科目で工作を選ばずに家庭を選んだ。そのおかげで私は編み物を多少覚え、彼女らにまじって野球のストッキングを編んでいた。実際に完成したのかどうか、履いてみたことがあるのかどうかは覚えていないのだが。

二年の後半になって洗足池の近くに新しい校舎が建った。しかし正門はなく、校庭の囲いはなく、ここに移ってからも、暗くなるまで運動場を離れなかった。高校受験のことなどは、まだまだ先の話で、そもそも先がどうなるのかわからなかったということもある。

そして新しい憲法だ。新制中学はそもそも新憲法の申し子のような存在で、全国どの新制中学も創立記念日はもしかしたら五月三日ではないだろうか？　朝礼があるたびに、校長は生徒の誰かに新憲法の精神は何かと問うた。これは、主権在民、戦争放棄、男女平等と、三つ並べて答えればよかった。三つ目は男女平等ではなく基本的人権ではないか、とあるとき人に言われたが、私の記憶にはなぜか男女平等となっている。そしてこの三つの呪《まじな》い言葉のうちになんとなく明るい未来が宿っている気がしていた。

もちろんこうした明るさは万人に分け持たれたものではなかったろう。息子や夫や父親が戦地からまだ引き上げてこない一家の場合、戦争帰りの若者の場合、時代が明るく感じられたはずはない。また私の次兄のように、陸軍幼年学校帰りということで、社会的にうさんくさく見られていた若者にとって明るさは無縁だったろう。彼は二、三年の間ぐれていた。

その上、暗い事件があとを断たなかった。小平事件、帝銀事件、松川事件、三鷹事件、太宰治の情死、ヤミを拒否して栄養失調で死んだ判事、凍死、焼死。毎日のように大事件と異常な死が大きく報じられ、それが子供の世界にも入り込んでいた。

たとえばある日のこと、学校の廊下に取り付けられていたスピーカーから、極東軍事裁判の判決結果を告げるラジオのニュースが流れてきた。放課後ではなかったかと思う。死刑宣告を受けた被告の名前が次々に聞こえてくる。東条、廣田、板垣、こういった名前はすべて戦争中の軍国少年にはなじみのものだった。私はすでに「文化国家」の「民主少年」になっていたが、死刑という言葉はやはり重くのしかかってきた。死刑が当然か不当かという判断力はなく、また死刑が実際にどのように執行されるのかを想像する力もなかったが、死刑という言葉自体に恐怖を覚えていた。巣鴨の拘置所で教誨師だった花山信勝の『平和の発見』を読みはじめたのはたぶんそのせいだ。

にもかかわらず、私にとって時代が明るく感じられたのは、一つには先に記したように歌によるところが大きい。もはや陰鬱な「君が代」も「海ゆかば」も歌う必要がなく、軍歌は禁じられていたようだったので、私の歌心は当然のように戦後の流行歌に向かった。

まず、なんといっても「リンゴの唄」があった。この歌は映画『そよかぜ』の主題歌だったそうだが、私は映画は見ていない。当時の音楽がすべてそうであるように、耳に入ってきたのはラジオからだ。あとで触れる色川大吉はこの歌が大嫌いだったそうだが、彼の状況からすれば、これは理解できる。ついで笠置シズ子の歌う「東京ブギウギ」があった。どちらも歌詞全体の意味はぼんやりしていたが、戦中のあの悲壮感にあふれた唄と何という違いだったことか。

さらにラジオの英語番組の際に歌われる「カムカム英語」の唄があった。これはジョン・ダワーがいささか皮肉な口調で記していることだが、おそらく私の世代の多くの少年少女はいまでも「カム　カム　エブリボディ」がすらすら出てくるに違いない。ただ、ここでも記憶の中にある歌詞はダワーが記しているのとはやや違って、最後が「レッツ　オール　シング　ア　ハッピー　ソング　シンギング　トラ　ラ　ラ」ではなく「レッツ　オール　カモン　ミート　アゲン　チン　カラ　カン　ノ　カン」なのだ。英会話自体を聞いていたわけではない私は、意味もわからずにいい加減に歌っていたのだろうか。ここでも私は記憶に固執しよう。

しかし戦後の明るさ、解放感を語るときに、やはり小説『青い山脈』（石坂洋次郎）と映画の主題歌を抜きにすることはできない。中学一年のときだったたか、私は新聞のこの連載小説を毎日夢中になって読んでいた。世の中の不合理、封建制と戦う島崎先生は、私にとって戦後の最初のヒロインである。原節子の出演する映画を見たのはいつだったか記憶にないが、主題歌の歌詞はいまでもみな覚えている。きっと繰り返しこの歌を唱っていたのだ。特に二番の歌詞が好きで、これはあの時代の社会の雰囲気の最良の部分を伝えている。

古い上着よ　さようなら
さみしい夢よ　さようなら
青い山脈　バラ色雲へ
あこがれの
旅の乙女に鳥も鳴く

要するに私は戦中から戦後へと、何の葛藤もなく戦争の時代から戦争のない時代へと滑り込んだようだ。戦争中のあれこれの事柄、断片的な感情や考えや欲望も、戦後の私の考えや行動に直接影をおとしていない。その意味では戦中から戦後へとすんなりと入っていった口だ。戦中的価値から戦後的価値にあっさり転向したということだろうか。しかし転向という言葉がある程度の意識的選択を意味するとするなら、この言葉は私の場合はあたらない。

よく年上の友人から、学校で教科書の墨塗りを強いられてショックだったという話を聞かされるが、私はショックを覚えた記憶がない。その墨塗りが疎開先の守山小学校でおこなわれたのか、それとも東京に帰ってきて赤松小学校でおこなわれたのかさえも覚えていない。ぼんやりしていたのだろうか。どうでもいいことに思えたのだろうか。戦中は宮城の前を市電で通ると、皆座席から立ち上がり二重橋の前で最敬礼をしたものだが、戦後大人たちの誰もそんなことをしなくなったときも、ふんそんなものかと思っただけだ。

では、私の中で鳴り続けていたあの愛国節のスローガンは。数々の軍歌はどこへ行ったのか。歴史のヒーローたちはどうなったのか。四文字のスローガンはもう私の口に訪れてこなくなった。それは、そんなことを口にしてはいけない、というタブーの意識からではなく、もう誰も「鬼畜米英」などと口にしなくなったからだと思う。戦争中、私たち子供は大人たちの口まねをするオウムにすぎなかったということだ。

軍歌はどうかというと、これまたどこからも聞こえなくなっていた。戦争が負けで終わった以上、現実感がなくなったということもあるのだろう。また新しい歌の方により大きな引力があったということだろう。戦後は魅惑的な歌をふんだんに提供してくれていたのだ。軍歌は歴史のヒーローと同じく、記憶の小箱にひっそりしまい込まれることになる[1]。軍歌が私の耳の中でおのずと蘇るのはずっと後になってからである。

こうして私の内なる戦争文化はあっという間に消滅してしまったのである。

5　見える人たち

戦争直後の日本における「精神の構図」を、一方に歴史の必然性の「見える人たち」の少数の一群があり、他方に八月十五日の意味がほとんど「見えない人たち」が大量に存在していた、としたのは日高六郎である（『戦後思想の出発』解説）。「見えない人たち」の例として日高が真っ先に挙げているのは「一億総懺悔」を説いた東久邇首相である。

たしかに、「見える人たち」はいた。戦争期間中から戦争に多少とも疑問を抱いていた知識人の場合、敗戦は避けられないという認識はあっただろうし、望ましいとさえ考えていたかもしれない。したがって戦後の社会の先を見通し、その未来に希望をかけ、敗戦後の社会にすんなりと適応することができた。これは了解がいく。マルクス主義者であった河上肇がこの年の九月一日に書いた文章の次の一節はそのようなものとして読むことができる。

大国衆民、富国強兵を目標に、軍国主義、侵略主義一点張で進んで来た我が日本は、大博打の戦争を始めて一敗地にまみれ、明九月二日には米国、英国、ソヴェット連邦、中華民国等々の連合国に対し無条件降服の条約を結ぼうとしている。誰も彼も口惜しい、くやしい、残念だといって、悲んだり憤ったりしている最中であり、いよいよ降伏の具体的諸条件が次ぎ次ぎに分かってくるようになれば、その悲憤は更に一段と加わることだろうと思うが、私はしかし、日本人が之を機会に、老子のいわゆる小国寡民の意義の極めて深きを悟るに至れば、今後の日本人は従前に比べかえって仕合せになりはしないかと思っている。(2)

また「大東亜戦争」の愚かさを痛感していた加藤周一が――彼はまだ若かったが――自伝『羊の歌』の中で書いていることだが、敗戦万歳を唱え、戦後の世界に大きな可能性を見出したこと、これも了解がいく。

ところが石原莞爾の次のインタビュー記事となると私はほとんど絶句する。「国軍に対する感慨如何」との問いに彼はこう答えている。

戦に敗けた以上はキッパリと潔く軍をして有終の美をなさしめて、軍備を撤廃《てっぱい》した上、今度は世界の輿論《よろん》に、吾こそ平和の先進国である位の誇《ほこ》りを以て対したい。将来国軍に向けた熱意に劣《おと》らぬものを、科学、文化、産業の向上に傾けて祖《そ》国の再建に勇往邁進《ゆうおうまいしん》したならば、必ずや十年を出ずしてこの狭い国土に、この厖大《ぼうだい》な人口を抱きながら、世界の最優秀国に伍《ご》して絶対に劣《おと》らぬ文明国になり得ると確信する。

(読売報知新聞、一九四五年八月二十八日)

敗戦後二週間にもならぬ時点での、占領軍がいかなる政策で臨んでくるかも判然としない時点でのこの見通し、この方向感覚は実に鮮やかと言わざるを得ない。後に設けられる憲法評議会のメンバーのもたもたぶりとはおよそ比較にならない明晰さ、河上肇の日記と比べても、冴えている。

しかし石原は板垣征四郎とともに、満州事変に通じていく柳条湖(柳条溝)事件の影の黒幕、その後東条英機からうとまれて軍の中枢からはずされたとはいえ、また北支への進出には反対だったとはいえ、三百万の日本人の死者に相当の責任があるはずだ。その男が戦後の日本のあるべき姿について、それも実にみごとなお説教をたれている！　これは「すんなり」と適応などというものでさえない。この転向をどのように説明できるだろう。私は石原の著作集をひもとく忍耐力を持ち合わせぬので推測になるが、「心」を前提とする「転向」という言葉そのものが彼にとっては無意味で、「心」を無にした計算的理性のみが突出した人ではなかったかと想像される。

「見える人たち」は他に何人もいたが、ここでは石原と対極にある弁護士の正木ひろしを挙げておきたい。正木は一九四四年、警察官による拷問致死を告発して名をあげるが(長倉事件)、すでに昭和十二年(一九三七年)から個人雑誌『近きより』を発行し、軍部批判、戦争批判を続けていた。言論統制が厳しい時代、多くの文章は逆説や比喩の形をとっており、ときにすさまじい毒が盛られている。一つ例を挙げる。

> 日本の危機が、今、二十歳前後の特攻隊員の連続的な自爆によって支えられていることは、桜の蕾が嵐に吹きちぎられるようで惜しくかつ痛ましい。これに反し、戦争讃美の倫理学者や宣伝文学者などが、いち早く疎開し、自家用の野菜作りに日を送っているのを見ると余りにもその心境の高低の差を感ずる。東条氏なども、せめて硫黄島にでも行って働いたらどうであろう。
>
> (昭和二十年第九巻第一号、『近きより 5』)

命令のままに死んで逝く特攻隊員、オウムと化しながらせっせと餌作りに励む哲学者、文学者、命令を下すだけの軍の指導部、一九四五年一月に発表された文章の一節である。その一ヶ月後に米軍が硫黄島に上陸し二ヶ月後に日本軍の玉砕が伝えられた。

敗戦の年の十二月号に正木はこう書いている。

武装を解除された日本は、将来道義一本で建て直す以外に方法は無いという。誠に然《しか》り。然る時は、先ず第一に、日本を今日の悲境に陥入れたる張本人天皇の責任の追及を完全にすることを前提とす。我等は軍閥の命令によって戦争に従事したるものにあらず。天皇の名によってこれを遂行したるのみ。その責任を不問に付して、何の正義、何の道義ぞや。

（昭和二十年第九巻第十号、『近きより 5』）

戦後正木は八海事件など多くの免罪事件の弁護を担当し、人権派の弁護士として知られることになる。

6　傷を残した人々

戦後思想を考えるに、戦争体験とどう向き合うかということをもっとも重要視する鶴見俊輔は日高とはやや異なる分類をする。敗戦の「傷のない人々」と「傷を残した人々」とだ。そして「近代文学」のグループ（荒正人、本多秋五ら）について「終戦の傷がない」、という言葉を使っている（『戦後日本の思想』）。「傷のない人々」とは言い換えれば戦争文化に浸食されず、敗戦を来るべきものが来たと冷静に、あるいは期待をもって迎えた人々である。志賀義雄、徳田球一といった獄中組を始めとして、永井荷風、志賀直哉、広津和郎といった既成作家、さらに丸山眞男、日高六郎などの若い知識人をここに入れることができる。(3)

他方「傷を残した人々」とは戦争文化の中にどっぷりと浸かりながらその中で成長した人々、したがって玉音放送を晴天の霹靂として受け止めた人々であり、山田宗睦の言葉によれば、そのために「生きる方途を失った人々」である。山田自身こう書いている。

敗戦はいっさいの崩壊であった。わが生はそこでたたれ、生きているものはもはやじぶんではなかった。天皇の放送のあった八・一五の正午をさかいに時間は死んだ。

吉本隆明もまた八・一五の衝撃を語っている。

敗戦は、突然であった。都市は爆撃で灰燼《かいじん》にちかくなり、戦況は敗北につぐ敗北で、勝利におわるという幻影はとうに消えていたが、わたしは、一度も敗北感をもたなかったから、降伏宣言は、何の精神的準備もなしに突然やってきたのである。わたしは、ひどく悲しかった。その名状できない悲しみを、忘れることができない。

（『戦後思想史』）

（『高村光太郎』）

若い軍人の例としては色川大吉を引いておこう。敗戦を三重海軍航空隊の分隊長として迎えた色川大吉は、敗戦時の混乱、混沌を次のように記している。三人称で書かれているが、これは色川自身のことと考えてよいだろう。

かれが復員して両親の家に身を寄せていたころ、敗戦の衝撃でかれの神経は錯乱していた。米軍に対する憎悪は極端な行動にかれを駆りたてかねなかった。その上、手のひらを返したような日本人の強者への追随の言動がかれの心をかきむしった。かれは「学徒出陣」の命令による予備学生出身の予備士官で、職業軍人ではなかったのだが、軍や国家の解体を喜び、占領者による民主化を賛美し、すぐ学園にもどってゆく気にはなれなかった。

（『廃墟に立つ――昭和自分史（一九四五―四九年）』）

次に、敗戦当時、海軍経理学校生徒で、後に高校の教師になった白鳥邦夫の八月十五日と十六日の日記の一節を引く。

親しく大元帥陛下の玉音を拝す。聖断ついに米英ソ支四ヵ国のポツダム宣言を受諾されたという。畜生！　と思えど、聖断の一語が身を縛す。（中略）

正義は必らず勝つ、和平とは大和民族の滅亡を意味す、などと唱え、国民を軍人を欺瞞しきたりて、ようやく窮するにおいてか、天皇をマイクの前に引出して、聖断なりとする政府の反戦要人があったのが敗因だ。

午前、課業、漢文・経済。畜生、経済学の宮田博士の野郎、洒々として、「日本の敗北は経済学的に明白であった」という。自分の学問の立場はナチス的な国家社会学なりとし、昨日まで激しく講義をしてきた人が、今日すでに「今日の経済学は――」という。馬鹿野郎！

（『私の敗戦日記』）

白鳥は二十年後の同じ八月十五日、ベトナム戦争反対のデモに出かけ、そのあと海軍経理学校跡を訪れ、戦後の二十年の歩みを振り返っている。

もう一人、政治学者の藤田省三を挙げておこう。

例えば先生たちの世代は（中略）解放として敗戦を迎えた。僕なんかはそうじゃないんです。（中略）一大ショッキングな事件として迎えたわけです。本当にガーンと頭をぶんなぐられて脳震盪を起こしちゃって、一度「心の旅路」で記憶喪失して、そして改めて周囲を見渡したときに見開かれた世界の、その広大さと豊かさに仰天しながら一生懸命やった。そこを、仮に戦後の精神史の出発点ということができるでしょう。(4)

7　混沌と虚脱の状態の中から
――手のひらを返した日本人

ところで、一般の人々はどうだったのか、とここで立ち止まって考えてみよう。彼らがすんなりと戦争文化を自分の頭の中から排出しえたのはどのように説明されるのだろう。戦時下のあの高揚、「一億玉砕」のあの捨て身のスローガン、あれは大人たちにとって何だったのか。戦中に唱えていたあの愛国節は各人の中でどのように処理されたのだろう。私の場合は、十二歳の子供だったから、と説明ができるにしても、大人たちはそうはいかなかったのではないか。もちろん戦後の生活からじわじわと来る強制はあった。日々の糧を確保することに忙しかった。しかし心の動きはどうだったのだろう。なぜ簡単に手のひらを返すこと、いや心の向きを変えることができたのだろう。

日本人一般のこうした心の転回は、普通、悲惨な戦争体験から説明される。じっさい多くの論者が戦争体験と戦後の平和意識の形成を関連させている。「草の根の占領期体験」という副題を持つ吉見義明の『焼跡からのデモクラシー』は占領期における知識人の発言だけではなく「普通の人々」の声を拾い集めたという点で貴重な本であるが、その上巻の第2章「平和の構想」に収められているほとんどの文章（一九四五―一九四九年に書かれたもの）は戦争下の悲しみ、惨めな思い、苦しみを思い出し、「戦争はごめんだ」と訴え、戦争放棄を歓迎している。

しかし、少し異論を立ててみよう。あの八月十五日の時点に立ってみると、多くの日本人はすでに戦争の悲惨さをなんらかの形で感じていたはずだ。だがそのときすぐに「戦争はごめんだ」「平和万歳」を叫んだ者がどれだけいただろう。半藤一利は戦争に負けた瞬間の日本人について「悲哀感、失望感、絶望感それに無念な想いをごちゃまぜにした感情に押し流されていた」と書いている（『昭和史　戦後篇』）。先に書いたように日高六郎も敗戦直後の日本の精神の構図の一方に、敗戦の意味が「見えない人たち」、一般民衆の虚脱があったことを指摘している（『戦後思想の出発』）。ともに正確な診断だと私は考える。河上肇や石原莞爾のような「見える人たち」は圧倒的少数だったのだ。この状態は少なくとも数ヶ月、一年ぐらいは続いたに違いない。(5)

事実、「戦後」に向けた社会の歩みはゆったりとしたものだった。一つには生活の回復自体がゆっくりしていたということもある。灯火管制が撤廃され、ラジオの天気予報が再開され、音響管制が解除され、映画演劇の上映、上演が再開されるという日常生活への復帰、これが平和で、そのときにはじめて「やっぱり平和というものはいいもんだ」という感情が支配的になる。

すなわち、各人の中における戦争文化の消滅、「ナショナリズムの価値暴落」（丸山眞男『戦後日本の革新思想』（共著））、平和思想への移行もゆったりとなされたと考えていい。それは戦争の悲惨さの体験だけからおこったのではなく、占領下での生活とも結びついていると考えたほうが納得がいく。たとえば米軍による直接統治がなされていたなら、占領がもっと苛酷であったならば、食糧援助がなかったならば、進駐軍がもっと横暴だったならば、「鬼畜米英」は簡単には消えなかったのではないだろうか。

アメリカに対して抵抗が少なかった理由としては司馬遼太郎の次の見方がある。「太平洋戦争の末期の軍部は、日本を支配しているという感じよりも、占領しているという感じ」だった、それに対してアメリカの占領は「われわれ庶民にとって、軍部の強烈な占領から、かつての敵軍によるよりゆるやかな占領がはじまったという感じ」だった、と（『昭和を語る——鶴見俊輔座談』）。

もう一つの傍証。吉見の『焼跡からのデモクラシー』の中に、「憲法改正草案要綱」が公表された直後の一九四六年三月に読売新聞が行なった世論調査のデータが引かれている。

この時点で戦争放棄条項について「侵略されても永久に戦争を放棄しその代り世界平和の運動に努力する」と答えた者は三一・六パーセントであったのに対し、「無謀な侵略にはやむをえず抗戦する権利を残しておく」べきだと答えたものが六八・四パーセントという数字が残されている。回答者がどこからの侵略を念頭においていたかは明らかでないが、「戦争は絶対にごめんだ」組は戦後半年の時点ではけっして多数派ではなかったのだ。

ところが日本国憲法施行二年後の一九四九年八月の同じ読売新聞の調査によると、「永世中立」と「集団保障」という両方の言葉を知っている者に対してどちらを望むかと聞いたところ、「永世中立」か「集団保障」かの二者択一の選択において七三・四パーセントの圧倒的多数が「永世中立」を選んでいる。先の回答の中にある「交戦権」と「永世中立」の関係を回答者がどう考えていたかは不明だが、憲法第九条の戦争放棄の考えが少しずつ浸透していったと理解しても間違いではないだろう。

このことは吉見が主として日記から集めてきた「普通の人々」の声からも裏書きされ得る。上巻第三章「平和意識の獲得」では、砥石屋、国鉄労働者、中島飛行機女子職員の三人、敗戦時に二十代のもと軍国少年、軍国少女の日記が紹介されている。彼らも戦争直後はがっくり落ち込んだり（松下重喜）、アメリカに対して復讐を夢見る「攘夷党」であったり（小長谷三郎）、日本帝国の植民地放棄に怒りを見せたり（青木祥子）しているが、時とともに民主主義と平和の価値を受け入れていくのだ。

つまり国内にいた多くの人にとって、敗戦は戦後の生活へとなだらかにつながっている。そのために戦争体験だけを切り離して語ることは難しく、敗戦後にやってきた占領下の生活をとおして戦争体験を振り返る、あらためて戦争の体験の悲惨さを確認する、そこから新たな価値観に徐々に身を委ねたと考えたほうがわかりやすい。

8　思い違いとナイーヴさ

戦後史をたどるならどこにも記されているように、占領軍は非軍事化と民主化という二大プログラムを日本の占領政策の根幹にした。その政策の背後には、打算があり、世界戦略があり、ある種の日本人観があったが、この非軍事化と民主化という政策に関する限り、戦前的メンタリティを有する国家主義者をのぞいて、大半の日本人がこれを歓迎したことに間違いはない。それは戦勝国によるパワー・ポリティックスの押しつけであるという自覚があったかというと、ほとんどなかったであろう。そもそも私たちはアメリカからもらった食糧で生き延びていたのだ。民主化であれ非軍事化であれ、よいと思うものはなんでももらえ、これが戦争直後の日本人のプラグマティズム、一種のずぶとさであった。

もっとも、野蛮で、残虐で、好戦的で、「猿人間」であったはずの日本人が非軍事化を受け入れる、民主化を歓迎する、それどころか占領軍の司令官に並々ならぬ親近感を示す、こうした歓迎ぶりは、当の占領軍当局にとって、またアメリカ政府にとって予期せぬこと、想定外のことであったらしい。

たとえば最高司令官のマッカーサーとそのスタッフに対しては、彼が日本を去るまでの約六年間に四四万一一六一通の手紙――その大多数が感謝の手紙――さらには数知れぬ贈り物がこの被占領国の民から寄せられたという。もっともマッカーサーの「神の如きとうとき御慈悲」というような文言を読むと、対象が天皇からマッカーサーに移っただけではないかとも思われる。いや実際にこういう手紙もあったのだ。「昔は私たちは朝な夕なに天皇陛下の御真影を神様のようにあがめ奉ったものですが、今はマッカーサー元帥のお姿に向かってそう致して居ります」（袖井林二郎『拝啓マッカーサー元帥様――占領下の日本人の手紙』大月書店。ジョン・ダワー『敗北を抱きしめて 上』に引用）。

いまこの文章を私は実にいやな思いで書き写しているのだが、それはここに、いま述べたずぶとさが感じられないからである。またそれだけでなく、戦争文化に同意し、戦争文化を支えたあの大勢順応主義がそっくり見出される気がするからである。

アメリカ側の想定と日本人のナイーヴな受け止め方、このずれに目を留めたところから出発した戦後史が、ジョン・ダワーの『敗北を抱きしめて――第二次大戦後の日本人』上・下である。初版の序文の中で彼はこう書いている。

敗戦についての日本人の反応は、まるで万華鏡をのぞきこんだかのように多彩で千変万化していた。

あるいはまた

敗北への反応、そして戦争と戦時規制からの解放に対する人々の反応が、どれほど多様で活発なものになるか、日米双方の誰も予測することはできなかった。

この本は日本側の資料をきめこまかに追っているだけでなく、アメリカ側の資料を突き合わせているのが何よりの強みで、私にとっては驚くべき発見がいくつもあった。

たとえばアメリカが天皇の戦争責任について問わない決定をしたことはよく知られている。そして、天皇自身が自分の戦争責任について口にしたかどうかは、しばしば歴史家が資料の真偽を問題とする。しかし、次の一句はどうだろう。「アメリカは、天皇の承認のもとに、天皇の名において行なわれた抑圧と暴力に対して、道義的責任すら認めないよう、天皇を説得した」。アメリカは直接支配の難しさを認識して間接支配という戦略を立て、そのためには天皇を利用せねばならない、そこで天皇が責任云々を口にせぬよう発言を押さえ込んだというわけだ。

また、共産党がアメリカを一時期「解放軍」とみなしたこともよく知られているが、一九四六年五月一日のメーデー集会（警察発表一二五万人参加）、を組織した執行部、おそらく共産党中心の執行部が連合国最高司令官ならびに連合国に対して次のような書簡を準備したというそのナイーブさにも愕然とする。

連合軍が日本国民を解放し、自由を与えかつ労働者農民の権利を確保したことに対し、深く感謝の意を表明する。これを受け、われわれは封建的独裁的圧政を根絶し、二度と世界平和を侵すまいという日本国民の真の意思に基づいた人民政府の樹立を希望している。

（『敗北を抱きしめて　上』）

この書簡の全文は対日理事会の議事録にあるという。マッカーサーがこの書簡を読んで大笑いしたか苦笑いしたかはわからぬが、このナイーブさはこの時期の共産党にとどまらず、アメリカという国についての今日にいたるまでの日本人全体のナイーブな認識につながっているのではないか。

もう一つ、マッカーサーのしたたかさを暴き出した箇所を拾い出しておく。四六年の五月には一日のメーデー集会だけでなく、「米よこせ区民大会」が十二日に世田谷区でひらかれ、このとき一部のデモ隊は「国民の声」を伝えようと皇居に向かい、中にいわば押し入り、皇居の台所を見たという。この言わば「覗き見」が一週間後の食糧メーデーにつながり、皇居前広場に二五万人が押し寄せた。

これら一連の抗議運動にはなんら暴力行為が伴わなかったのだが、マッカーサーはただちにこの「暴民デモ」に対して警告を発した。この警告が新聞に大々的に発表され大きな効果を発揮し、またアメリカからの食糧支援が約束されたので吉田首相は翌々日新内閣の組閣発表ができたというのだが、ここまでは表の話。だが実はGHQは「デモ参加者は多数にのぼったが、内務省の報告によると暴動や無秩序状態は日本のどこにもまったく発生しなかった」という「諜報報告書」なるものを作成していたのだ。マッカーサーは事実を知りながら脅かしたのである（『敗北を抱きしめて　上』）。

この例だけでなく、ダワーは全体として、アメリカの占領政策の「植民地主義的なうぬぼれ」、マッカーサーの権威主義を暴き出し、日本の民主化がまったくの上からの民主化であり、それが天皇制民主主義になっていく経過を異論の余地なく示している。この本については否定的評価も一部にあるようだが、私はこうした評価に与しない。少なくとも「サクセスストーリー」（雨宮昭一『占領と改革』）などといったものではまったくない。たとえばダワーは日本の官僚が権威主義的で行政指導にたけているのは占領期の「新植民地主義的革命の遺産」であると断じているが、こういった文章から感じられるのは日本の民主化についての著者自身の苦い想いである。

9　言葉の引っ越し

日本人の敗北の体験を「内側から」描き出す、という『敗北を抱きしめて』の中心的意図に直接答えているのは第二部第五章「言葉の架け橋」である。

　ここでダワーは戦後に出てきた新たなスローガンや風刺やジョークや歌詞といった〈言葉〉に注目する。そしてこれを戦前、戦中のそれと突き合わせて、そこに連続性があることを指摘する。「戦争用の言葉が平和のための言葉へと転用された」と。

　たとえば、戦後の社会においてよく語られた「明るさ」だが、この言葉は、またこれに連なる一連の言葉（光、輝き、朝日、太陽）、一連のイメージ（明快さ、純粋さ）は、戦中においてもよく使われていたことに注意を促す。たしかにタバコの名前に「光」があり、「朝日」があった。また私は知らなかったが、「戦う一億　明るく強く」というスローガン、「米英を消して明るい世界地図」というスローガンがあったそうで、この後者は排外主義スローガンの傑作と言えるかもしれない。米英は、北朝鮮ともイスラエルとも、また日本とも置き換えることができる。いやもしも現在この国に本物の右翼がいたならば、「米英を消して明るい」のこのスローガンをたとえば沖縄の辺野古で叫び続けるかもしれない。

「亜細亜の光」は私も知っていた。というか、これは第一章で触れた山中峯太郎の『亜細亜の曙』につながる。ダワーはこのあとに戦後の新宿での尾津組の親分の言葉として「光は新宿から」を見つけ出して「スローガンの引っ越し」と皮肉っている。

同じような「引っ越し」の例として、「文化」や「建設」も挙げられている。たしかに「平和国家建設」「文化国家建設」は戦後の新制中学生の耳に繰り返し繰り返し詰め込まれた言葉である。とりわけ新たに設けられた社会科の授業では、平和や文化が語られない日はなかったと言っても過言ではない。いや、習字の授業にまで食い込んでいたらしい。どこから手にいれたのか、この本には現天皇が皇太子時代に書いた「平和国家建設」という習字の文句が載せられている。

ところがじつは、「建設」も「文化」も、戦中から「鐘を打ち鳴らすように」「乱打」されていたのだという。「建設へ　一人残らず　御奉公」「日《ひ》出づる国に　秀《ひい》づる文化」といったスローガンを証拠書類として突きつけられると、なるほどと思わざるをえない。

極め付きは「新」である。じっさい戦後は「新」のラッシュアワーだった。あらゆるものの上に「新」がつけられた。戦後三年の間に「新」や「新しい」という文字が冠のようにつけられた雑誌が三百は出たという。そして考えてみれば、わが新制中学にも「新」の字があり、憲法は常に「新憲法」とよばれていた。

ところがダワーはこの「新」が「帝国日本のイデオロギーのまさに心臓部にあった発想」であると言う。たしかに「東亜新秩序」「新東亜」がそうだし、近衛内閣の「新経済体制」も「政治新体制」もそうだ。これまたこの本で初めて知ったが、戦時中には「光ある　歴史に結べ　新文化」とか、「いつも笑顔で　新体制」といったスローガンも唱えられていたようだ。

こうした例を積み重ねながら、ダワーはこれを日本の歴史と結びつけて考える。明治維新以来「日本人は変化の嵐に巻きこまれてきた」「日本人は、敗戦までのほとんど百年近い間、根本からの変化をつねに予期し、かつその変化に適応するように訓練されていた」と。したがって戦争の言葉から平和の言葉への移行は、実は、「戦前以来の訓練と、戦時の猛烈な国民教化の結果」だったというのだ。戦後に激変があったのではない、「変化」そのものが続けられたのだ、と。

別の言葉で言えば、変化に素早く適応し、新しいものを追い続ける、これがダワーの日本人観の中心にあり、戦後における戦争文化から平和文化へのスムーズな移行はこの日本人観から説明されている。これが日本人論としてどこまで妥当かの検討はさておく。言葉の引っ越しが日本文化の特性であるかどうかについて言うなら、敗戦後のドイツはどうだったか、あるいは革命後のソ連や中国についてはどうだったか、激変があった国々との比較が必要かもしれない。

挙げられている例のすべてが妥当であるとも思われない。たとえば、戦中に「鬼畜米英」という発想があったから、戦後に「軍国主義者」さらには「共産主義者」が容易に「鬼畜」とされた、というくだりは領けない。「鬼畜軍国主義者」と言われたわけではないし、発想という点では、いかなる時代においても、どの社会においても〈悪〉、つまり「鬼畜」は作りだされてきたからである。今ならばそれは「テロリスト」である。

といった留保はあるのだが、全体として戦争の時代から「平和の時代」への日本人の意識のスムーズな「引っ越し」をかなりうまく説明している。

そこから次のような結論が引き出されるであろう。すなわち、戦争文化は解体した。まず占領軍の力によって外から。ついで日本人の適応力によって内から。しかし、まさにこの適応力のために、戦争文化を支えたメンタリティー、加藤周一が指摘したあの四つの意識態度（本書第二章、四八頁）は変わらずに戦後に生き延びた、と。そのメンタリティーは戦後の平和文化の中にも存続し、これを支えさえしたかもしれないのである。

もう一つ付け加えるなら、このメンタリティーは、開戦―敗戦についての天皇の戦争責任を問うという発想をまったく持たず、おそるおそる地方への巡幸に出た天皇をいたるところで大歓迎した国民のメンタリティーと、まったく同質のものと考えられる。

10　チボー家世代

一九四六年から一九四九年にかけて、「戦争はごめんだ」「二度と戦争はおこすな」、こういう戦争忌避の感情は時代の気分として周囲にみなぎっていて、中学から高校にかけて私自身もその気分の中にいた。とりわけ新憲法の施行とリンクして、先に挙げた「普通の人々」の声が示すように、この感情は日本社会に深く浸透していった。しかしこうした気分、感情、心理がはっきりとした反戦意識に定着するためにはなんらかの媒介、外からの刺激が必要であったろう。新たな事件か、人との出会いか、言語や映像の作品か、こういったものによる刺激が。

外からの出来事としてはなによりも朝鮮戦争があった。戦争の展開とともに、この国に急速に再軍備に向かう空気が広がりはじめた。事実、マッカーサーの指令で警察予備隊がただちに創設され（二年後に保安隊と名を変え、やがて陸上自衛隊となる）、当時の状況では、徴兵制の復活も時間の問題のように感じられていた。じっさい、この時期から、世論調査でも再軍備賛成派が台頭しはじめてきた。したがって、十八歳を目の前にひかえた私たち高校生は時代の動きに無関心ではありえなかった。

五〇年代初頭はまた、全面講和か片面講和かで日本中が揺れていた時代でもある。日本中という言い方が大げさならば、言論界と言い直そう。また内灘での基地反対闘争が新聞で次第に大きく報道されるようになった。反戦知識人のリーダーとしての清水幾太郎の名を私が知ったのもこの頃である。

学校環境による刺激も大きかった。一九五〇年、私は高校に進学している。進学したのは東京の小山台高校、旧府立八中で、今の言葉で言えば受験校だったが（そして現在は野球校で知られている）、当時はそんな雰囲気はまったくなく、むしろ政治意識の発達した上級生がたくさんいて、共産党の細胞まで存在した。また学校の中に黒板新聞なるものが設けられていて、新聞部の生徒が毎日朝早くからその日のニュースを黒板に書き記し、コメントを加えていた。またこの新聞には「愚者楽説」というコーナーがあって、誰でもここに投稿できる。私も二度投稿したことがあり、その一つは、日経連がこの頃に打ち出した「赤い学生は採用しない」という方針に、また就職のときに思想調査をするという傾向に異議を唱えた文章である。私はとても「赤」とは言えなかったが、左派社会党を支持していたから、ピンクぐらいにはなっていたのだろう。

年に二回、生徒が主催し、生徒が出した議題を討論する生徒大会があった。三学年の全生徒が講堂に集まり、午前、午後と、一日かけてえんえんと討論をするのである。議題の提案者とその賛成者、これに対する反対者の演説がそれぞれ何人かあり、最後に決がとられる。ときには緊急動議が出され、議長団が変わったりする。中には純学内的な議題、たとえば「学内で下駄をはくのを許可せよ」といった議題もあったが、もっとも多かったのは再軍備の是非、講和条約をどうするか、徴兵制に賛成か、といった政治問題で、そのたびに圧倒的な多数で「平和勢力」が多数派になっていた。この生徒大会を私は、民主主義の生きたモデルとしてその後しばしば思い出すことになる。

三年になったときに私は受験勉強もそこそこに、後に共同通信の記者になった横堀洋一ら弁論班の数人と一緒に、時事雑誌と言える「広場」という季刊誌を、学内の生徒向けに出すようになった。横堀他の数人が受験浪人をしていたということもある。この雑誌はもちろんガリ版だが一年の間に四号まで出した。第一号（一九五二年十一月）で私は「再軍備と平和」なる文章を書き政治家への憤りをぶちまけ、第二号（一九五三年一月）では左翼の知識人が憲法擁護を説いているがそこにどれだけの決意があるのかと「知識人への公開状」なる生意気な文章を書いている。

この同じ号にはアンケートに対する読者（学校の生徒たち）二十三名の回答がのっている。質問の一つに「仮に召集令状が来たらどうするか」という問いがある。再軍備の進行と、その先にちらつく徴兵制の復活は他人事ではなく、高校生にとって目の前にぶらさがる大いなる脅威だったのだ。この問いに対して半分以上が「拒否」の回答をしているが、そのうち三つだけを拾い上げてみる。

「拒否。為し得る限りの努力の中に此の事態を未然に防ぐ義務がある」。「通知書を政府にお返しするか、又は灰にしてすべてを投げ出して反戦運動に身を投じる」。「もちろん拒否し、戦争屋たちと闘うためにはどんな手段をも辞さぬ」。いずれも意気軒昂、これが戦後の民主主義、新憲法の空気をたっぷり吸い込んだ世代の代表的な反応だった（もっとも最後の回答者は後に大蔵官僚になっているが、これは別の話である）。

ただ「逃げたい――だがそうはゆくまい。どうしたらよいのか全くわからない」という回答保留組が少なくなかったことも付け加えておこう(6)。

今はもうみな八十歳を越えたかつての少年少女たちの回答をあえて挙げたのは、そこに、どれほど自覚的であったかはわからないが、不服従の思想の萌芽が見られるからである。国家がその強権（兵役はその最たるものである）を押しつけてきたときに「ノー」という意志を示すことにためらわない姿勢がほの見えるからである。彼らはいま何を考えているだろうか。

外からの刺激と並んで、書物からの影響も大きかった。深い感銘を受けた本としてすぐ頭に浮かぶのは、永井隆の『この子を残して』だ。長崎に投下された原爆で被爆した放射線の医師が、近づいてくる自分の死を見つめながら、二人の子供を残していく悲しみと同時に、戦災孤児同盟による平和運動を夢見ている。私のうちにある心情的な平和主義はこの本によって植えつけられた面があるかもしれない。またこの本によって、後に読むことになる原民喜や峠三吉の原爆文学への感受性が整えられたのかもしれない。

もう一冊はドイツ哲学者の篠原正瑛の『君らこそ日本を』である。この本は当時ベストセラーになったのではないかと思う。哲学書の形をとっているが、基本的には若者に向けた反戦と平和のアピールである。彼は「祖国愛」という言葉を多用する愛国者でもあったが、アメリカの占領下にあってのナショナリズム言説は、反戦・平和と矛盾するものとは考えられなかった。篠原は小山台高校の先輩だという縁で、講演にきてくれたし、私たちの雑誌「広場」に寄稿もしてくれたことを私は今思い出している。

しかし、私が圧倒的な影響をうけたのは、なんといっても『チボー家の人々』（ロジェ＝マルタン・デュ・ガール）だった。この本は当時十一分冊で出版されていたので、一つ読み終わると次の巻と一冊ずつ買っていった懐かしいもので、今でも手元においてある。当時書いていた読書ノートを拡げると大部分はこの本からの抜き書きで占められていることを知る。しかもそのほとんどすべてが同じ年頃の主人公ジャックの言葉で、私はあきらかにジャックに同一化していた。ジャックの自意識、反抗、希望はまさに私自身のものだった。そして友人たちがすべてこの本を読んでいたということは、彼らもまたジャックに同一化していたのではないか。自分たちの世代を語る言葉として私は「チボー家世代」という言葉を使いたくなるほどだ。

小説自体は兄のアントワーヌの視点からも書かれているが、あらゆる点でジャックと対照的なこの三十歳すぎの青年の言葉は、十六歳の高校生にはぴんとこなかったのだろう。今読み直したならきっとこの人物にも興味を覚えるに違いないのだが。

ジャックは小説の最後で飛行機から反戦ビラをまくのだが、この最終巻『一九一四年夏』からノートに書き抜いた文章を二つだけ書き写しておく。

「戦争は何ひとつ、人間の生活問題を解決しません！　何ひとつ！　それは、働く者のみじめな状態を、さらにはげしくするだけなのです！　戦争のあいだは、砲弾よけの一個の肉体、それがすめば、まえよりさらに酷使される一個の奴隷《どれい》。これが働くものの運命なのです！（……）一国の民衆にとり、戦争の悪にまさる悪は何ひとつ——正確に何ひとつ！——存在していないと思うんです！」

「ぼくは、あらゆる戦争を拒否します。たといそれが《正しい》にせよ、《正しからざる》にせよ！　たとえどんな戦争でも。どこの国がおこしたのか、どういう動機に出たものにせよ！」

（山内義雄訳）

二つの文章は新憲法の「戦争放棄」の精神とこだましあってはいないだろうか。少なくとも私のうちにおいてはそうだった。だからこそこの二文を書き抜いていたに違いない。

映画からの刺激もあった。『原爆の子』（監督：新藤兼人）、『真空地帯』（監督：山本薩夫）、『また逢う日まで』（監督：今井正）と挙げると、映画の細部はほとんど記憶から抜け落ちてしまったが、私の中での反原爆、反軍隊、反戦争の感受性の形成にそれぞれ与っているはずだ。同世代の人々にとっても、これらの名前にそれぞれ思うところがあるのではないだろうか。

こういった私の平和思想、反戦感情を支え、さらには愛国心なるもののくだらなさに気付かせてくれたのが、後に触れる清水幾太郎の文章だった。何よりも私は清水の語り口に魅された。たとえば『愛国心』の冒頭にある次のような文章だ。

最近では、多くの政治家が私たちの愛国心に向って訴え始めています。それは読者諸君の御承知の通りです。政治家の中には、私たちの気持の底に残っている古い愛国心の破片をそのまま利用しようとする人さえいる始末です。博物館へ寄附すべきものを、二十世紀の政治の舞台へ持ち出して使おうというのです。愚劣と申しましょうか、危険と申しましょうか、実に大変なことであります。しかるに、これが私たちの弱点でありますが、如何に馬鹿らしい主張でも、愛国心という看板をかけて現われると、私たちはついホロリとしてしまうのです。

この冒頭の一節はそれだけで、愛国心なるものに不信の念を抱かせるに十分の情動的効果をもっていた。

一九五三年の四月に衆議院が解散され総選挙が行なわれた。大学受験に予想どおりに失敗した私は、勉強をすぐに再開する気分にもなれずに、自宅と同じ選挙区、東京の世田谷区にある左派社会党委員長鈴木茂三郎の事務所を訪れ、バイトに雇ってくれないかと申し出た。当時は審査がいい加減だったのだろうか、特に身元を調べられることもなくただちに採用され、毎日選挙活動用のトラックに乗って目黒区、世田谷区の隅々をまわる日々が続いた。

左派社会党の看板スローガンは、一九五一年鈴木茂三郎が社会党委員長になったときの演説からとられたもので、「青年よ、銃をとるな。婦人よ、夫や子どもを戦場に送るな」であった。再軍備反対、徴兵制の復活反対を正面に掲げたスローガンである。鈴木茂三郎自身は自分の当選を確信していたのだろう、地方の選挙区に応援に出歩くことが多く地元に顔を見せることが少なかった。あのしわがれ声の「青年よ、銃をとるな」演説を聞くことはあまりなく、こうしたスローガンを道行く人に唱えるのは私たち雇われ組の仕事となった。人々を前にして声を張り上げ「青年よ、銃をとるな」と叫ぶとき、私は時代の気分、時代の若者の気分に浸りきっていたように思う。

第四章　愛国心の行方

1　戦後の「愛国心」論議

前章で述べたように、戦後人々の価値観は根幹のところで変わり、日本人はかなりすんなりと戦争文化を頭の中から追い出したかに見える。しかし、その核心にあったあの「愛国心」はどうなったか。人々の心の中で死んでしまったのか、そっと生き延びていたのか。これはかなり曖昧である。愛国心は軍国主義と天皇崇拝とに結びついていた、愛国心は多くの人間を殺した、愛国心によって多くの人間が殺された、したがって積極的に愛国心を説くことはためらわれる。しかし他方、愛国心を全面否定することは心情的に難しい。それにアメリカ軍の支配下にある日本人が独立を考えようとするときの支えになる言葉ではないのか……

いずれにせよ、新制中学時代（一九四七—一九四九）、私はこれを肯定する言葉も否定する言葉も聞いたことがない。愛国心という言葉をどう取り扱ったよいのかわからぬまま、人々は、新聞は、この言葉にそっと蓋をしてしまったのだろうか。少なくとも学校の教員は触れたがろうとはしなかった。

これを裏付ける一つの傍証としては、一九四六年五月、文部省が出した教育者のための手引書『新教育方針』を挙げることができる。

「はしがき」には、内容および表現を「マッカーサー司令部と相談」したことが述べられ、「附録の

『指令』を別冊として送る」ことにしたと記されている。

序論では「およそ民族として自信を抱き、国民として祖国を愛するのは、自然の人情であって、少しもとがむべきことではない。しかしそのために他の民族を軽んじたり、他の国民を自分にしたがわせようとするのは、正しいことではない」と書かれているにすぎないが、付録の『マッカーサー司令部発、教育関係指令』の「昭和二十年十月三十日　教育関係者の資格について」には、はっきりと次のように記されている。

1. a.　日本の現在の教育関係者のうちで、軍国主義の考えや極端な国家主義の考えを持っていると一般から認められている者、日本占領の目的と政策に強く反対していると一般から認められている者は、すべて今すぐやめさせる。そして今後一切決して教育関係のどんな職にもつかせない。

このような「指令」のもとに、「愛国心」という言葉も学校教育の現場から消えていったのであろうか。

ところが、論壇においては必ずしもそうではなかった。戦争の廃墟から立ち上がるために、日本の再建のために、復興のために「新しい愛国心」が必要ではないか、という議論が一部の知識人の間ではなされていた。テッサ・モーリス゠スズキは、戦後の十五年間が「日本において愛国心をめぐる議論がもっとも活発で生産的な時代の一つ」であったとする。そして「全体として、一九四〇年代後半と五〇年代の「愛国的行動」は、倹約でもなく自己犠牲でもなければ、日の丸でも君が代でもなく、「自分の国をよりよい国にしようとする作業」であったとしてこの時代の愛国心論議を評価する。(1)

生産的であったかどうかはべつにして、たしかに戦後十五年の間、愛国心をめぐる議論は活発だった。ここに三冊の本がある。『資料で読む　戦後日本と愛国心』（全三巻、監修・編集　市川昭午）で、第一巻『復興と模索の時代』は一九四五年から一九六〇年まで、第二巻『繁栄と忘却の時代』は一九六一年から一九八五年まで、第三巻『停滞と閉塞の時代』は一九八六年から二〇〇六年までの愛国心についての主要論文（またはその一部）を収録したものである。以下、その第一巻をもとに、この時代の愛国心論議を概観する。

戦争直後の愛国心論議の口火を切ったのは、ソ連から帰国したばかりの共産党の野坂参三である。国家の再興のために、「徹底的な民主主義改革」が必要であることを説き、「共産主義者は封建的絶対主義や排外的帝国主義と結びついた〈愛国〉主義、ファシスト的愛国主義を厳しく拒否する」とした上で、「民衆自体の生活のうちに深く培われ、彼等が自然に示すその民族、その国土への愛着」をこれに対比させる。愛国心という言葉こそ使っていないが、共産党―共産主義者による愛国心宣言としてこれはその後しばしばあちこちで引かれることになる（「民主戦線の提唱」『社会評論』第三巻第一号、一九四六年）。

他方、保守、リベラリストの側では、同じ一九四六年に、重松俊明が国家にあざむかれる「愚な愛国心」でなく「清純な愛国心」を、南原繁が「盲目的国粋主義」でない「真の祖国愛」を説いている。また安倍能成はいくつかの座談会で「ほんとうの意味の愛国心」が必要であることを力説している。ただ、肝心の「新しい愛国心」の内容は誰の場合にも漠としている。たとえば当時かなり有名になった「世代の差異をめぐって――進歩的思潮の批判と反批判」という座談会(2)の中で、高桑純夫に「ひとのことを考えるといわれる、それが主として愛国という内容になるのですか」と尋ねられた安倍能成は「それはそうでしょうね」と間の抜けた答えを返し、議論が嚙み合わなくなる。

ただ、四〇年代後半、愛国心が持ち出された背景ははっきりしている。左右を問わず、この時代の愛国心論に共通するのは、荒廃した国土についての危機意識、そこから、どのようにこれを立て直すのかという、再建、復興への願望であることは確かだ。

違うのはその方向である。共産党に近い論客の場合はアメリカによる占領状態を念頭において「民族」を、また「下からの愛国心」を強調する（中野重治）。さらに、愛国心とインターナショナリズムとは矛盾するものではなく「ナショナルとインターナショナルが同時に成立する」（柳田謙十郎）といった当時流行の、しかしよく考えてみると珍妙な言説が出てくる(3)。

保守を代表するのはいくつもの座談会に出席している安倍能成であろうが、彼は「労働者の民主的要求の増大」のうちに「愛国」とは反する「放恣な力」が働いていることを指摘する。共産主義者の説く階級的愛国心に対する警戒感が強く、愛国心に「超階級性」を要求している。

愛国心そのものにそっぽをむく者はいなかったのだろうか。いやたしかにいる。少なくとも二人いる。ともにリベラリストと言ってよい谷川徹三と渡辺一夫である。

谷川は、愛国とか売国という言葉はつねに政治的に利用せられる言葉だから、「こういう言葉を、地上からなくしたい」と言ってのける。この国の風景、文物、仲間に愛着を持つことは否定しないし、「その仲間に対してある義務」を感じることは否定しないが、これを愛国心と呼ばなくてもよい、という立場だ（座談会「愛国心とは何か」『前進』第三六号、一九五〇年）。

他方、渡辺は皮肉たっぷりに、満州国を作ったときのように日本や日本人が「馬鹿なこと変なことをする度毎」愛国心を感ずると述べている。渡辺にとって、愛国心を国民に感じさせる国や時代は「変なので」、愛国心は「よくない国、よくない時代の現象」ということになる（座談会「愛国心について」『展望』第四六号、一九四九年）。

一九五〇年朝鮮戦争が始まり、警察予備隊（自衛隊の前身）が創設される。また講和条約の締結が日程にあがってくる。この背景のもとに、五〇年代初頭の愛国心論は、平和、独立、再軍備、こういった問題を視野に入れざるを得なくなる。また、愛国心の内容が具体的に問われることになる。

私が興味深く読んだのは、柳田謙十郎、久野収、杉捷夫、加藤周一、日高六郎といった左翼知識人五人による座談会「愛国心の検討」（『日本評論』第二六巻第四号、一九五一年）である。この座談会には「とくに平和の問題との関連において」と副題がついているが、事実、独立―愛国心が先か、平和が先か、をめぐっての対立が鮮明に出ている。

柳田謙十郎は愛国心には階級性がありブルジョア的愛国心とプロレタリア愛国心とは区別さるべきことを説き、後者をソ連主導のインターナショナリズムと結びつけようとする。

これに対して久野収は柳田の言うインターナショナリズムそのものに疑問を呈する。もちろんそれはソ連のことなのだが、そこには「一強国のナショナリズム」が織り込まれているのではないか、と。久野はあくまでも愛国心をナショナリズムの問題として考察しようとし、「独立と結びつくナショナリズム」を繰り返し説く。さらに、平和が勝利するためには、それがナショナリズムと結びつかねばならぬ、と。また再軍備をさせないでおこうとするなら「ネーションの名において」平和の組織、防衛の組織をつくらねばならぬ、と。ただ、久野が「国土防衛の組織」「侵略に対する抵抗の組織」なるものを提案するとき、何を具体的に考えているのかは曖昧である。とりわけ「ネーション」というカタカナ言葉をもちいるとき、ほとんど了解不可能な言説に見えてくる。ただ、久野の発言は、後の丸山眞男、坂本義和の「革新ナショナリズム」へとつながっていくことに注目しておきたい。

この二人に対して、加藤周一、杉捷夫、日高六郎はいわば慎重派、真っ向から愛国心を斥けはしないが、この言葉を再軍備論が持ち上がっている当時の状況の中で用いることに否定的であり、独立―愛国心よりも平和を重視するという点で、柳田とも、久野とも一線を画している。また日高は「民族国家が成長してできた古典的ナショナリズム」が存在しない日本において「正しい愛国心」が出てくるかどうか疑問だとし、加藤は愛国心には「現実的根拠」をあたえねばならない、それは生活改善であり、平和であるとしている。

これらの議論に共通するのは、一つは、かつての悪しき愛国心についての反省、批判である。すべての論者がかつての愛国心、ファシスト的、軍国主義的、忠君的、攘夷的愛国心を非としている。それとともに、なぜこのような愛国心が力を持ったかの分析が若干見られる。ついでこれに関連して、かつての悪しき愛国心と区別される新しい愛国心、良き愛国心、本当の愛国心とは何かを探求する姿勢である。愛国心は自然の感情か、育成すべきものかが議論の分かれ目になっている。ただ、どの論者も個人的意見、立場の表明であり、それはそれで興味深く、また大事なことであるが、愛国心というものをトータルに分析する論はなかった。それを最初にやったのが一九五〇年に刊行された清水幾太郎の『愛国心』である。

これ以後、五〇年代初頭に愛国心についていくつも論文が発表されている。『資料で読む 戦後日本と愛国心』第一巻の中には、金森徳次郎「新しい愛国心」、高瀬荘太郎「愛国心」、伊東恒夫「愛国心について――その封建制と近代性」、上原専禄「祖国愛と平和」、臼井二尚「愛国心」、重松鷹泰「愛国心について」、梅根悟「愛国心工作と生活教育」、大熊信行「愛国心と忠誠義務の問題――戦後道徳論における盲点の発生」、河野省三「愛国心の反省と振興」などが収められている。

ただ一点一点検討すると、そのほとんどが清水の『愛国心』に寄り添った論文（上原専禄、梅根悟）、清水を下敷きにした論文（高瀬荘太郎、伊東恒夫）、ひどい場合には清水のコピーとさえ思われる文章（金

森徳次郎）で、独自の問題提起をしているのは後に触れる大熊信行だけと言ってもいいくらいだ。また
ここ二十年ほどの間にも何冊かの愛国心論が出版されてきたが、議論の大枠は、その問題点を含めて清水の『愛国心』によってすでに示されているのである。

2 清水幾太郎『愛国心』

一九五〇年当時、清水幾太郎は「進歩的文化人」の第一人者だった。その清水が、愛国心という言葉をめぐっての人々の戸惑いをともにしながら、この言葉がかき立てる「心のさざなみ」「昂奮と困惑」と向き合い、「私自身の気持を整理するためにも」敢然とこのテーマに挑んだ。きっかけとなったのは、清水によれば、多くの政治家が愛国心を訴えはじめ、「古い愛国心の破片をそのまま利用」しようとする者が出てきたからだ。それぞれ別の立場からであろうが、総理大臣の吉田茂と共産党書記長の徳田球一の二人が、同じ頃に「愛国心という道具」を政治の手段として使うのを目にしたからだという。(「『愛国心』前後」)

構成

本の構成について触れておこう。まず定義だ。「自分の国家を愛し、その発展を願い、これに奉仕しようとする態度」。これは簡潔な定義として了解されうる。ついで二つの方向からこの態度がどうして生まれるかを説明する。一つは人々の感情(主体)から。人々は自分の属する集団を愛したい、これに誇りを持ちたい、愛情の正当性を他人にも自分にも納得させたい……これは下からの愛国心の心理的基盤である。

もう一つは国家（対象）の特徴から。国家とは何よりも「武力を独占する集団」である。「戦争を行いうる集団」である。そして戦争に際しては兵士にその生命を要求する。自分の生命をもって国家を守るという態度を要求する……これは上からの愛国心の要請である。

となると、国家に対する人々（主体）の自然の愛情と、国家（対象）から要求される犠牲との間には大きな距離――ギャップがある。このギャップをどう埋めるか。それが国家の側の課題となる。国家が人々の欲求（安全、自由、福祉）を完全に充足させるならこのギャップはある程度埋められるかもしれない。そうでない場合は教育、宣伝の力を借りて、つまり愛国心教育によって、人々の自然の愛情を強化、組織化せねばならない。しかし同時に清水は原始的集団における非合理的心性が今日でも生き延びており、人々の側に、「自ら進んで集団のうちに埋没したいという無言の欲求」があることも見逃さない。自分を超えるものとの一体化願望である。

以上がいわば清水の分析する愛国心の構造である。そしてこの図式をふまえて、清水はヨーロッパにおいて愛国心がどのように形成されてきたかを説明する。未開社会における小集団、古代におけるポリス、中世における荘園と検討し、近代になって人々の愛情と奉仕の対象が小集団から「民族国家」へと拡大され、狭い意味での愛国心がここに初めて成立したこと、そしてフランス革命時には国家がキリスト教を押しのけて神になるにいたった過程を説明する。

では「祖国教」（マリ・ジョゼフ・シェニエ）がこのように発展した理由は何か。清水はいくつか挙げているが、もっとも重要なこととして「民主主義の発展」を挙げている。民主主義の確立によって「愛国心の合理化」がなされた、と。近代国家の愛国心のうちにも原始的集団の非合理的心性、エスノセントリズム（傲慢、偏狭、残忍）が残存している。その「原始的な棘」をぬきとること、これが合理化である。

ではなぜ民主主義の発展が「棘」を除去することになるのか。清水は近代における二つの「発見」を挙げる。一つは民主主義の主体としての個人の誕生、個人の覚醒である。目覚めた意識によって国家に相対し、国家が個人に行なうサーヴィスと個人が国家のために行なうサーヴィスとを秤にかける。これによって「自己の全体を挙げて暗い実体的集団に埋没する如き原始的傾向」から免れうる、と。

もう一つは十三世紀に始まるヨーロッパ人による「世界」の発見である。商人は国境を越え、世界に向かう。人間は国家の枠ぐみをこえて、遠い彼方に目を向ける。この発見によってストア哲学以来のコスモポリタニズムに現実の内容が与えられ、世界宗教としてのキリスト教の伝統とあいまって、近代の愛国心に残る原始的な棘を除くのに役立った、と。

これに対して日本人の愛国心はどうだったか。清水はまず結論を先に示す。日本の愛国心は民主主義との結合を欠いていた、民主主義によって合理化されていなかった、と。その上で、明治国家によって「培養」され「強制」された「温室」愛国心の構造を次のように分析する。

（1）愛国心の対象。愛情と奉仕の対象は天皇であって、八千万の仲間に対するものではなかった。

（2）非寛容。上から培養、強制されたものであるので、寛容とは両立せず、反対派の愛国心を認めなかった〔一億一心〕。自分一人が愛国者であると思い込み（弧忠）、他者に対して暴力的に対処する。

（3）夜郎自大。日本人は「神の子」、世界の事情に通ぜず、他の国の人間の人間性を認めない〔鬼畜米英〕。これは後進国の劣等感と結びついている。

（4）軍国主義。対話なく相手を悪魔として武力がすべて。愛国心は苦行的となり戦争と結びついている。
（5）神道。神道は個人の魂の問題に触れる世界宗教ではなく民族宗教にすぎぬため、イコール日本精神として、諸宗教の上に君臨して愛国心を狭隘な非人間的な方向へと導いた。
（6）個人原理の欠如。愛国心が、個人の反省、判断、決意に基づいていないため、反対者との討論や論争に堪えられぬ。
（7）世界市民の視点の欠如。コスモポリタリズムによって愛国心を緩和できなかった。一部の知識人に見られたコスモポリタリズムは息苦しい日本の現実からの逃避であり、この現実のうちに苦しむ日本の民衆への無関心を特徴とした。

結論は次のとおりである。

「明治以来の吾々の愛国心は、ロシアやドイツと或る程度まで同様に、民主主義による緩和、合理化、制限を蒙ることなく、従って未開社会に見出される如き原始的非合理性を多分に所有していたのである」

清水の位置——愛国心の脱構築

というふうに読んでくると、清水はヨーロッパ近代に成立した愛国心、民主主義によって合理化された愛国心を肯定しているかに見える。

ところが清水は、この時点ではそのように論を進めてはいかない。奇妙なことに清水は、「愛国心の呪詛」と題されたこの第五章で「日本人の愛国心」を論じたあと、すぐ結論に向かわない。「愛国心は不道徳な感情である」というトルストイの言葉を引き、愛国心一般に対する彼の激しい非難をどう解釈するか、と問いながら、「対外的イントレランス」と「対内的イントレランス」という二つの視点から愛国心一般を再検討する。そして前者が戦争、植民地化へ、後者が国内における夾雑物の排除、自己純粋化、弾圧に通じていくことを確認する。さらに「愛国心の活動」を次のように定義するのだ。

自己の全体を挙げて民族と一に帰し、進んで自己を民族の存続のための犠牲たらしめようとし、自国の行動をすべて正しいと断じ、自国の自然と文物とが世界に冠絶していると思い込み、他国の人間を人間以下のものと考え、自国の世界的使命の前には如何なる民族も手段として使用され得ると信じ、如何なる方法によるにせよ、自国の対外的進出と膨脹は正当であると考え、国内の不幸や混乱はすべて外国の力或はその手先の陰謀によるものであると思う態度

もっともこの第五章は、次の章で清水がちらりと書いているように、「合理化された筈の西洋諸国の愛国心もいつの間にか野蛮な原始的傾向に陥って行く事情」を述べた箇所なのかもしれない。しかし、トルストイと同様に、愛国心を全面的に弾劾している箇所として読むこともできる。

では最後の第六章「新しい展望」では清水はどういう結論を出しているのか。清水は第五章までの叙述を振り返ったあと、こういう書き方をしている。

吾々は過去において愛国心に取り憑かれて来たし、今はまた今で愛国心の生んだ罪過の前に立ちすくん

でいる。この複雑な且つ歪んだ事情の中で、私に出来ることは、愛国心の諸問題を出来るだけ客観的に叙述して、吾々がもし秘かに愛国者であろうとするなら、これだけの条件が必要であるという、その最低条件の幾つかを指摘することを措いて他にないであろう。

こうして彼は、五つの「最低条件」を列挙する。第一に、天皇ではなく同胞に対しての「素直な愛情」「自然な愛情」。第二に、意見の対立を認める寛容の精神（自分だけが愛国者だと思うな）。第三に、問題解決のための戦争との絶縁（再軍備の要求は愛国者の任務にあらず）、第四に社会の拡大、世界への視点（民族国家が究極的意味を失いつつあることを洞察せよ）、第五に身辺の小事への関心（天下国家でなく）。

ここで私は読者に考えていただきたいと思う。読者が仮に「秘かに愛国者」であろうとして、この五つの条件を充たすことができるかどうかを。第二、第四の条件は個人の資質にもよるだろうが充たしうるかもしれない。第三の条件は、憲法によって原理的に保証されている（はずだ）。第五の条件、国の行方を案じながらも身辺の小事に関心を持つこと、これは不可能ではないだろう。しかし第一点はどうか。たとえば、戦争中の軍隊において同胞に対する「自然の愛情」は存在しただろうか。もしそうならば、下の兵士に対する暴力、いじめがどうしてあのようにたくさん証言されることになったのだろうか。野間宏の『真空地帯』の世界はけっして例外ではなく、だとすると軍隊とは同胞愛のかけらもない世界ではなかったか。いやもっと単純に、日常生活の中で、道行く人々に、電車に乗り合わせている人々に、読者は「素直な愛情」を感じることができるだろうか。

清水は、これを挙げた理由は従来の愛国心の対象が天皇にだけ向けられていたことへの反省に基づくものだと言うが、この第一の条件を充たしうるのは熱烈な博愛主義者だけのような気がする。

清水がこの文章を書いたのは一九五〇年、日本人の多くが貧しく飢えていた戦後の時代だった。大人も子供も必死になって働き、法の線を侵してまでも自分の生活、家族の生活を再建しようとしている時代だった。その限りで、「この狭い島国に生れ、重い運命を負わされて苦しんで来た」日本人に対する「素直な愛情」と清水が語ったことについては私にも了解がいくのだが、いずれにせよこれを「条件」とされると首を振らざるを得ない。そして実は充たし得ない条件を挙げて、まるごと「国」を愛することの不可能性を語っているのではないかと思いたくなる。

もう一つの疑問は、一人の人間がもしこの条件をすべて充たすとすると、「秘かに愛国者であろうとする」理由が実はなくなるのではないかということである。愛国心を持つ必要がどうしてあるのだろうか。清水は愛国者の「条件」を語っているが、愛国者になることがなぜ必要なのか、その理由は語っていないのである。

それはこの「秘かに」という奇妙な言葉に関連するかもしれない。これは何を意味するのか。愛国者であると公言することに恥ずかしさを覚えずにはいられなかった時代感覚を物語っているのか。それとも吉田茂や徳田球一の語る愛国心と同一にされたくないという意味にとるべきなのか。あるいは愛国心などというものは、おおっぴらにふりかざす勲章のようなものでなく、自分だけで「秘かに」持っていればいいと言いたいのか。

私は梅根悟が一九五三年にこの一句について書いた言葉に同意する。彼は、清水にとっての愛国心は「他に言いふらし、他に強要し、触れまわる愛国心ではなく、誰にも言わずそっと心の中にしまっておく愛国心である」(4)としている。そして、だとするなら、「それはあえて愛国心などと呼ぶ必要のないものである」とも。

ちなみに教育学者である梅根は同じ文章の中で、上からの道徳教育、歴史教育、地理教育の強化復活＝「愛国心工作」に反対し、必要なのは愛国心教育ではなく、民主主義教育、生活教育であることを説いている。

すべての愛国心を頭から否定するのではない。ヨーロッパ近代の愛国心を参照しつつ、日本の愛国心を批判するが、だからといって前者をそのまま肯定しているわけでもない。一見、善い愛国心と悪い愛国心とを区別したかに見えるが、実は愛国心一般の論理的恐ろしさを浮き上がらせている。愛国心の意味内容を負の方に、ほとんど破壊するまでに傾かせている。そして誰にも満たすことができないような条件を挙げて、なぜ愛国心が必要なのか、その理由は挙げていない。今日の言葉で言うなら、これは「愛国心」という言葉のみごとな脱構築（déconstruction）である。

実際には、最後の結論で清水は戸惑っている。「愛国心の暗い側面」だけを取り上げたこと、「愛国心の、主観的には限りなく美しく貴い側面」を語らなかったことに若干の遺憾の意を記している。しかし前者に力点がおかれたのは、「戦争前及び戦争中の愛国心が頬かぶりして戦後の諸問題の処理に利用される危険」があるからだ、とその理由も述べている。

それにしても、『愛国心』を書き終えた日の日記に「愛国心、とにかく終る。イヤな原稿だ」「訳の判らぬ不安」があると書いているが、これはどういうことだろう。愛国心を全面的に否定するか、幾分かの肯定的な側面を救い出し、「秘かに愛国者」として留まるか、すくなくともこの時点では、彼自身自分をどの位置に置くのか最後まで揺れている気配があるのだ。

ただその後の清水は、おそらく時代の言論情況を見極めつつであろう、周知のように核武装論者に変貌する。しかし、日本の核武装を主張して熱烈な国家主義者とみなされていた時期に、愛国心について、昔と同じように、次のような距離をおいた言葉を残している。「愛郷心の拡大延長や自然的な習慣や感情といった罪のない形態を別にすれば、愛国心というのは、結局のところ、政治的意見ということにほかならない」「自ら主張し擁護するに足る政治的意見を持たない人間や集団だけが、愛国心を裸のままで振廻すのである。ほかに芸がないのであるから」(5)

ナショナリズムについて言うなら、意外なことに、清水は生涯これを正面から論じることはなかったのである。清水の思想的遍歴については、複雑な人間的要素を勘案する必要があるようだ。

3　丸山眞男のナショナリズム論

ここで丸山眞男に視線を移す。というのも、清水の愛国心論はその核心において丸山のナショナリズム論と軌を一にするように思われるからだ。周知のとおり、ナショナリズムは丸山の戦中からのモチーフである。

ただし、戦後は「ナショナリズム」と書いているが、戦中は「国民主義」という言葉を使っている。その理由は何だろうか。あの時代、nationalism という英語をカナ書きした言葉を使うことは危険だったためだろうか。あるいは原則として訳語を使うというのが当時の社会科学の約束事だったのか。あるいは「国民主義」という訳語は戦時中にはとおりがよかったから、つまり一種の偽装だったのか。いずれにせよ、丸山は戦中には「ナショナリズム」と書かずに、「民族主義」「国家主義」という二つの訳語と比較しつつ「国民主義」という言葉を選んで使っている。

国民主義とは何か。一九四四年、国家学会の雑誌に発表した『国民主義の「前期的」形成』[6]において丸山はこれを簡潔に説明している。「国民とは国民たろうとするものである、といわれる」という書き出し、おそらくルナンの言葉を意識した書き出しに始まり、まず「国民」を「人民乃至《ないし》は国家所属員」[7]と明確に区別する。「相互の共通の特性を意識し、多少ともその一体性を守り立てて行こうとする意欲を持つ限りに於て」「国民」が存在する、と。こうした国民意識を背景としての「国民的統一と国家的独立の主張」、これが「国民主義」ということになる。

さらに丸山はこう主張する。国民主義というのは近代国家にはなくてはならないもの、「不可欠の精神的推進力」である、その形、発展の仕方はさまざまだが、近代国家を育てるのは、この国民主義である、と。

そして、ここからの発言が重要なのだが、国民主義というのは、「一定の歴史的段階の産物」であり、本能的郷土愛、環境愛とは違う、郷土愛、環境愛というのは、「自己の外なるものへの伝習的な依存」であるのに対し、国民意識―国民主義は自然の感情ではなく「決断的な行為」として、人為的に自分の決意によって国民になることによって得られる。それどころではなく、「ある場合にはこうした郷土愛は国民意識を培うどころか、却《かえ》ってその桎梏」となる。したがって国民意識を背景とする国民主義は伝統的な郷土愛や環境愛を「揚棄」してのみ前進する……ちなみに「揚棄」はドイツ語のアウフヘーベンの訳語であり、持ち上げて棄てるの意、要するに、一段高めて統合するということである。

ここでの、郷土愛や環境愛に対する丸山の考え方が妥当であるかどうかは読者の判断に委ねたいが（私はこれもまた、本能的なものではなく、社会的、歴史的産物であると考える）、この考え方にそって辺野古への基地移転や原発を考えるとき、それがどのように作用するかは明らかであろう。日本政府は、環境愛、郷土愛などといったものをまったく無視して国民的一体意識を強調しているのだから。

もう少し先を読もう。

丸山は、国民意識が歴史的にどういうふうに日本に形成されてきたかということを、第一に江戸時代をとおして検証する。封建的な身分制度（武士対庶民の分裂、武士と庶民のそれぞれにおける階層的身分区別、地域的割拠）を利用して、徳川幕府は一種の分割支配によって、意識的に国民的な統一が形成されるのを阻害してきた。徳川二六〇年の歴史というのは、「上の国民に対する不信」と下の「政治的無関心」とが相補った時代である。封建体制下での「国民と国家的政治秩序との間に介在せる障害を除去し」「一君万民の理念」を打ち立てた明治維新は、国民主義の出発点となる。

丸山が注目するのは、その「地均《じな》らし」の過程、封建制の重圧のもとに進められてきた前段階の国民主義で、これを「前期的」国民主義と名付ける。北と南からの外国の船の渡来、これに刺激された海防論（林子平、大原左金吾）をとおして日本という国の観念が形成されてくる。しかし国防のためには経済の安定が必要であり、そこから富国強兵（本多利明、佐藤信淵）が説かれ、「その胎内から」一方では旧来のヒエラルキーを順守しようとする水戸学の尊王攘夷論、他方では、身分的閉鎖を打破しようとする吉田松陰の尊王攘夷論が生み出される。

こうして彼は、前期的国民主義の思潮―力学―理念を二つの契機によって説明する。第一に、集中化、すなわち人々を国民として統一する「政治力の国家的凝集」。第二に、拡大化、すなわち政治力の「国民的滲透」。国民主義というのは下の方に広がっていって一般の人々にこれが自分たちの国だというふうに意識されなければならない。担ぎ手がどんどん増えていかなければそれは国民主義にならないわけで、その意味では拡大化とは民主主義ということである(8)。

ただ現実にはどうであったか。政治的集中の契機のみが優先され（強力な中央集権による国防力の充実）、政治的権利の下部への浸透、すなわち拡大化の契機は限界付けられた。そしてそのため王政復古の担い手が庶民ではなく「仲介勢力」を構成する分子であったがために、封建的「仲介勢力」を完全に排除できず、集中化の契機も不徹底に終わった……これが丸山の前期的国民主義の結論である。

少し驚かされるのはこの文章の最後に、福澤諭吉の「全国人民の脳中に国の思想を抱かしむる」（『通俗国権論』）という文章を引用していることである。これは戦時中に書いた文章として当局を警戒した終わり方、引用の仕方なのか、一種のカムフラージュと考えるべきか。しかし全国の人民の脳の中に国の思想を抱かしめるとなると、これはファシズムに近づいていく。「国民主義」という言葉の危うさがここに出ているのではないか。

4　二つの不思議

さてここで、清水幾太郎の『愛国心』の図式を思い出していただきたいのだが、丸山の国民主義論は、清水の愛国心論とかなり似通っていないだろうか。清水は「愛情と奉仕の対象」がそれまでの封建領主から「民族国家」に変わったことのうちに近代の愛国心の誕生を見ているが、これは丸山の言う国民主義における第一の契機の「集中化」に対応する。また清水は「国家が各人にとって吾がものとなる」ことのうちに民主主義の発展を見て、この民主主義による愛国心の「合理化」を説くのだが、これは、「拡大化」＝「政治的権利の下部への滲透」という言葉で丸山が言いたかったことと軌を一にする。ファシズムの支配下においてその言葉こそ使えなかったのだろうが、「拡大化」とは「民主主義」のことにほかならない。

清水は明らかに丸山から多くのことを学んでいる。丸山の「国民主義」論をふまえてこれを「愛国心」論として書き直そうとした、とさえ言いたいくらいだ。ところで奇妙なことに、清水は『愛国心』の中で、「国民主義」はもちろんナショナリズムという言葉を一回も使っていない。これはどういうことであろうか。しかし参考文献として挙げられているもののいくつかはナショナリズム論である。ちなみに『愛国心』の二年前に出版された清水の『社会学講義』に見られる次の一句は『愛国心』の中で使われている言葉とほぼ同様である。

> 人間の原始的な種族意識の残滓を基礎とするナショナリズムは（中略）世界に多くの混乱と不幸とを惹起している。
>
> （傍点引用者）

愛国心とナショナリズムを同一視しているのだろうか。あるいは両者の違いを知りながら、両者を区別しながら論じると主題がぼやけると考えたのだろうか。あるいはまた、両者を区別せずに論じたほうが愛国心を批判しやすい、と考えたのか。いずれにせよ、清水の『愛国心』の中にはナショナリズム論が繰り込まれている。

他方、丸山論文をもう一度読み直すと、これまた奇妙なことに、清水とは対称的に、愛国心という言葉が一度も使われていない。しかし、どう考えても、ここは愛国心という言葉を持ってきたほうがよいと思われる箇所がある。たとえば、本能的な郷土愛、環境愛と国民意識とを対比させた箇所である。郷土愛が国民意識の「桎梏」になりうるとした箇所である。ここは「国民意識」を愛国心ないしは祖国愛と置き換えたほうが、対比がより鮮明になるのではないだろうか。丸山はおそらく意識的に愛国心という言葉を封印しているのだ。だが実際には、そこには愛国心論が含まれている。

愛国心という言葉を排除した理由として考えられるのは、戦争中、愛国心という言葉でものを考えることへの、また愛国心という言葉を使いながら文章を書くことへの嫌悪が丸山にはあったからだろう。軍国主義のもとで愛国心という言葉を振り廻す学者たちと距離をおきたかったということもあるかもしれない。

ところで丸山は、一九五一年、清水の『愛国心』の一年後に「日本におけるナショナリズム――その思想的背景と展望」という論文を発表している。前述のように、戦後、丸山は「国民主義」ではなく、「ナショナリズム」と書くようになった。

この論文で「おや」と思わせるのは、清水が愛国心について用いた表現を丸山はナショナリズムについて用いていることである。たとえば「ナショナリズムの非合理的源泉をなすエスノセントリズム」と書くときがそうだ。社会学者ウィリアム・サムナーから「エスノセントリズム」という言葉を借りてきて、清水はこれを愛国心に結びつけているが、丸山はこれをナショナリズムに結びつけているのだ。また、東洋諸国においては「ナショナリズムの合理化」に困難があったと書くとき、日本のナショナリズムの脆弱点として「民主化との結合」を放棄したことを挙げるとき、清水が立てた図式を思い出さないわけにはいかない。これは清水の影響と考えるべきだろうか。それとも清水の愛国心論を修正しようとしているのだろうか。

では、愛国心について丸山自身はどう語っているのだろうか。戦後、愛国心という言葉を封印する必要はなくなった。タブーは解かれた。じっさい、『日本におけるナショナリズム』では愛国心という言葉が三回使われていて、ナショナリズムと若干区別されてはいる。たとえば、日本のナショナリズムが早くから「国民的解放の原理」と訣別したために、逆に、戦後の民主主義運動の中で、民族意識、「愛国心」の真剣な検討がおろそかにされて世界主義の傾向を持ち、そのため、「ナショナリズムの諸シンボル」を支配層や反動分子の独占に委ねてしまった、と指摘するときがそうで、ここでは愛国心はポジティブな意味を担っている。

その後、一九五四年、『政治学事典』の「愛国心」の項目を丸山は執筆している。しかしそこに愛国心についての深い思考を見ることはできない。とりわけ愛国心とナショナリズムの区別が単なる「概念」の広がりの違いに帰されている(9)。またその後の論文の中で「愛国心」という言葉が用いられるときにも、それは「国民感情」「国民意識」と置き換えて読むことができる。

彼の主要テーマはあくまでもナショナリズムであり、民主主義であり、ナショナリズムと民主主義との結合である。この結合は歴史的な論理であり、日本の「民主主義革命」にとって必要である、と一貫して説いている。

丸山は後に梅本克己、佐藤昇との鼎談『戦後日本の革新思想』の中で、戦後の二十年の思想の状況を分析している。戦後二十年の民主化というのは、外からの革命であって、敗戦後ナショナリズムはまったく壊滅していてゼロの状態だった、そのゼロの状態のときに民主化政策が行なわれた、と一般に考えられているのだが、丸山は、外から入ってきたものだけではない、そうではなくて内部にすでに蓄積されていた要素、これを彼は、経験のエネルギーと呼ぶのだが、その経験のエネルギーが奔騰した時代、つまり下からのエネルギー、下からの民主主義のエネルギーがやはりあった、非常に多様で混沌とした民主主義のエネルギーがあった時代だ、というふうに戦争直後を考えている。こうして丸山は「革新ナショナリズム」という言葉に行き着く。

5　三つの愛国心論

今世紀に入ってからもいくつもの愛国心論が出されている。ここではまず左と右の政治学者が出している愛国心論を検討する。

姜尚中『愛国の作法』

姜尚中はすでに二〇〇一年に『ナショナリズム』を出していたが、二〇〇六年には『愛国の作法』を出している。二冊の本を書いた背景、動機は似ている。グローバル化の流れの中で国家の役割の重要さがましてくる。特に九・一一以後は、治安への不安から国家の求心力が求められるようになった。その中で右翼が出してくる新しいナショナリズムの主張、愛国心の主張、たとえば「心情の再ナショナル化」「共同体の「浄化」の試み」に対してどう向き合うか、彼らの論拠をどう打ち砕き、左翼（という言葉を彼は使っていないが）の側からの「ナショナル・アイデンティティ」をどう構築するか、「戦略的な柔軟性を持った新たな〈愛国〉のあり方」をどう模索するか、これが根本にある問いということになろうか。いずれにせよ、ナショナリズムも愛国心も右翼の専売特許にするなという動機が強く働いている。

これはかつての久野収や丸山眞男の発想と同じと言っていい。

『愛国の作法』の特徴は何か。「国民」についての二つの考え方から愛国心（パトリオティズム）を二つに分けたことである。一つは、国民を自然、血縁、文化に基づく感性的存在として捉え、感情、情緒、美的感性を祭り上げるパトリオティズム、もう一つは国民を作為、契約、ロゴスによる意志的結合体として捉え、自由、主体性を価値とするパトリオティズム。前者において愛国心は「「自然な」感情」とされ、郷土から国家へと愛が同心円的に広がっていく。後者においては、郷土愛から祖国愛までは距離ないしは断層があり、愛国のためには、決断—意志による飛躍が必要である。

姜尚中は、愛郷心を愛国心に自然につなげる第一のパトリオティズムは国家についての理解の誤りに由来する、と指摘する。これは丸山のナショナリズム論をそのまま受けている。また、日本民族の美意識に依拠する「耽美的パトリオティズム」は排外に通じる危険があると指摘する。これはそのとおりであろう。したがって、彼は当然第二のパトリオティズムの理解に立つわけだが、そこからの論理が屈折している。

一方で、新川明の「国家を想定しないパトリオティズム」という言葉をひきながら、自分のアイデンティティを国から郷土に移したかのような発言がある。地域社会の崩壊を惹き起こす市場経済の滲透に抗する新たな郷土、「多元的で分権的な自治への移行」を目指す新たな郷土の再建に向けた愛郷心、地域に積極的にコミットする愛郷心を語っている。単なる自然的な愛郷心ではない。決断による意志的な愛郷心への飛躍、というふうに読める。

では国はどうなったか。愛国は捨ててこの愛郷に徹しようというのか。どうもそうではないようだ。姜尚中は石橋湛山の「愛国の心構え」を評価し、竹越与三郎の愛国論に耳を傾け、「国家の理想」に忠実であることを愛国とする矢内原忠雄のうちに色褪せぬ思想を見る。ではこうした系譜につながる愛国の立場に立つのか。これもそうではないようだ。「とはいえ」と、ここでもう一度姜は論理を逆転させる。というか、別の論理を介入させる。「帰属すべき国が外にあり、母語と母国語が分離している」在日コリアンとしての彼自身のかかえる葛藤、すなわち「郷」は日本にあるが「国」は韓国という分裂をどう引き受けるか、という彼自身の位置にいったん立ち戻り、そこから次のような結論を導き出す。分断された朝鮮半島を「平和と共存の博物館」に変えること、「地域＝郷土（パトリア）の再生とアジアとの結びつきこそ、「愛国」の目指すべき理想」ではないかと。

正直なところ、この箇所は彼自身の立場を映し出しているぶんだけわかりにくい。「国」がほとんど消されているからである。おそらく彼は左の立場からの愛国心、彼自身の言葉を借りれば「愛国の作法」を提示しようとした。そして上からの愛国心論、右からの愛国心論は次々に切り捨てていった。そこまでは鮮やかである。しかし代わりの愛国心を提唱しているわけでもなく、どうもその意図があるわけでもない。「新たな「愛国」のあり方」を探るという微妙な表現でペンをおさえている。

佐伯啓思『日本の愛国心——序説的考察』

『愛国の作法』が出版された二年後に、佐伯啓思の『日本の愛国心』が出版されている。これは、右の側からなんとしてでも「愛国心」という言葉を救い出そうとする力技、というか悲壮な努力の産物である。というのも、冒頭のところで彼はこう書いている。少し長くなるが、これは私自身の思いとほとんど重なるので、引用をしておく。

三島由紀夫は「愛国心」という言葉が嫌いだったそうだが、私も、正直に言えば、愛国心という言葉は決して好きではない。（中略）私の「愛」の対象は、せいぜい、身近な家族や友人や同僚程度のことで、それさえも適切に処遇できない者が「愛国」などといえたものではない、という思いがある。

実際、私自身、自分が特に愛国者だという強い自覚をもったこともなければ、ごく自然の感情として愛国心をもっているというほどの自覚さえないのである。それどころか、精神的荒廃の臭いを強く漂わせ、都市景観から自然景観までやむことなく破壊を続けている近年の日本の有様を見ていると、とてもではないが「日本を愛する」などといいたくはないという思いが強いのであり、日ごろ私の口をついてでてくるのは、ほとんど「日本への呪詛」の言葉ばかりである。


それならば、時間をかけて何も一冊の本を、と私などは思うのだが、佐伯にはなにやら使命感があるようなのだ。もっともこれは、どの文章にも多少とも見られる佐伯一流のレトリック、まず対象から距離をおいたところに自分の位置を定めるところから論を起こすレトリックであって、実は使命感が始めにあったのかもしれない。いずれにせよ、佐伯は論を進めるにつれて過熱していく。

その使命感とは何か。題名にある「日本の愛国心」を、日本人の深層意識から掘り出してくることである。西欧における個人主義と結びついた愛国心、フランス流の共和主義の伝統を背景とする愛国心とは異なる日本独自の愛国心があると考え、これを形になった言葉として浮き上がらせることである。

もっとも、佐伯はいたるところで、戦後民主主義、平和主義を、また教育基本法の改正（二〇〇六年十二月）に対する左翼からの批判を批判しているので、これも使命感の一つなのだろう。また戦後左翼といってもいろいろあるだろうに、ほとんど丸山眞男だけを取り上げて批判しているのも使命感の一つかもしれない[10]。また十五年にわたる戦争が侵略戦争か否かを論じることには意味がないとして視点をずらすのも、サンフランシスコ講和条約は東京裁判の判決は受け入れたがアメリカの歴史観は受け入れていないという主張も、彼の使命感に入るのかもしれない。しかしそれは枝葉で、この本における本筋はやはり「日本の愛国心」である。

まず持ち出してくるのは、戦争の死者たちに申し訳ないという心情から発する「負い目」であり「疾しさ」である。これが戦後知識人の言説においては覆い隠されていたとして、戦争をふせげなかった悔恨に発する「悔恨共同体」（丸山眞男）、戦争に負けたことを無念とする「無念共同体」（竹内洋）に対して、もう一つの共同体、「疾しさ共同体」の存在を対置させる。そしてそこから、戦後日本精神の姿を描き出そうとする。

ここで佐伯が引用するのは三島由紀夫であり、吉田満であり、彼が語るのはこの二人の「負い目」の感情であり、また戦没学徒たちの声に見られる透明さ、献身、無私、何とも言えぬ「悲しさ」である。さらに桶谷英昭を引き、保田與重郎による大伴家持を、小林秀雄による実朝を語る。そしてこう書く。

> 実朝の「無垢な魂の悲痛な調べ」は、「国語の美しい持続」によって、家持へと接続する。ここに日本のひとつの精神的な伝統がこだまする。「かなしさ」「ほろび」「うつくしさ」こうしたものが「国語」を介した伝統によって一体となって魂の底流を形作る。

魂の底流、言い換えれば日本的な精神ということになる。これと愛国心との関係は何か。私には言葉の綱渡りとしか見えず、なんとなくわかる程度で、よく考えると理解不能な文章だが、この箇所のもう一つの文章を引用しておこう。

ここから、特定の対象や原因をもたない透明な「かなしみ」のような情緒が深く出来《しゅったい》する。この「かなしみ」や「滅び」や「無私」が奏でる和音の上に「日本の愛国心」はさまざまな旋律を奏でる。いずれにせよ、この和音が常にわれわれの精神の底流を流れている。この静かな和音の上に「日本の愛国心」というものが奏されるのだ。

さて、ここまでだったならば単に「耽美的パトリオティズム」（橋川文三）の系譜の後追いというだけになるだろう。しかし佐伯はそこからさらに、こうした「哀調と悲劇性を帯びた日本の愛国心（日本的精神と書くべき？）が、明治以降の西欧追従的な近代化、国家建設と無関係であるはずがない」として、この「百五十年に及ぶ負の意識」、日本的精神における「滅び」の自覚のあとを辿ろうとする。

そこからは記述が錯綜していてわかりにくい箇所である。一方では、攘夷から開国へ、開国から開化へと「西欧近代へ追従」せざるを得なかった近代日本、その結果、戦争を当然の帰結とし（福澤諭吉）、必然的に敗北に突き進まざるを得なかった近代日本の宿命、こうした「滅び」「道行き」（これは佐伯の言葉だ）の自覚、「崩壊感の悲しみ」（保田與重郎）が語られる。

しかし他方で、なぜ負けるとわかっている戦争に突入していったのか、という問いが立てられ、ここでは「力」「流れ」「時の勢い」という言葉が持ち出される。これによって「なぜ」に対する回答が与えられる。すなわち、歴史における「不可抗力的な力」による説明である。もっとも佐伯はこれでは単なる宿命論で歴史の説明になっていないということをよく知っているのだろう、これは「常識的な感覚」である、という言葉で逃げている。

そして今度は、そもそも日本人の歴史意識の中にこのような「時の勢い」という宿命感、「日本独特の歴史的不可逆性の観念」があったのではないかと議論を拡げていく。皮肉なことに、これらはいずれも佐伯が目の敵にする丸山眞男が『古事記』の読解をとおして作り上げた観念で、そこから借りてきた言葉だが、それはいいとしよう。

歴史意識だけではない。最後の第六章で佐伯は少しだけ日本精神史をさかのぼり、もう一度、近代に限定されない「悲しみ」「あきらめ」「純粋さ」「まごころ」「覚悟」「無常」「誠」といった日本人の伝統的な「隠されたエートス」に触れている。

ただそうなると、日本的精神における「滅び」の意識なるものも「近代の宿命」ではすまなくなるのではないか。「耽美的パトリオティズム」も「悲しみのナショナリズム」も、すべて、近代ではなく、ここで語られている「日本人独特の歴史意識」「隠されたエートス」から説明されることになるのではないか。

いや、どうもそのようだ。終わり近くで保田與重郎に話を戻しながら彼はこう書いている。

敗北へとひたすら突き進む者への愛惜、いずれ滅び去る者への同情、無残に散りゆく者への共感、それこそが「日本の精神」だったのではないか。「敗北」はあらかじめ「日本の精神」に組み込まれていたのではなかったのだろうか。

（傍点引用者）

それが思想の論理ということになるらしいが、驚くべき数行である。だとすれば、戦争責任なるものも、敗戦責任なるものも、たしかに隅っこにおかれるものになるだろう。ましてや戦争犯罪という言葉の入る余地はなくなる。そして佐伯の視界には、無惨に散っていったあちら側の数知れぬ人間の姿はもちろん入ってはいない。

ところで問題の愛国心はどこに行ったか。私の関心は今その点にある。第六章の最後で彼は「もう一つの日本の愛国心」なるものについて語っている。またまた引用をするが、それは私の言葉には翻訳できない文章だからである。

この日本の歴史意識の底流にある「哀感」あるいは「無常感」が、近代日本の「世界史的状況」と出会うことによって、上の「悲劇的な調子」を生み出していった。ここに「日本の愛国心」の大きな特質がある。この意味での「日本の愛国心」は、侵略戦争断罪の左翼が批判する愛国心でもなければ、大東亜戦争肯定論が想定する愛国心でもない。その底にある「もう一つの愛国心」なのである。

底流にある、底にある、あるいは「近代日本の歴史意識の底を流れる悲劇的な調子」、「精神の奥底に沈殿している「日本の精神」」……佐伯はよほど底という言葉が好きなのだろう。それはともかく、ここまで紹介にかなりのページを費やしたが、要するに、日本人の感受性、歴史意識、日本の精神なるものと、戦争で死んでいった若者達の心情を想起してこれと結びつけ、そこにもう一つの愛国心（の場）を見る、ということである。

愛国心（の場）を見る、と（　）まで付けた言い方をしたのは、そうとしか紹介できないからである。姜尚中もそうだが、ともに歯に衣着せた形で結論としている。姜尚中は愛国心という言葉を捨てたくない、佐伯啓思は愛国心という言葉を救い出したい、しかしその仕事は容易ではない、ということの現れを私はそこに見る。

二人の立場は違うが共通点はある。それは、ともに、愛国心の対象であるべき「国」の姿がすぐには見えない、そこでその対象を探しているということだ。なんらかの自然な感情を拡大していくのではなく、選択の対象を作り出していくということだ。姜の場合には郷土の再建に向けた愛郷とこれに微妙に結びつきアジアを視野に入れた愛国、これは自然な感情の延長にあるものではなく新たな対象の選択である。佐伯の場合はそもそも始めから愛郷はなく、彼の心を捉えるのはまずは戦争で死んでいった若者たちの心情であり、ついでテキストをとおして掘り起こしてきた「日本の精神」とこれとを結びつけるという選択である。情緒に流されている箇所がいくつもあり、彼自身「日本の精神」に傾斜していくことを認めているが、最終的にはその立場に身をおくという選択である。

相違は言うまでもなく、愛国の対象となる「国」、いかなる「国」を愛の対象とするかの違いである。姜尚中は、私の理解によれば、そのような「国」を言葉で示しうるものとして見出し得なかった。佐伯は日本の自然や郷土ではなく伝統、彼の考える日本の伝統、日本人の精神のうちに愛の対象となりうるものを見出し、これを選んだのである。

もう一つ、異色と言っていいかもしれぬがかなり説得力のある愛国心論を紹介しておこう。オーストラリアの歴史学者、テッサ・モーリス゠スズキのブックレットである。彼女は、愛国心には「ほんもの」も「にせもの」もなく、東条英機の愛国心も野坂参三の愛国心もともに認めるところから出発する。その上で、「生命を滅ぼす方向にではなく、生命を与える方向へと導く」愛国心を考えようとする。「ほんもの」、「にせもの」でなく、善い、悪いで考えようとする。

その上で言うなら、彼女の愛国心論の特徴は、愛国心を、感情―イメージ―行動という一連の言葉で捉えようとしていることである。たとえば美しいサクラの花を単に景色としてみるのでなく、「自分たちが大切にしている文化的特性や国家的価値を表すものと考えてしまう」、そこから愛国心が成立する、と。そこで愛国心の定義はまず次のようになされる。「愛国心とは、「私たちの国はどんな国か」や「私たちの国がなりうるもの」を表す一連のイメージに対して、人々が感じる愛情のことである」。これは形成過程からの定義なのだが、モーリス゠スズキはそこからさらに愛国心は単なる感情やイメージであるだけでなく行動を含意するとして、「愛国的に生きる」とはどういうことかを問うていくのだ。

そしてけっして「見習うべき理想的なモデル」を提示するわけではないと断りながらも田中正造（民衆思想家）、違星北斗《いぼしほくと》（アイヌの歌人）、小林トミ（市民運動家）、ヴァレリー・カウア（インド系シーク教徒でアメリカ移民三世の映画監督）という四人の人物の生き方を検証してそこに次のような共通点を見つけ出す。

第一に、自分の国の中の善と悪を見分けようとする愛情。第二に、自分の国を愛する方法を見つけ出し、日常の実践の中でその愛情を表現する。第三に、国境線で止まらぬ愛情。

そこから出てくる愛国心の新たな定義はつぎのようなものとなるであろう。愛国心とは「国がよくなる可能性を信じ、その可能性の実現に向けて貢献しようとする困難なプロセス」（傍点引用者）である、と。

モーリス゠スズキの議論はソフトであり、なかなか説得的で、こういう愛国心ならいいかなと思わせるところがある。しかし、皮肉な目で見れば良いとこ取りの気もする。たとえば「貢献」と書いているが、この貢献には戦争も含まれているのか、戦争で国のために死ぬことも、相手を殺すことも含まれているのか、これがはっきりしない。しかしこれこそ愛国心議論の核心にある問題で、「貢献」という、いま政治家たちがやたらに用いている言葉だけで通り抜けることはできないはずである。

そしてもう一つ付け加えるなら、なぜ「愛国的に生きる」必要があるのか、なぜ「愛国心を生きる」必要があるのか、結局のところ私にはよくわからないのである。

以上、戦後思想における愛国心論の主なものを追ってきたわけだが、戦後思想の中には、愛国心などはくだらないとして、これを真っ向から否定した議論はなかったのだろうか。実を言えば、常々、愛国心という言葉を気味の悪いものと感じている私の関心はそちらのほうにこそある。ただ次章でそこに移る前に、一つはっきりさせておかねばならぬことがある。それは愛国心＝パトリオティズムとナショナリズムの違いについてである。

6　パトリオティズムとナショナリズム

どう区別するか

すでに述べたように、清水幾太郎の愛国心論にはナショナリズム論が繰り込まれ、丸山眞男の国民主義論＝ナショナリズム論には愛国心論が含まれている。清水は愛国心の脱力化に力を傾け、ナショナリズムという言葉は著作『愛国心』から排除した。丸山は愛国心との付き合いは最小限にして、革新のナショナリズムの地平を開こうと努めた。両者ともに言葉の含意するものを意識しているが、愛国心とナショナリズムの違いを思考の重要な対象にはしていない。

不思議なことに、日本の政治学者たちの論文を読むと、齋藤純一（「愛国心「再定義」を探る」『論座』二〇〇三年九月号）など少数の学者を別にすれば、ほとんどが愛国心＝祖国愛＝パトリオティズムと、ナショナリズムとを区別して書いているようには思われない。一応の区別はしている。しかし、実際の文章のなかでは、両者の違いに触れることなく、並列して書いていることが多い。

区別の難しい大きな理由は、ナショナリズムの定義はどうやら一筋縄ではいかないという点にある。愛国心＝パトリオティズムの基本的定義は、たとえば「自分のパトリ＝郷土＝国を愛し、その発展を願い、これに奉仕する態度」（清水幾太郎の定義の書き換え）と簡潔ではあるが仮に定めることができる。問題は対象である「パトリ」の何に愛情を覚えるか、「奉仕」とは具体的に何かで分かれてくるのだが、これは定義の問題ではない。ところがナショナリズムの定義となると、そもそも国民―ネーションとは何かというところから出発せねばならず、時代的に、地域的に、その解釈が分かれてきて、「科学的定義は不可能」[11]（ヒュー・シートン・ワトソン、ベネディクト・アンダーソン『想像の共同体』に引用）という説まである。

もう一つの理由は、この二語にどのような定義を与えるにせよ、ナショナリズムの心理的基盤に愛国心＝パトリオティズムが存在する、あるいは存在しうる、そのために両者を切り離して論ずることが難しい、ということであろう。たとえば、パトリオティズムは感情、愛情、ナショナリズムは信念、イデオロギー、政治哲学、として一応は区別ができるかもしれない。しかし、感情と信念とは簡単に切り離し得ないし、事実、パトリオティズムには信念の要素があるから、また清水が周到に書いているように「態度」という要素があるから、他方、ナショナリズムも感情を抜きにしては語り得ないであろうから、パトリオティズムとナショナリズムが絡み合っていることはたしかである。二つの語の成り立ちという視点から区別しようとするとき、どちらが古いかについても説が分かれてくる。そこから愛国心＝パトリオティズムの延長上にナショナリズムを見る人もいる。あるいはテッサ・モーリス＝スズキのように、両者を「一つのスペクトルの両端」とする見方も出てくる。これはいわば典型的な接続論である。

第二次大戦後、両者の違いを日本で早い時期に論じたのは田中美知太郎であろうか（「愛国心とナショナリズム」『知性』第四巻第四号、一九五七年四月号）。

愛国心は自然の感情であり、「わたしたち自身の心情にかかわるもの」であるのに対し、ナショナリズムは「外にあらわれた運動」「行動」である。それは故郷の山河や人情を懐かしむ自然の情ではなく、その背景にあるのは「国民的統一体」である。これが田中の根本的な視点である。

では両者の関係はどうなるか。ナショナリズムの根本に自然の情としての愛国心が流れていることを田中は否定しないが、ナショナリズムはあくまでも運動、行動であり、「利害の打算や理由づけ」が加わってくる。そこで両者の違いは感情と行動の違いとされる。ここではモーリス＝スズキが視野にいれたパトリオティズムにおける「態度」「行動」が抜けている。

先に取り上げた姜尚中は、すでに記したことだが、『愛国の作法』以前に『ナショナリズム』という本を書いている。したがって当然二つを区別しているはずだ。そもそも『愛国の作法』を書いたのは、右翼がナショナリズム論の空虚さを心の愛国心論で補完しようとしていることに警戒心を働かせたからであろう。

しかし、この二つの言葉を厳密に分けて使っているわけではない。たとえば、ルソーの愛国心が「自由への愛」であるとしながら、すぐそのあとで「ここではナショナリズムは民主主義と手を携え」と書いている（『愛国の作法』）。ここは文章の流れからすれば「愛国心は民主主義と手を携え」と書くべきところであろう。

もう一つ挙げれば、「九月一一日以降のナショナリズム」（『現代思想』二〇〇一年十二月号）と題された座談での次のような発言である。自衛隊員に戦死者が出た場合、その死をどう意味づけるかが重要になってくる、「その意味で何らかのエモーショナルなパ、ト、リ、オ、テ、ィ、ズ、ム、を動員する必要がどこかで生じてくるわけです」。これはそのとおりであろうし、すでに述べたように、姜尚中の『愛国心』はそのようなエモーションの動員に対する危機感から書かれたものである。しかし、そのしばらくあとの箇所で、同じ文脈の中で彼はこう語っている。「やはり死を厭わないというのは、どこかにある種、ナショナリズムを、もう一つの、自分のエモーショナルな部分や、家族やかつてであればパトリとして見られるものがどこかにないと」（傍点引用者）。座談の中の言葉の揚げ足取りはするつもりはないが、これはやはり混同であろう。

他方、佐伯啓思は先に挙げた本の中で「愛国心と愛郷心とナショナリズム」という一章を設け、左と右との用語の混乱を指摘している。そして概念整理をしているのだが、その整理自体に混乱がありわかりにくい。ただ、パトリオティズムについて「愛郷から愛国へ」という伝統的理解が現代では成り立たなくなっている、という指摘はそのとおりであろう。「郷」も「国」も大事な物が失われた、という喪失感、そこから佐伯が日本の文化的伝統の再発見に向かったことは前述のとおりである。佐伯にとって「パトリス」（故郷―国）を構成するのは「文化」の心象イメージであり、記憶である。

ではナショナリズムとは？　結論部だけを引用することになるが、「この「パトリオティズム（愛国心）」をいっそう自覚的に「国民」の利害や関心へと高めたとき、そこに「ナショナリズム」が登場する」（傍点引用者）。

これも一種の接続論である。傍点を打った部分に佐伯のイデオロギーが現れていると私は考えるが、その読み方は読者に委ねよう。

問題はこの章での佐伯の文章がかなりずさんなため、かえって混乱に拍車をかけていることである。たとえば清水幾太郎の『愛国心』に触れて、「郷土愛」という意味での「パトリオティズムが（……）〈国〉への愛、つまりナショナリズムへと昇格するときには」と書いている。

ここには二重の混乱がある。第一に、すでに述べたように、清水は注意深く一度もナショナリズムという言葉を使っていないこと。したがって両者をそれこそ混同しない限り、これは明確な誤りである。というか、自分に引きつけた文章（「昇格する」と「高める」の類似）にするために、ナショナリズムと書いてしまったのであろう。もう一つ、清水の本の結論として「愛国心を民主化する」という言葉を持ってくるのはそのとおりなのだが、さらにこれをエスカレートさせて「市民的ナショナリズム」こそが大事だと説いているのも言葉の混乱である。もちろん清水はそんな言葉を使っていない。第二に「「国」への愛、つまりナショナリズム」と書いて、ナショナリズムを「国」への愛という言葉で定義してしまっている。これはどういうことか。そうなると「愛国心」と同じではないか、ということになり、この章全体が無意味な議論になる。この章で混乱しているのは佐伯の頭ではないかと思いたくなるのだ。

一般的にわかりやすいのは、先に挙げたテッサ・モーリス゠スズキによる区別、パトリオティズムを感情―愛情、ナショナリズムを信念―イデオロギーという区別かもしれない。その上で彼女は両者を「一つのスペクトルの両端」と考えるほうが「より現実的」だとする。

ただ、分析が愛国心の形成にのみ向けられ、ナショナリズムが消えてしまったのはどうしたことだろう。また、パトリオティズムの中にも存在するはずの態度、姿勢、イデオロギーがこれでは落ちてしまう。彼女自身 patriotism の語源から説き起こし、この語が patria（郷土、国）に対する自発的な感情、愛情を促す部分と、ism（主義）という抽象的で非個人的なイデオロギーを表す部分との合成語であることを指摘し、パトリオティズムにおけるこの二つの絡み合いを明らかにしようとしていたはずなのだが、それが後半部ではパトリオティズムとナショナリズムの「絡み合い」に転位されているような記述となっている（『愛国心を考える』）。

いずれにせよ、政治学者たちの多くは、なんらかの形でパトリオティズムとナショナリズムとをつなげている。あるいはナショナリズムの基盤にパトリオティズムを見ている。そしてそのためにしばしば混同が生じる。ナショナリズムの成立の過程を見てくればどうしてもそうなるということであろうか。

パトリオティズムは愛、ナショナリズムは憎悪

しかし、語の成り立ちという視点を離れて、現代においてこの言葉をどう受け止めるか、という受け手の姿勢となると事情は変わってくる。この二つをはっきり区別し、パトリオティズムを善しとし、ナショナリズムを悪として否定したのは、日本では私の知る限り、藤原正彦の『国家の品格』（二〇〇五年）である。

藤原の所論全体に私は賛成できないが、ここで彼は二つの重要なことを述べている。一つは、彼は多くの学者達のあとを追わず、パトリオティズムに「祖国愛」という訳語を与え、ナショナリズムが流れ込んでいる「愛国心」という言葉を拒否する。この訳語の修正は重大な修正、きわめて妥当な修正である(12)。

もう一つはナショナリズム＝国益主義として、これをパトリオティズム＝祖国愛と明確に区別していることである。ナショナリズムはあさましい思想であり、不潔な考え、一般の人は敬遠したほうがよい、と（ただし奇妙なことに、国の指導者たちはある程度のナショナリズムを持っていてくれないと困るとも書いている）。これに対してパトリオティズムは自然であり、健全であり、これを持つのは当然としている。ただ彼の場合は家族―郷土―国に向かう同心円的な自然の祖国愛であり、この点は先の姜尚中によって批

判されている。

しかし藤原のこうした二分法、パトリオティズムは良し、ナショナリズムは駄目とする態度決定は、けっして新しいものでも奇異なものでもない。すでに、ジョージ・オーウェルはこう書いていた。

ナショナリズムと愛国心〔パトリオティズム〕ははっきり違うのだ。二つの言葉はふつうきわめてあいまいに使われているから、どんな定義を下してみても異論が出るだろうが、ここには二つの異なったというより対立する概念がひそんでいるのであって、両者ははっきり区別しておかねばならない。
（「ナショナリズムについて」『オーウェル評論集』小野寺健編訳。〔　〕の補足は引用者による）

ちなみにオーウェルは、特定の場所と特定の生活様式に対する「献身的な愛情」を愛国心〔パトリオティズム〕とし、愛国心〔パトリオティズム〕は、軍事的にも文化的にも、本来「防御的」であるとする。それに対してナショナリズムは「権力志向」と切り離すことができず、国家とか組織のために「より強大な権力、より強大な威信」を獲得することを目指しているとして、さまざまな形のナショナリズムを——その範囲をいささか拡大しすぎる傾向にあるが——とりわけイギリスの知識人のナショナリズムを徹底的に批判している。

またフランスの作家、外交官のロマン・ガリは小説の主人公の口を借りて一九四五年にこう書いていた。

パトリオティズムとは人間仲間を愛すること、ナショナリズムとは他国の人間を憎むことだ。

（*Education européenne*『ヨーロッパ教育』）

これはドゴールの言葉を若干変えただけとの説もあるが、またガリはパトリオティズムの対象を祖国から人類全体に拡げようとしているようだが、それはよいとしよう。いずれにせよ、政治学者たちの視点には入ってこないのだが、パトリオティズムとナショナリズムの違いを愛と憎しみとして、違いの核心をついている。

昔、私はフランス人の友人五人に二つの質問をしてみたことがある。「あなたはナショナリストか」「あなたは愛国者《パトリオット》か」、と。答えは一様に、前者に対してはノン、後者に対してはウイだった。「パトリオティズムはポジティブでナショナリズムはネガティブな言葉」とはっきり言った学者もいる。どの答えもロマン・ガリの言葉を裏書きしていた。ただし、愛国者《パトリオット》については、熱烈な愛国者からなまぬるい愛国者まで人によって温度差があったことも付け加えておきたい。

これらフランスの友人たちは、政治的にはいずれも左翼、ないしは中道左翼に位置付けられる人々であり、彼らの反応は、十八世紀のヨーロッパに生まれたパトリオティズムという言葉が王制を打倒した革命家たち、共和派の革命家たちによって生きられていた、という歴史的記憶と無関係ではないだろう。他方、ナショナリズムという語に対する拒否感は極右をのぞけば右翼のフランス人の多くにも分け持たれているとみてよい。ロマン・ガリにしても根っからのドゴール派、どちらかと言えば右の人だった。

もう一つ、もっとも最近の例を挙げれば、二〇一五年十一月十三日のパリで同時多発テロが生じたあとに『リベラシオン』紙に載ったアラン・デュアメルの文章である（十一月二十五日）。デュアメルはこのテロ事件の直後に見られたフランス人の愛国主義的な反応（同情、献身、奉仕、連帯、団結、国歌「ラ・マルセイエーズ」、三色旗）が、それまでフランス社会を分断していた排外主義的なナショナリズムを一時的に後退させたとして、この文章に「ナショナリズムに対するパトリオティズムの反撃 La revanche」と題している。

これらはいずれも、パトリオティズムとナショナリズムという言葉に対するフランス人のいま現在の直接的な反応、価値的な反応であり、客観的な定義に基づくものではない。しかしこれはフランス人に特有の反応ではないであろう。藤原正彦もアメリカの友人について同じ反応を伝えている。こうした受けとり方が、西欧世界では今では一般的であると考えられる(13)。

ところで、そもそもパトリオティズム（愛国心、祖国愛）なるものを疑問視する議論はなかったのだろうか(14)。そんなことはない。次章では反パトリオティズム（愛国心、祖国愛）の系譜を追うこととする。

第五章　非戦思想の源流

戦争はいけない、戦争には反対だ、こういう一般論、反戦は誰でも唱えることができる。現に戦争を主導している国、たとえばここ数年中東に於ける戦争を主導しているアメリカ、フランス、ロシアの指導者にしても、平時には同じことを言うであろう。しかし国家の指導者があれこれの理屈をつけて戦争に向かいつつあるとき、また国民の大多数がこれを支持し狂熱状態にあるとき、一人の個人が「非戦」の声をあげることは容易ではない。一九三〇年代から四〇年代、軍国主義時代の日本を振り返ると、こうした声がほとんど聴き取れないぐらいにかぼそかったことを、残念ながら確認せざるをえない。

しかしもう少し歴史をさかのぼると、国家も国民の大多数も狂熱状態にあるとき、非戦の旗を高く掲げた思想家がいることを知る。堺利彦、木下尚江、柏木義円、内村鑑三、石川三四郎、そして幸徳秋水。私は彼らのうちに日本の非戦思想の源流を見る(1)。

家永三郎はその「一九四五年以前の反戦・反軍・平和思想」の中で、前近代では安藤昌益、自由民権時代では植木枝盛と中江兆民、日清戦争前後では北村透谷などを挙げている(2)。しかし、彼らはたしかに平和思想を唱え、反戦を標榜したが、戦争を間近にして、あるいは戦争のさなかで非戦を唱えたわけではない。また、愛国心にどう向き合うかについての深い思考は見られない。

反戦ではなく非戦、その違いは何か。長い間私は反戦に比べて非戦を生ぬるい言葉だと思っていた。だがそうではなかった。「非戦」にはその対語としての「加戦」が存在していた。この戦争を戦うか戦わないか、「非戦」とは戦争を身近に感じ、自分の態度決定を迫られるときに、「加戦」に対抗して強い覚悟をもって用いられた言葉と言うべきであろう。一九六〇年代のベトナム反戦運動を考えればよくわかる。日本人にとってあれはなによりもまずアメリカの戦争であり、それに参加するかどうかを問われた上での非戦運動とは言い得なかったのである。

いま私は日本の非戦思想の源流として六人の思想家を挙げたが、ここでは内村鑑三と幸徳秋水とを取り上げる。彼らの非戦思想の根拠は何であったか。愛国心をどう考えていたか。

1　内村鑑三

「義」のための戦争

周知のように内村は日清戦争を積極的に支持していた。その論拠を一言で言えば、日清戦争は「義戦」であるというのだ。欲のため、利益のための戦争はあるが、日清戦争はそうではない。朝鮮の独立のため、支那に覚醒をもたらすため、さらには東洋に文化と平和をもたらすための「義戦」であると(3)（「日清戦争の義」「日清戦争の目的如何」一八九四年九月三日、十月三日）。

戦争が終わってからもまだ、「義」を楯にして、平和好きの日本人を批判した次のような文章を書いている。

> 戦争は避くべき者なれども平和の為めに避くべき者にあらず、義は生命よりも重し、正義と真理の為めには身を犠牲に供し、国家の存在を賭しても戦ふべきなり。
>
> （「平和好きの民」一八九七年八月一日）

ところが、その四ヶ月後、今度は一転して日清戦争は「不義の戦争」であったと自説を全面的に修正している。何が内村にこの転回を生じさせたのか。内村の言を信ずる限り、最大の理由は下関条約（一八九五年三月―四月）の締結であり、これによる「変節」である。本来の「高貴な道」からの「逸脱」である。日清戦争の本来の目的は朝鮮の独立であったはずだが、この条約では朝鮮の独立のために「特別な保証」を求めなかった。台湾、遼東半島、澎湖諸島を割譲させ、賠償金を支払わせることを定め、新たな開市・開湊を約束させたが、それらは本来の目的である朝鮮の独立と何の関係があるか、と。結果としてこの条約は日清戦争を「不義なるもの」（傍点引用者）にした、「義戦」として始まったものが「欲戦」として終わった、と。こうして内村は指導者、軍人、国民の「変節」を激しく非難し、その責任が日本国家にあるとしている（「猛省」一八九七年十二月十四―十六日）。

この文章は「下関条約」締結（一八九五年四月十七日）の直後に書かれたものではなく、それからほぼ二年半経ってから書かれた文章である。「猛省」はこの間に生じた世界状勢の変化が当然折り込まれている。この間に何が起こっていたか。

遼東半島の割譲は三国干渉によって取り消され、「不面目にも返還」された。朝鮮では日本公使らによる朝鮮王妃殺害事件をきっかけにして、日本の傀儡政権と言ってよい開化派が一掃され、朝鮮政府への影響は日本からロシアに移っていく。これについて内村はこう書いている。「あわれな朝鮮よ！　おせっかいな隣人の騎士的行為により、その（ロシアへの）隷属はいまや確実になった」

しかし、「猛省」を書いたときの内村はいまだ非戦論者とは言えない。なぜなら義を目的とする戦争を否定はしておらず、平壌を占領するまでの戦争は認めているからである。批判はあくまでも下関条約における目的の逸脱、「変節」と、これを導いた日本国家の中枢を占める薩長政権に向けられていた。

薩長政権に対する内村の反感は注目されてよい。「貴族制度を樹立して自分と自分の子供たちを貴族にした連中」「神なく信仰なく真実なき連中」「不誠実な人間」「政治的策謀家」「南国の私生児」「野蛮な息子」「偽善者」言葉を極めて罵倒している。ここには怒れる内村がいる。

非戦主義者の誕生

戦争を全面的に否定し、非戦を旗印にする平和主義者内村鑑三が誕生するのは、発表順にテキストを追う限り、一九〇三年になってからである。ただそれまでに、原理的立場を修正するかのような発言が積み重ねられていく。「正義と腕力」（一九〇〇年三月二十五日）では、正義は決して腕力に訴えて勝つ者ではない、正義は常に負けて勝つもので、「一度潰される方が宜い」と言う。「平和の宗教」（一九〇二年一月二十五日）という短い断章のなかでは「我は我が基督教のために人に殺さるることあるも、人を殺すことあらじ。（中略）基督教は我に取ては徹頭徹尾平和の宗教なり」と今更のごとくキリスト教徒として「殺さず」の信念を披露する。

「杜軍の大勝利」（一九〇二年三月十六日）ではイギリスに対するボーア人の「義」のための戦争を擁護する姿勢がまだ見られる。彼らは「二十世紀に於ける人類の自由の為めに戦ふ者」であると。もっとも彼の意図は、この年に成立した日英同盟に対する批判、帝国主義的な英国、正義なき英国と「日英同盟」なるものを結ぶ必要がどこにあるかという批判にあり、ここに力点を置いて読むべき文章かもしれない。

原理的な立場の修正の背景にあるのは、日清戦争後の日本社会の動向であるが、それだけでなく、日露開戦の危機であった。一九〇三年の六月からは、毎月のように日露の非開戦を主張しはじめる。その主張の根拠は次の三点に要約されうる。

第一に原理の立場から。聖書に基づいて「戦争《せんそう》は人《ひと》を殺《ころ》すことである」（「戦争廃止論」一九〇三年六月三十日）「武器を擱《お》くこと、是れが平和の始まりであります」（「平和の福音」一九〇三年九月十七日）と書くとき、内村はすでに「義」のための戦争をも否定している。したがって単に日露開戦反対というだけでなく、あらゆる戦争を否定する「戦争絶対的廃止論者」「絶対的非戦論者」、そして「無抵抗主義者」である。

第二に、「実益」の観点からも、「道徳」の観点からも戦争廃止を訴えている。ロシアと戦争をしたなら四億円はかかる。勝っても償金はなく丸損になる。それよりは「平和の利益」を考えよ、と。その具体的な使い道として「一億円《おくえん》で朝鮮《ちょうせん》を実際的《じっさいてき》に日本の有《もの》となし」と書いて朝鮮の経営を論じている箇所は問題だが、要は四億の金を「硝煙弾雨《しょうえんだんう》として満州《まんしゅう》の野《や》に消費《しょうひ》」することの愚かさを説くことにある（「平和の実益」一九〇三年九月一日）。

貴族と軍人の堕落については繰り返し言及されているが、もっとも辛辣なのは次の箇所であろうか。

「二億《おく》の富《とみ》と一万の生命《せいめい》を消費《しょうひ》して日本国《にほんこく》が此戦争《せんそう》より得《え》しものは何《なん》である乎《か》」と問いただし、「伊藤博《いとうはく》文《ぶん》伯が侯となりて彼の妻妾《さいしょう》の数《すう》を増したることの外《ほか》に日本国は此戦争《このせんそう》より何《なん》の利益《りえき》を得《え》たか」と

（「戦争廃止論」）

実益と道徳との比重はどうか。戦争が始まった一九〇四年に書いた二つの文章「WAR IN NATURE.」

（「自然界における戦争」、四月五日、英文）、「近時に於ける非戦論」（八月十八日）の中では、もはや道徳問題ではなく実利、実益の視点から、戦争はけっしてその目的を達し得ないがゆえに不用であるという論を展開している。すでに戦争が始まっている段階においては実益に比重をかけた論のほうが人々に対する説得力があると考えたためであろうか。

第三に戦争の主体という観点から。日露が戦った場合、いったい誰と誰とが戦うのかという問題提起をしていることも重要である。両国の民が戦うのではない、海軍大臣同士、陸軍大臣同士、「両国の帝国主義者の衝突」である、と。イデオロギー的には、「即《すなわ》ち日本《にほん》に在《あり》て剣《けん》を帯《お》ぶる者《もの》が露国《ろこく》に在《あり》て剣を帯《お》ぶる者《もの》と衝突《しょうとつ》」するのである、「忠君愛国道徳《ちゅうくんあいこくどうとく》と世界併呑主義《せかいへいどんしゅぎ》を唱うる者《もの》と露国《ろこく》に在《あり》て同一《どういつ》の主義道徳《しゅぎどうとく》を唱《とな》うる者《もの》」同士の衝突である、と（「近時雑感」一九〇三年九月二十四―三十日）。

日清戦争と日露戦争の間のこの思考転換がどのようにしてなされたかについて、一年後、内村は四つの理由を挙げて説明している。第一に新訳聖書の研究。第二に「生涯の実験」。人から攻撃されたときに無抵抗主義を貫いた結果心に平和を得たという体験。第三に「過去十年間の世界歴史」。日清戦争後の日本の道徳の腐敗。米西戦争後のアメリカ社会の腐敗、堕落。第四にアメリカで発行されている新聞（The Springfield Republican）の平和主義の影響。哲学者ハーバート・スペンサーの影響。

そこからは、聖書研究と自己の体験をもとにして原理的思考を深めながら（主観的確信）、世界の動向について知識を得ること（客観的認識）でこれを補うという内村の基本的姿勢がうかがわれる。そしてこの姿勢、主観的確信＝信条と客観的認識の双方に根拠を求めるこの姿勢は多かれ少なかれ非戦主義者、反戦主義者に分け持たれている姿勢でもある。

ところで、ここで内村に対してこういう反論が可能であろう。無抵抗主義、絶対的非戦は個人としては可能であるが国家については可能か。国家の無抵抗主義というのは考えられるのか、と。実は内村自身こういう反論を意識し、答えている。実際に国家に応用できるかどうかはわからない、と。また戦時中に無抵抗を国家に勧めるのは心苦しい、と。しかし、最終的には聖書に依拠し、トルストイ、サムナーを引き合いに出し、「可能である」という答えを導き出そうとしている。そしてこういう問いを発している。「無抵抗主義を国家に応用して見て全世界を導くの名誉に与《あず》かるの国家は孰《いず》れであるか」、サムナーのアメリカか、トルストイのロシアか、と（「無抵抗主義の教訓」一九〇四年五月十九日）。

アメリカとロシアの二国がここで挙がっているのは、今となれば微笑を誘う。この二十一世紀のいま、まさしくこの二国が数々の戦争によって「全世界を導」いているのだから。またあの時代、内村の頭に可能性としても「無抵抗主義の日本」は存在しなかったのだが、戦後の日本、新憲法の日本とはまさしく内村が夢見た無抵抗国家、絶対的非戦を原理とする国家ではないか。そして、戦後七十数年とは、この原理をめぐっての戦い、というか、この原理がなし崩し的に無化されていく過程であった。非戦の原理がいつしか個別の自衛の原理に、さらには集団的自衛の原理に読み替えられていった。

その責任の一端は新憲法の擁護を掲げてきただけの左翼にある。なぜなら、非戦を原理とするとき、国家は、国民は、何を覚悟すべきかを本当には考えてこなかったからである。少し言葉を和らげるなら、占領に続いてただちにアメリカの世界戦略に組み込まれてしまったためにこれを突き詰めて考える機会を持とうとしなかったからである。内村が、わからない、として立ち止まった問いに、私たちはいまどう立ち向かうのか、立ち向かうことができるのか。反改憲派はこの問いに答えねばならない。

戦時の姿勢

非戦論が一定の役割を果たしうるのは開戦までである。一九〇四年二月、戦争の火ぶたが切られた。非戦論者は厳しい立場に追い込まれる。この時期以降の内村の文章は苦渋にみちている。「戦争の悪事なると否とは今や論争すべき時に非ず、今は祈禱の時なり、同情、推察、援助、慰謝の時なり」として、非戦論を主張することを断念する（「国難に際して読者諸君に告ぐ」二月十八日）。しかし、真情を抑えることはできない。「我は如何にして是等無辜《むこ》の良民を敵弾に曝《さ》らすの惨事を止《や》むるを得ん乎《か》」「我は人が万歳を歓呼するを聞いて其声に和すること能《あた》わざりき」（「出征軍を送りて感あり」三月十七日）。

それまで非戦を唱えてきたのに開戦後は「祈禱」だけでよいのか、という批判は当然あったに違いない。内村は四月二十一日にめずらしく長文の演説原稿「戦時に於ける非戦主義者の態度」を発表し、そこで、今何をなすべきか、何をなすべきでないか、その姿勢を示している。その論旨は次の三点にある。

（1）　非戦主義は放棄しない。
（2）　しかし戦争はもはや止められない。今はいかに平和を回復するかを考えるべきである。出征兵士の遺族を訪問し、援助する。
（3）　戦時において平和主義者の活動の場は少ないが、戦争の弁護だけはしない。

この文章で注目されるのは、非戦というのは平和主義の消局的一面であるとして、平和主義の積極的半面をいくつも挙げていること（殖産、山林の栽培、鳥類の保護、河川の利用等々）、それによって、狭義の非戦主義者というよりも広義の平和主義者としての自己を押し出していることである。これは、戦時においての一種の戦略とも考えられるし、一種の弁明―逃げのようにも見える。

他方、内村は兵役拒否の立場には与しない。彼自身が兵役の対象外であったという立場もあるだろうが、それだけでなく、そこにはキリスト教徒としての信条が映し出されている。兵役を拒んだら卑怯者として見られる、他人が犠牲になる、それはすべきではない、「自身進んで此苦役に服従すべきである」と。ここまでは古今東西、戦争において常に使われてきた論理である。特攻機に乗ることを拒まず、自ら志願さえしたあの若者たちの心理―論理と同じである。戦時だけでない、「兵役」を「仕事」に置き換えたなら、現在の日本の企業においてまかり通っている心理―論理でさえあるだろう。近年、電通の若い女子社員を自殺に追いつめた理由の一端も確実にここにある。

ただ内村はその先に行く。「非戦主義者の無残なる戦死」こそ戦争を廃止させうる、と。「可戦論者の戦死は戦争廃止のためには何んの役にも立たない」と。さらに贖罪のテーマがここに付け加わる。戦争を忌み嫌う平和主義者の死だけが人類の罪悪の一部を購うのだと。「逝けよ両国の平和主義者よ（中略）行いて汝等の忌み嫌ふ所の戦争の犠牲となりて殪《たお》れよ」（「非戦主義者の戦死」一九〇四年十月二十日）[4]。日露両国の平和主義者に訴えているところが内村らしいが、これはやはり宗教的信念の押しつけと言わざるを得ない。先に、出征兵士を見て「我は人が万歳を歓呼するを聞いて其声に和すること能わざりき」と書いた時点から、どう見ても遠くに来ている。また「大東亜戦争」中、大東亜の平和のために死ね、とけしかけた天皇主義者の言説とほとんど似通っている。ここでも私は「わだつみ」の兵士たちが残した言葉のあれこれを思わずにはいられない。

愛国心について

こうした強引な論理は時代とともに愛国心について論じた晩年の文章にも見出される。内村は言う。自分は二つのJ、JesusとJapanを愛する。「其内の一を欠けば、私には生きて居る甲斐がなくなる」と（「私の愛国に就て」一九二六年一月）。なんとも大変な愛情であるが、個人的な信念としてそれはよいとしよう。イエス・キリストは愛国者であったという主張には首を傾げたくなるが、これも受け入れるとしよう。しかし、この二つの愛を誰もが納得するように結びつけるのは容易な仕事ではない。

じっさい、内村の「愛国心」に対する位置取りは、この二つの「J」の関係のさせ方によって、時代によって変わっていく。自身が愛国者であることを否定したことはないが、当初は「真理は愛国心より大なり」として、明らかにイエス・キリストの教えを愛国心から区別してこれを上に置いていた（「世界のなかの日本」一八九六年九月十日）。また愛国心自体についても批判的言説のほうが多かった。もっぱら「世に称する愛国者」、自国を礼賛するだけの愛国者を批判し、国自慢を愛国心として信じさせ、儀式的服従者を「忠臣孝子」として誉め立てる国家教育を批判していた(5)（「「精神的教育」を論ず」一八九五年一月二十三日）。

世界の民の評価についても、愛国心の強い国は最後には没落し（スペインの例）、イギリスの偉大さは外国人に向かって開かれた「その非国民性」にあるとさえしていた。今日のイギリスのEUからの離脱、トランプのアメリカを、百年前の内村のこうしたヴィジョンに投影して考えるとどうなるか。

愛国心を積極的に評価しはじめたのは日露戦争後であろうか。内村には日本社会を救わねばという救国の意識＝愛国心と、これと裏腹の日本社会に対する深い絶望があった。日本を救うための非戦論は人々を説得することがなく、キリスト教信者においても可戦論者が多数を占めていた。彼は『万朝報』をやめざるを得なかった。しかし救国意識＝愛国心のこうした挫折によって彼は聖書に導かれ、キリストの愛国心を発見する。すくなくとも内村の言を信ずるならそうである。

一九一〇年八月十日の「イエスの愛国心」では、聖書に愛国の文字はないが、愛国の事実はあるとして、イエスにおける愛国心の存在、世の人のそれとは「使用法を異に」する愛国心の存在を証明しようとしている。ただここでも、キリスト教には「国を誇り、敵を憎み、国家のためとならば正義も人道も措《お》て問わざる世人の謂う所の愛国心はない」としている。外敵よりも内敵を憎まなければならない、という視点、そのために同じ国の人間から憎まれてもやむを得ぬという覚悟がまだ残されている。

ところが一九二〇年代になると、キリスト教と愛国心とは不可分であるかのような言説が現れてくる。「もしキリスト教に愛国心がないと言うならば、この教えは早くすでに消えてしまったのである」（「キリスト教と愛国心」一九二四年七月十日）。さらに愛国心がそのままナショナリズムにつながる言説、自国を愛し外敵を憎むという言説が現れてくる。

神は日本人に特殊の霊魂を賜うた。日本人は信義を重んずる、礼節を尊ぶ。日本人は利益を離れて正義を追求む。

（「愛国と信仰」一九二八年一月十日）

そしてこの同じ文章の中で、米国人を「純然たる野蛮人」と罵っている。その背景にあるのはアメリカが排日移民法を実施したことにあるようだが、神を動員してまで日本人を礼賛し「外敵」を憎む姿勢はそれまでの内村と違ってかなり異様である。(6)

かつて彼は、日露戦争の勝利のあと、ロシアとの講和に反対する圧倒的多数の国民についてこう書いていたのだが。

> 狷介《けんかい》でも好《よ》い、孤独《こどく》でも好い、狂気せる国民と雷同して国家を滅亡の危きにまで連れて行くよりも遥かに好い、余輩は今より後、益々狷介で、益々孤独であろうと欲《おも》う。
>
> （「憤怒の無用」一九〇五年十月十日）

また「日本人が基督教を信ずるのは容易ではない。何故《なぜ》なれば、日本人は凡《すべ》て愛国者であって、多少は凡て政治家であるからである」と書き、キリスト教と日本人の愛国心の非両立性を嘆き、我ら固有の愛国心を脱却」する必要を語っていたのだが（「日本人と基督教」一九〇四年八月十八日）。

変わったのはどうやら愛国心への位置取りだけではなく、日本人全体の評価である。というか日本人全体の評価の変化が、愛国心の無条件の肯定へと彼を導いていった。別の言い方をすれば一方で聖書のうちに愛国主義を読み取り、他方で日本人の信仰心を評価し、両者を矛盾せぬように両立させることによって「二つのJ」への愛という主観的心情をまるごと肯定する地点に到達したのである。

2　幸徳秋水

一九〇一年、幸徳の重要な著作である『廿世紀之怪物　帝国主義』（以下『帝国主義』とする）が、日露戦争開始の三年前に刊行された。当時、『万朝報』の同僚であった内村鑑三はこれに序文を寄せ、末尾にこう書いている。

君は基督《キリスト》信者ならざるも、世のいわゆる愛国心なるものを憎むこと甚し、君はかつて自由国に遊びしことなきも真面目なる社会主義者なり、余は君の如き士を友として有《も》つを名誉とし、ここにこの独創的著述を世に紹介するの栄誉に与かりしを謝す。

キリスト教無教会派の熱烈な信徒から社会主義者への非戦思想を介しての友愛のメッセージと言うべきであろうか。じっさい、『帝国主義』は、むしろ『非戦論』と題してもおかしくないくらい非戦思想で貫かれている。日清戦争後の「膨脹」（朝鮮、台湾、満州）へと向かう政界・軍部の動き、国民の好戦気分とこれを煽動する文士、新聞記者の付和雷同、一言で言うなら戦争に向かって突っ走る日本社会への警鐘、そしてささやかな抵抗としてこの本が構想されたと考えられる。(7)いずれにせよ、日露戦争開始前から戦争中にかけて二人はそれぞれの場で非戦の旗を高く掲げる同志となる。

非戦論―反戦争文化論

まずこの本の構成であるが、きわめてすっきりした三段構成になっている。幸徳は帝国主義を領土を拡張しようとする膨脹主義と規定し、その経《たていと》となるのが愛国心、緯《よこいと》となるのが軍国主義であるとする。そしてまず愛国心を論じ、ついで軍国主義を論じ、最後に「愛国心と軍国主義の狂熱がその頂点に達するの時に」全盛をきわめる帝国主義を論じている。そしてそのすべてを断罪し、結論部では帝国主義をペストと見立て、愛国心はその病菌であり軍国主義はその「伝染の媒介」であると三者の関係をつなぎ直している。

今日の観点からするなら、このように愛国心と軍国主義との二つによって帝国主義を説明するのはいささか単純にすぎる。全集の解説で大河内一男が指摘しているように、資本主義の独占集中の対外政策としての帝国主義という理解は示されていない。しかし、幸徳自身もその不備を自覚していたのであろう、経・緯に触れたあとで、彼はこう付け加えている。「少くとも愛国心と軍国主義は、列国現時の帝国主義が通有の条件たるにあらずや」（傍点引用者）。

つまり幸徳は、後の時代の政治学者、経済学者がなしているような精緻な帝国主義批判を意図したわけではなく、この時代のどの帝国主義国家（ドイツ、イギリス、アメリカ）にも見られる愛国心の発露と軍国主義の横暴への批判をこそ主眼としたと考えることができる。そしてそれは、この本を書く動機が対ロシアの緊迫した状況の中での「非戦」の主張であったことと無関係ではないだろう。大河内がこの本を「幸徳秋水にとっては、反戦闘争のための前哨戦」と位置付けているがこれはそのまま肯定できる。さらに私の主題に引きつけて言えば、『帝国主義』は「戦争文化」という言葉がまだない時代に書かれた優れた反戦争文化論、おそらく日本で書かれた最初の反戦争文化論なのである。

愛国心論

そこでまず第二章の「愛国心を論ず」であるが、この文章の最大の特徴、最大の意味は、ほとんどの論者のように、たとえば内村鑑三のように、良い愛国心と悪い愛国心とを区別せずに、愛国心そのものを切って捨てた点にある。古代のローマ、ギリシャ、さらに近代のイギリス、ドイツにおける愛国心の在り方、発現形態を検討し、愛国心とは、他郷、他国への憎悪であり、好戦の心であり、狂熱であり、迷信であり、「国民が国威国光の虚栄に酔う」のは個人がブランデーに酔うのと同じである。それは思想を束縛し、「非愛国者」や「国賊」を作り出し、罰し、「挙国一致」を説いて人民の窮乏を生み出す……と。

論の進め方としては、こうした「古今東西の愛国主義」、敵への憎悪の発揮である愛国心を賛美できないがゆえに、「日本人民の愛国心を排せざるを能わず」という結論が導き出される。それと同時に、日本人の愛国心のあり方が日清戦争をとおして、中国人への憎悪と結びついていることに注意を促す。次の一節はアジアにおけるその後の日本軍隊の残虐さ（南京虐殺）をも予見した痛烈な告発として読むことができる。

彼らが清人を侮蔑し嫉視し憎悪する、言の形容すべきなし、白髪の翁媼《おうおう》より三尺の嬰孩《えいがい》に至るまで、殆ど清国四億の生霊を殺し殲《ほろぼ》して後甘心せんとするの慨ありき。虚心にして想い見よ、むしろ狂に類せずや、むしろ餓虎《がこ》の心に似たらずや、然《しか》り野獣に類せずや。

愛国宗、愛国狂、好戦的愛国心はあっても平和的愛国心なるものはそもそも存在しない。野蛮的愛国心はあっても文明的愛国心なるものはそもそも存在しないのである。

幸徳の愛国心論には三つの問題点があることを指摘しておこう。

第一に、冒頭の箇所で「パトリオチズムとは何物ぞ」と記しているように、この文章はあくまでも patriotism 論として書かれ、その訳語としては愛国心と愛国主義の二語が使われている。しかし実際には、前章で見てきたナショナリズムとの区別がまったくなされていない。幸徳は日本人の愛国心が日清戦争時におおいに発揮されたことを指摘し、その動機として「憎悪」や「侮蔑」を挙げているが、こういう動機があてはまるのは、先に記したことだが、愛国心ではなく、ナショナリズムである。両者の混同はこの時代の論者の特徴であり、そもそもナショナリズムという言葉、あるいはその訳語がこの時代、ほとんど用いられていないのである（福澤諭吉も同様）。

第二は、愛国者は何を愛するのか、という愛の対象についての考察に乱れがある。一方で彼は愛国を説く者、とりわけ軍人の愛の対象が「国家」、すなわち「皇上（天皇）及軍人の国家」にすぎないこと、他の国民が眼中にないことを批判する。「同胞に対する愛情」が存在しない、と。すなわち、あたかも「同胞に対する愛情」としての「善き」愛国心が存在するかのような書き方をしている。では他方でその方向に論を進めるのかというとそうではない。愛国心という言葉は否定すべきものにのみ用いられている。

第三に、「皇帝」「皇上」を持ち出していること。日本の皇帝はドイツの皇帝と違って「一国のために野蛮なる虚栄を喜ばずして、世界のために文明の福利を希《ねが》い給う。決して今のいわゆる愛国主義者、帝国主義者にあらせられざるに似たり」として、天皇と愛国主義者とを対立させているのだ。また、戦場において兵士は天皇のために一身を捧げていると信じ、これをもって愛国心となしているが、天皇が軍隊を出すのは「真に世界の平和のため、人道のため、正義のため」であるとして、「大御心」と愛国心とを対立させている。このように幸徳が天皇を持ち出して愛国心を批判しているのは、この本が発禁処分にならぬための知恵とも考えられるし、愛国主義者が圧倒的に多数である中での一種の計算とも考えられる。また幸徳は当時の天皇―皇室に対して尊敬の念を抱いており、「大御心」をこのように受けとりたいという願望もあったかもしれない。

軍国主義論

第三章の「軍国主義を論ず」の主要部分はアメリカの海軍史家アルフレッド・セイヤー・マハンへの批判にあてられている。マハンの著作の翻訳は当時すでに出ていて、軍人に広く読まれていたとのこと、幸徳の紹介で理解する限り、マハンは「戦争文化論」の元祖と言えるかもしれない。

幸徳の批判は、マハンのちょっとした論理の矛盾を指摘したことを別にすると二点ある。第一は兵役という学校における軍事的教練は年少の国民の人格（秩序と尊敬と服従の徳）と体格を作るという主張に

msz

みすず 新刊案内

2018. 3

三月十五日　カエサルの最期

ソーントン・ワイルダー
志内一興訳

物語は紀元前45年の手紙に始まる。この時カエサルはガリア征服戦争を完了の後ルビコン川を渡ってイタリアに侵入、ひきつづく内乱を制し、あらゆる政敵を倒し、古代ローマ帝国の最高権力者となっていた。自信と才気にみちあふれ、誰をも魅了するオーラをまとった覇者カエサルのまわりには、軍人、政治家はもとより文化人、名家の美女など思惑を秘めた多彩な人物たちが蠢いていた。詩人カトゥッルス、妻ポンペイア、魔性の女クローディア、その弟の無法者クローディウス、エジプト女王クレオパトラ…。互いのあいだで交わされる心理ゲームのような手紙のやりとりが、暗殺までの8か月を描きだしてゆく。

人間の本性をテーマに数々の名作を織り成したアメリカ演劇・文学界の巨星ソーントン・ワイルダーが、いつかこの手で描きたい、とあたためてきた人物がカエサルだった。一九四八年に刊行されて以降、版を重ね、長く読み継がれてきた現代の古典である。

四六判　四一六頁　三七〇〇円（税別）

沖縄 憲法なき戦後

講和条約三条と日本の安全保障

古関彰一、豊下楢彦

「本土」の安全は、歴史的に沖縄の犠牲のうえに成り立ってきた。しかし今や、沖縄で抗議の声があがると、本土の一部からはヘイトの罵声まで飛ぶほど、沖縄の戦後史についての無知と無視は深まっている。

東アジアの緊張が高まるなかで、米軍は沖縄の陸、海、空を、わが者顔で動きまわっている。沖縄が「基地の島」になったのは、戦後、日米両国の思惑によって「無憲法の島」に追いやられたからだとすれば、わたしたちは今、本土の視点から、沖縄の現状をどう捉えなおすべきか。

憲法と外交史の専門家が協力し、これまで検証されなかった膨大な国会議事録や行政文書、外交文書を渉猟して、この「軍事植民地」が生み出された経緯と、日米両国がそれぞれ依拠してきた論理を解き明かす。

終章では、米中の狭間で翻弄される東アジアの国々が、沖縄を軸に、軍縮にむけた提携関係を構築するという新たな見取り図を提示。

四六判　三八四頁　三四〇〇円（税別）

知性改善論／短論文

スピノザ
佐藤一郎訳

「共同の暮しの中でよく出遭うものがみなむなしく、くだらないということを経験から教わったのち、失われるのではないかと心配していたもの、招くことを恐れていたものがどれも、それによって気持が揺すぶられたからということがなければ、それそのものには善いところも悪いところもそなわらないことを見たとき、わたしはやっとたずねようと心を定めた。真の善でみずからを分ちあずからせるような或るものが与えられるかどうか。ほかのいっさいを投げ棄てて、独りそれだけから気持が触発されるようなもの、それを見出して獲得すると、持続する最高の喜びが永遠にわたって享受されるような或るものが与えられるかどうかをたずねよう、と。」（「知性改善論」）。後年の主著『エチカ』へと至る哲学の根本動機と独自の方法論が記述される二篇を、ラテン語刊本およびオランダ語写本から半世紀ぶりに新訳。最新の研究を踏まえた精細な訳注と解題を付した待望の一巻。

A5判　五八四頁　七八〇〇円（税別）

コリアン・シネマ

北朝鮮・韓国・トランスナショナル

イ・ヒャンジン
武田珂代子訳

日本植民統治期に誕生し、解放後の南北分断、朝鮮戦争を経て今日まで制作されてきた北朝鮮・韓国の「コリアン・シネマ」。その制作と受容はいまや一国内に留まらず、在外コリアンをはじめ、多様な地域性をもつ人々を巻き込みながらトランスナショナルな発展を遂げている。

本書では、これらの映画が文化的テクストとして果たしてきた役割を考察し、コリアンの民族的アイデンティティを探る。第Ⅰ部では、民話「春香伝」の翻案映画や『血の海』『南部軍』等の歴史映画の代表作をジェンダー、イデオロギー、階級の観点から分析。政治的には反目しつつも民族的同質性を重んじるコリアンの姿を浮き彫りにする。第Ⅱ部では、社会批評や歴史の継承の観点から『下女』『オールド・ボーイ』『ナヌムの家』等の作品群を論じ、さらにコリアン・シネマの最新事情も紹介する。

映画の一場面の詳細な分析から比較文化的考察まで、縦横無尽に論じた刺激的な一冊。

四六判　四五六頁　六〇〇〇円（税別）

対して。(8) 第二は、徴兵によって国民皆兵制が敷かれることによって、国民がお互いの武力を尊敬し、戦争の減少を促し、平和を確保するという主張――今で言うならこれは一種の抑止力理論である――に対して。

幸徳は、第一点について、諸国（フランス、ドイツ）の兵営が「現社会に対する不平の養成所」になっていることを指摘し、おかげで「社会主義的思想の隆興」を促していると皮肉を述べたあと、軍隊教育が「服従と尊敬の美徳」を養うというのはまったく間違いだと一蹴する。

第二点については、ナポレオンの戦争以降の例を挙げて、一八八〇年以来強国間の戦争がほとんどなくなったのは、両国民相互の尊敬ではなく、戦争の結果を洞察し、「その狂愚なるを悟れるによるのみ」としてこれまた一蹴している。

しかし幸徳がその文章の歯切れの良さを示し、核心を射抜く明快な言葉、むき出しの言葉を次々に繰り出してくるのは、その後にくる戦争文化を全面的に否定する箇所である。戦争が偉大な国民を作る、戦争が社会と文芸の進歩に貢献する、という軍国主義者の説を反証を挙げて否定する。軍人には政治的才能なしと切って捨てる。世界史を概観しながら軍国主義の弊害を暴き出す。彼の反軍思想の強烈さを示す文章を一つだけ挙げておく。

> 軍隊の組織は悪人をしてその兇暴を逞《たくま》しくせしむること、他の社会よりも容易にして正義の人物をして痴漢と同様ならしむるの害や、また他の社会に比して更に大なり。何となれば陸軍部内は圧制の世界なればなり、威権の世界なればなり、階級の世界なればなり、服従の世界なればなり、道理や徳義やこの門内に入るを許さざればなり。

この章の最後では、個人はすでに武器を捨てた、国家だけがそれができない、二十世紀の文明はなお弱肉強食の域を出ない、これは恥辱ではないか、苦痛ではないか、そして「社会先覚の士」がこれを見逃していてよいのかと問いかけているが、これはそのまま二十一世紀の私たちに向けられた一節として読むことができる。

帝国主義論

第四章では帝国主義＝領土拡張を「切取強盗の所行」として、これを擁護する議論の一つ一つに反駁していく。国民の膨脹によって領土の拡張はやむを得ぬとするのは嘘であって、軍人、政治家、資本家の利益のためである。人口増加によって貧民が多くなり、移民が必要であるというのも「社会進歩の大法」を無視しており、移民は一時的治療にすぎない。市場拡大のために領土拡張が必要という議論があるが、市場が自国の国旗のもとにある必要はなく、生産過剰は富の分配の不公平からくるもの、したがって社会主義的制度の確立が必要である。また市場争奪は戦争準備となり、軍備の拡大に通じる等々。結論部では次の言葉で全体がまとめられている。

彼らがいわゆる大帝国の建設や、必要にあらずして慾望なり、福利にあらずして災害なり、国民的膨脹にあらずして少数人の功名野心の膨脹なり、貿易にあらずして投機なり、生産にあらずして強奪なり、文明の扶殖にあらずして他の文明の壊滅なり。

そして次の段落で追い打ちをかけ、痛棒を振り下ろす。

移民のためということなかれ、移民は領土の拡張を必要とせざるなり、貿易のためということなかれ、貿易は決して領土の拡張を必要とせざるなり、領土の拡張を必要とする者は、ただ軍人政治家の虚栄心のみ、金鉱及鉄道の利を趁《お》う投機師のみ、軍需を供するの御用商人のみ。

もちろん幸徳の議論にはいくつも綻びがあるであろう。しかし、帝国主義批判として要の部分においてはほとんどすべてが言い尽くされていると言える。

非戦―反戦闘争の継続

『全集』第三巻の解説で大河内一男の言うように『帝国主義』以後も幸徳の反戦闘争は続いていく。一九〇三年十月、『万朝報』の社主黒岩涙香が対ロシアの非戦論から開戦論に転じたのをきっかけとして、幸徳秋水は堺利彦、内村鑑三とともに朝報社を退社し、幸徳と堺はただちに平民社を結成して週刊『平民新聞』を創設した。その第一号（一九〇三年十一月十五日）には、「平民社同人」の名で五箇条からなる「宣言」が掲げられており、その第四条には、平民主義、社会主義の主張と並んで平和主義を主張する次の文章が見られる。

吾人は人類をして博愛の道を尽さしめんが為めに平和主義を唱道す、故に人種の区別、政体の異同を問わず、世界を挙げて軍備を撤去し、戦争を禁絶せんことを期す。(9)

(傍点引用者)

こうして幸徳は、日露戦争が始まってからも(一九〇四年二月)、この新聞を舞台として、毎回のように非戦・反戦の言論を展開していくことになる。戦争が始まった以上は非戦論は無益ではないかという批判に対しては、非戦論は一時の利害のためではなく、「永遠の真理」のために行なっているのだと相手にしない。「挙国一致」を害するという批判に対しては「付和雷同の挙国一致」に何の価値があるかと切り返している(「戦時と非戦論」四月十日)。

旅順が陥落して国民が熱狂的に歓呼の声をあげているときにさえ、旅順陥落の第一の意味は「日露両国数万の労働者が、其鮮血を灑げること也、新たに数十万人の寡婦及び孤児を生ずること也」と書き、これを祝賀する理由はまったくない、として冷水をぶっかけている(「旅順陥落の意義」一九〇四年八月二十八日)。

ただこの時期の幸徳の非戦論は、戦争勃発前のそれを含めて、『帝国主義』における非戦論とは微妙に異なっている。

第一に、一般的な非戦論ではなく日露戦争を対象とした非戦論に変わっていく。そこから非戦の根拠は原理的な視点(戦争は人殺しであり、悪であり、正義、人道に反する)から現実的な視点へと力点が移されている。すなわち、主戦論者の動機が、遼東半島還付の復讐であったり、戦争を出世と金儲けの機会と捉えたり、投機による一攫千金狙いであったり、それは不純、不適切ではないかと批判する(「開戦論の流行」一九〇三年六月十九日）。また戦争が政治、経済、道徳の面で悲惨な結果（軍国主義の跋扈、物価高、増税、失業者の増加、風俗の堕落）を招くことを、日清戦争を例に挙げて再三にわたって警告し、同胞よ、狂熱から、狂喜から覚めよと訴えている（「吾人は飽くまで戦争を非認す」一九〇四年一月十七日、「戦争の結果」一九〇四年二月十四日、その他）。

第二に、この頃には、人道、正義、自由、平和のための戦いはやむを得ぬ場合があるかもしれぬ、しかし日露戦争はそうではないと、一歩譲った形での非戦論を展開している（「非戦論」一九〇三年八月五日、「好戦心の挑発」九月十三日）。そして彼自身も、自分も日本国民であり、国家と国民が危機に瀕したときには、一兵卒として甘んじて死ぬ覚悟がある、といった意のことを記している(10)（「戦争論者に告ぐ」一九〇三年七月七日）。

第三に、非戦を主張するときに、社会主義者としての視点が強く押し出されてきている。たとえば、宣戦講和の鍵を握っているのは天皇でもなく国民でもなく議員でもなく大臣でもなく、「彼の銀行者と名くる金貸業者にあらずや」と書き、世界の政治が資本家によって支配されているという文脈の中で戦争危機を捉えているときがそうである（「和戦を決する者」一九〇四年二月七日）。かつては、戦争屋とは一にも二にも軍人であったのだが。

トルストイの『日露戦争論』とその非戦主義を高く評価し、平民社の仲間と協力しながらその翻訳（『ロンドンタイムズ』に掲載された英訳からの翻訳）まで手がけながら、戦争の起因を宗教の喪失、個人の堕落に求めるトルストイに違和感を示したのも社会主義者としての幸徳であった。

ところで、内村も幸徳も非戦の旗を高く掲げているが、兵役自体は否定していない。兵役を拒否せよとは呼びかけていない。非戦を主張し、軍国主義を断罪するなら、兵役―徴兵制を否定し、不服従を唱えるのが筋ではないだろうか。

内村についてはすでに記したが、幸徳のアプローチは内村とはかなり違う。兵卒の生命などは無視して戦争を説く戦争論者、さらに自分の昇進や勲章のために兵卒を戦争に駆り立てる将校は「犬をケシかける人」で、こういう連中のために犬死するのはまっぴらご免、将校だけで満州に行って望みどおり屍をさらしたらどうだ、と皮肉をこめる。そして問題は「金ある者は教育を受け教育を受くる者は兵役を免る」社会組織と徴兵法にあるとして、貧乏人のみが兵隊に駆り出される不平等を痛烈に批判している（「戦争論者に告ぐ」一九〇三年七月七日）。

日露開戦（一九〇四年二月十日）のすぐあと、二月十四日の『平民新聞』には、筆のある限り、紙のある限り「戦争反対を絶叫すべし」（「戦争来」）として自らの覚悟を示し、その一週間後にはつぎのような痛烈な一句を書いている。

従軍者を送って万歳を歓呼するの人は、曾て其子の徴兵猶予を希ふて、官立学校に入らしめたるの人也。

（「徴兵猶予」二月二十一日）

他方、出征する兵士たちについて「諸君今や人を殺さんが為めに行く、否ざれば即ち人に殺されんが為めに行く、吾人は知る、是れ実に諸君の希ふ所にあらざることを、然れども兵士としての諸君は、単に一個の自動機械也、憐れむ可し」として同情を示したあと、こういう「自動機械」を作り出したのは社会制度の罪であると指摘し、最後に、「大東亜戦争」時の知識人のペンからはついに出てくることのなかった次のようなみごとな文章も残している。

露国の兵士も又人の子也、人の夫也、人の父也、諸君の同胞なる人類也、之を思ふて謹んで彼等に対して残暴の行あること勿れ。

嗚呼吾人今や諸君の行を止むるに由なし、吾人の為し得る所は、唯諸君の子孫をして再び此惨事に会する無らしめんが為めに、今の悪制度廃止に尽力せんのみ、諸君が朔北の野に奮進するが如く、吾人も亦悪制度廃止の戦場に向って奮進せん、諸君若し死せば諸君の子孫と共に為さん、諸君生還せば諸君と與《とも》に為さん。

（「兵士を送る」二月十四日）

そこから兵役拒否の思想までは遠い道のりではない。しかし幸徳はそこには踏み出さなかった。トルストイを論じたときにも、兵役も租税も拒否しないことを明らかにしている。これは私の推測だが、自分のいる位置、つまりある意味では安全地帯にいることを考えてそれを言葉にはできなかったのではないかと。(11)

ところで日露戦争において、兵役拒否、不服従を行いとして示した人がいなかったわけではない。次章では兵役拒否、不服従の思想の源流を探る。

第六章　兵役拒否と不服従の思想の源流

1　徴兵忌避

東西の兵役拒否の思想について網羅的に紹介した最初の本は、おそらく阿部知二の『良心的兵役拒否の思想』であろう。[1] 二人の協力者を得て書かれた啓蒙書で、いまは絶版になっているが再刊の待たれる本である。もう五十年近く前になるが、この本によって、日露戦争時、日本にも兵役を拒否した者がいたことを知って畏怖の念に打たれたことを覚えている。しかし、それが誰であったかは長い間すっかり忘れていた。今回読み直して、それが矢部喜好《やべきよし》という求道者であることを知った。

阿部のこの本には、非戦の表明、兵役拒否以前に、その前史として、徴兵令（明治六年一八七三年公布）に対する大きな抵抗があったことが簡潔に記されている。一つは徴兵制度の根幹にある「四民平等」「国民皆兵」の考えに対する士族階級の抵抗で、これはそれまで武力を独占してきた階級の屈辱から来る抵抗である。この抵抗はいま横に置く。もう一つは、一家の労働力を三年間奪われることへの不満（この時代人口の七〇パーセントが農民だった）、新政府への不信感から来る民衆の抵抗である。特権層への兵役免除の特典に対する不満、怒りもあっただろう。病弱者はともかくとして、官吏、所定学校生徒、洋行修業者、海陸軍生徒、戸主およびその相続者、養子などが兵役免除の対象となっているのだ。それだけでなく、驚くべきことに、一定の額の代人料を収めると兵役が免除されたのである。

民衆の不満はさまざまな形での徴兵忌避を生み出した。家系の存続に考慮をはらった兵役免除の規定を逆手にとって、分家を作ってその戸主となったり、養子縁組みをして他家の相続者になったりという形での徴兵逃れである。またときには集団的な一揆という形をとった。徴兵令が公布された明治六年だけでも十三件記録されているという。

その一つに血税一揆と呼ばれる西日本（今の岡山県、三重県、鳥取県、徳島県、高知県など）での徴兵反対運動があった。太政官布告として明治五年に徴兵告諭が出され、そこに次のような文言が見られたのだ。「人タルモノ固ヨリ心力ヲ尽シ、国ニ報ゼザルベカラズ。西人之ヲ称シテ血税トス。其ノ生血ヲ以テ国ニ報ズルノ謂ナリ」。古いフランス語で「兵役義務」を意味する impôt du sang を直訳して「血税」としたために、これを真に受けた農民が暴動を起こしたのである。これに対して太政官側は「血税」というのは「人々その身の、力一ぱいを、つくすと云うようなもの」と説明したとのことだが、フランス語の impot du sang はまさしく戦場で血を流すことによる税の意味である。(2) だとするなら、「兵役」ではなく「血税」と直訳し、「生血ヲ以テ国ニ報ズル」と説明した役人の理解はけっして間違いではなく、太政官の説明はごまかしである。血税一揆に立ち上がった農民たちの理解も原語の意味から遠くはなかったことになる。(3)

菊池邦作の分類によれば、その次に徴兵拒否の第二期（明治八年から十七年）、合法的脱法徴兵忌避の時代が来る。しかし徴兵令の改正のために免役条項が制限され、第三期（明治十八年以降）には徴兵忌避は非合法に近くなる。（『徴兵忌避の研究』）

第二期においては官立の学生の特権を利用して在学年数をのばしたり、海外留学に出たり、養子が免役規定にあるので戸籍上の養子になったり、あえて犯罪をおかして監獄に行ったり、いろいろな手があった。しかし、免役条項はとりわけ資産家向けにできており、徴兵忌避を行なうのは、あるいはできるのは、富裕階級の子弟であった。

第三期となると、徴兵忌避の形は、逃亡・失踪、身体の破損、作為による病気の三つに絞られる。それだけが一般庶民に残された手段だった。このうちもっとも多かったのが逃亡・失踪であり、その数は驚くほど多い。明治十五年から二十九年までに七万四千八八〇人、一年間に五千人から六千人が徴兵を忌避して行方をくらましている（『日本帝国統計年鑑』）。そしてその大部分は逮捕されていない。この数は大正から昭和に入ると一年間に二千人から千八百人と減っていくが、それでも一九三四年に、時効の対象にならぬ逃亡者の数は二万人を超えている。時効になるのは四十歳のとき、ということはそれまでの間なんらかの形で隠れながら生き延びねばならないわけだ。最近出版されたある本の副題にあるように、まさに「逃げよ、生きよ」の世界で、けっして容易な道ではなかったはずである。それは菊池の言うように「孤独な戦い」であったに違いない。

この時代の個人的な徴兵忌避は何を支えとしていたのだろうか。反戦、反軍の信念の持ち主もいたかもしれない。ただおそらくその多くは超越的な価値観（宗教）や内なる原理―思想に基づくものではなく、外からの強制に対する感情的反発、不満、怒り、あるいは軍隊生活への嫌悪、恐怖、つまりは「私事情」によるものではなかったか。国家の立場に立つとき、あるいは公の立場から眺めれば、それは単なるエゴイズムと非難されるだろう。しかし、肉体的苦痛と精神的苦痛の両者を「義務」として押しつけてくる国家、さらには殺人の可能性、死の危険をも押しつけてくる国家に対して、嫌なものは嫌とするエゴイズム、生への逃避は正当であるとは言えないか。私はそう考える。

2 矢部喜好の肖像

しかし他方では、エゴイズムを超えて、原理に基づく行動家がいないわけではなかった。矢部喜好《きよし》（一八八四―一九三五）、日本で最初の兵役拒否者とされる。彼はどのような人物であったか。なぜ兵役を拒否したか。矢部は思想家というよりも実践の人である。したがって、彼はどのような人であったか、何をしたかを、阿部知二も依拠している田村貞一による伝記『矢部喜好伝』(4)、そして鈴木範久篇『矢部喜好平和文集　最初の良心的兵役拒否』におさめられている矢部自身の自伝『恩寵卅年』を参照しながら、人柄を想像したがよいだろう。

矢部喜好は会津の人、舟引という二十七戸あるだけの小さな村の出身で、五人兄弟の長男として生まれた。(5)父親は小学校の先生、田村によれば矢部家は地方の素封家で「舟引の文化的中心」であった。厳格な父親のもとで育てられ、小学校は優等生で通し、若松の会津中学に入学、特待生となり、家を離れて下宿生活をすることになる。

矢部がキリスト教の信仰の道に入ったのはこの中学時代である。アメリカ人の女性宣教師の講演を聞いたのがきっかけで、若松にあった第七日再臨教会《セブンスデー・アドベンチスト》の日本教団「末世の福音教会」に出入りするようになる。このとき問題が生じる。この教会の場合、聖安息日はユダヤ教の場合と同じく土曜日である。ある土曜日、喜好は「本日ハ（……）聖安息日ニ有之候（……）従テ学校ノ方ハ欠席致候」と前代未聞の欠席届を出して学校を休んだのである。

これは事件となって、学校側は父親と連絡をとって説得しようとしたが、喜好はがんとして説得に応じない。それだけでなく、対ロシアの戦争熱が高まってきた明治三五年（一九〇二年）の暮れには、福音教会のメンバーとともに若松警察署の横の道路に高張提灯を立てて、連夜のように人々に「非戦」を呼びかけるようになった。

ちょうどその折、小学校校長をやめて木材業に手を出していた父親が、事業に失敗して破産した。そのため喜好は上の学校への進学は不可能になる。こういう絶望感もあったのかもしれない。中学五年のときである。

悩みに悩んだ末、中学卒業を目前にして東京に出た（一九〇三年二月）。金がないので東京まで七日をかけて歩いていったとのこと。その間父親は警察に届け出て家出した長男を捜していた。郡山、宇都宮、上野の鉄道の駅、警官が三日間見張っていたが、みごとその裏をかいたわけである。

東京では土方をしたり聖書を売ったりしながら末世の福音教会の伝道学校で勉強を始め、翌年、浸礼を受けた。このときの一年ばかりの東京生活での間に、矢部の人柄を如実に物語るエピソードがある。一つは、喜好からの手紙は読まずに捨ててしまう怒れる父親に、友人を介して新約聖書を贈り、結局父親に信仰を持たせて、父親をとおして母親と祖母まで入信させてしまったこと。

もう一つは幸徳秋水との出会いである。聖書は一冊五銭で、一冊売ると三銭の利益になる。街頭で「買ってくなはんしょう！」と東北弁でどなることもあったし、戸別訪問をすることもあった。ある日、不景気顔をした中年の紳士に「買え」と迫ったところ、ゆっくり話したいからとその晩彼の家に招かれた。これが幸徳秋水で、「君が耶蘇《ヤソ》に降参した経験を話してくれないか」と言われる。矢部は逆襲する。「あなたから社会主義に降参した話をして下さい」と。こうして二人の「降参」話がかわされたのだが、矢部は最後まで幸徳に「悔い改め」を迫っている。「基督《キリスト》に降参したらどうです」と。幸徳はこう答えたという。「君のように単純に信仰が出来たら俺も幸福なんだがなア」。そのあとで矢部はこう付け加えている。「彼の頬に淋しい影があった」（『恩寵卅年』）。

明治三十八年（一九〇五年）二月、日露戦争のまっただ中、矢部に召集令状が来る。このときの矢部の行動には驚くべきものがある。入営の前夜、一人で連隊長を訪問して、「殺す勿れ」の所信を述べたというのだ。国民として徴兵を忌避するものではないが、敵兵は殺せない。「銃を持って戦場に出づるよりも、寧ろ軍紀のためならばこの場で死を賜らんことを望む」と（『矢部喜好伝』）。田村貞一の伝える言葉がどこまで正確であるかはわからぬが、期限が過ぎても召集に応じぬため、矢部は若松区裁判所に出頭を命じられる。裁判の結果、召集不応、国民の義務を果たさずとして軽禁錮二ヶ月の刑を受け投獄された。

裁判の傍聴席では「国賊」と叫ぶ声が高かったようだが、鈴木範久は当時の『会津日日新聞』からこの「徴兵不応事件」についていくつかの記事を拾い出していて、そこには次のような記事も見られる。金を使っての合法的な徴兵忌避が横行していたのであろう。「近来矢部氏の徴兵忌避事件が本紙に現われてからは世の俗人は無闇矢鱈に国賊とか愚だとか狂だとかと嘲笑弄咄《ろうとつ》罵詈《ばり》讒謗《ざんぼう》するが然し是は之として徴兵適齢になって大金を費して役場吏員になったり大資を投じて諸学校に入学する奴等は何んと云うだろう」（善魔女）。

もう一つこれまた驚くべきことに、第二師団長が獄中の矢部を訪れたり、矢部の父親に会いにいったりしている。なんとか説得をして考えを翻させようとしたのだろう。しかし、矢部の考えを変えることはできなかった。二ヶ月の刑に服したあと、彼は出獄する。

しかし、それですんだわけではなかった。出獄後、すぐに福島連隊区司令部に出頭を命じられる。軍は軍としてのけじめをつけようとしたのだろう。このとき、矢部の家族も死刑を覚悟していたという。喜好の二人の弟の証言によれば、喜好は白布の「死装束」で出かけていった。そして周囲から国賊の一家として白眼視されながら、今日来るか明日来るかと銃殺死体を迎える準備に専念していた。

しかし何が起こったのだろうか。銃殺死体は届かず、その間に矢部は仙台の連隊に送られていた。敵と戦うことは拒否したが、看護卒として傷病兵を看護することはどうだとすすめられ[6]、これは受け入れたという。

この間の矢部の心の動きについて、鈴木範久は貴重な情報をもたらしてくれた。矢部は獄中にあるときすでに、自己の信仰の変化を弟宛の「懺悔」の手紙に記していた。自分を「罪人の罪人」「偽善者の偽善者」として「今懺悔して召に応じ戦闘の卒として進まん」と書いていた。ただ、この手紙自体からは何を罪とし、何について懺悔しているのかはそれほど明らかではない。しかし文脈からすると、さしたる信仰もないのに戒律を守るということだけで徴兵拒否をしたことと受けとれる。鈴木が引いている『会津日日新聞』の記事は仏教書の影響を指摘しているがこれはどうだろうか。いずれにせよ信仰に変化が生じたことが理由であり、看護卒だから兵役を受け入れたというのではないことになる。しかしもしそうだすると、親族の話として出てくる「白装束云々」はどう理解したらよいのだろう。矢部は兵役受け入れの決意を家人にはっきりと語っていなかったのか。あるいはこのときにも、まだ彼の気持ちは揺れていたのか。

日露戦争の講和後、矢部は帰郷し、しばらくの間、村のリーダーとして日曜学校のような集いを開いていたが、ほどなく渡米を思い立ち明治三十九年（一九〇六年）アメリカ行きの船に乗り込み、以後十年にわたる苦学と修行の生活が始まる。

帰国後、伝道の地として滋賀県の琵琶湖ほとりを選び、そしてその活動は「最初の兵役拒否者」を忘れさせるほどの広がりを持っているが、本書での紹介はここまでにする。

矢部の発想の根本にあるのは、いかに「被害」を免れるかではなく、いかに「加害」を拒否するかという点だ。国家に対してエゴイズムで抵抗するのではなく、他者に対する想像力を持つことによって抵抗するという点だ。このことを忘れたくない。自らもキリスト教徒であり、社会運動家であり、戦時中は苦い経験を持つ賀川豊彦は、田村貞一の『矢部喜好伝』に序文を寄せ、矢部が「疲弊のどん底に沈んでいた山奥の農民に、愛土、愛隣、愛神の精神を吹き込んでいた」と書いているが、ここで、愛土、愛隣とは書いたが「愛国」とは書かなかったことにも注目しておきたい。

3　村本一生と明石真人

満州事変から「大東亜戦争」にいたる十五年戦争（一九三一―一九四五）の間に兵役を正面から拒否した人として知られるのは、村本一生《むらもとかずお》、明石真人《あかしまさと》、三浦忠治《みうらちゅうじ》の三人である。いずれもキリスト教系の団体、灯台社の社員＝信者である。[7]

灯台社は、アメリカに本部をおくワッチタワー（ものみの塔聖書小冊子協会 Watch Tower Bible and Tract Society）の日本支部として一九二七年に明石順三を中心として結成された。会員は「エホバの証人」と呼ばれる。

明石順三（一八八九―一九六五）は十八歳のときアメリカに渡り、西部諸州で日雇いの仕事をしながら独学で勉強、二十五歳のときにロサンゼルスの邦字新聞の記者となり、以後ジャーナリストとして活躍した。

この間にエホバを唯一の神とするワッチタワーの教義に惹かれ、会員となる。そして講演伝道者となりアメリカ各地を旅行、信仰の普及に努めた。教義を日本にも広めるために三十七歳のとき（一九二六年）に帰国、翌年には東京に灯台社の本部を置き、本格的な伝道活動を開始した。その機関誌として月一回、八ページの『黄金時代』を発行し、明石は主幹としてここで毎回、聖書の文言の独自の解釈を展開している。

ワッチタワーの神学上の教義の独自性は、私の理解では、『創世記』から『黙示録』にいたるまで聖書のみが真理の場であり神の啓示の書であるとして聖書の徹底的読解を行い、エホバのみを神として認め、三位一体説や偶像崇拝、カトリックのマリア信仰を真っ向から否定した点にある。

こうした独自の教義はローマ・カトリック教会のみならず既存のキリスト教教団との対立を生み出したが、日本社会の文脈の中では天皇の神性の否定として受けとられ、事実、灯台社のメンバーは宮城や国旗に頭を下げることをしなかった。それだけでなく明石はワッチタワーの二代目会長であるジョゼフ・フランクリンの著書を何冊も翻訳ないしは超訳（？）しているが、ここには資本主義の独占体制への批判、資本家と政治家との結託への批判、戦争への苛烈な批判がある。たとえば次のような明石の著書の一節は一九三〇年代の日本社会において確実に強烈な衝撃を与えたであろう。

もし一国政府と他の国の政府との間に紛争が発生した場合には、その国の人民は強制徴集を受けて武装させられ、他国政府の人民を殺戮するの戦争に従事しなければならぬ。愛国の語は民衆を互いに殺戮せしめ合うに用いらるる最も有力なる道具である。――方則として、かの無暗に愛国愛国と騒ぎ回る連中に限って決して戦線に出でしことなく、常に後方にあって火事場泥棒的に不義の財宝を掻き集めるのである。（『政府』）

（稲垣真美『兵役を拒否した日本人――灯台社の戦時下抵抗』より）

灯台社に対する官憲の弾圧は一九三三年に始まり、幹部数名が不敬罪違反容疑で検挙され、刊行物の発売頒布禁止処分を受けている。これが第一次検挙で、一九三九年の第二次検挙は組織全体の壊滅を狙ったもので、明石順三をはじめ一二〇名（国内十八の府県で九一名、朝鮮で三〇名、台湾で九名）が治安維持法と不敬罪によって逮捕された。裁判の結果、明石には懲役十年、他の五十一名には二年から五年の有罪判決がくだされた。このときの被疑者に対する取り調べに際しての拷問と暴行の様子については佐々木敏二の論文「灯台社の信仰と抵抗の姿勢」にくわしいので、ここでは灯台社の二人の兵役拒否者に目を転じたい。

その一人は明石順三の長男真人である。父母の影響であろう、幼い頃から二人の弟たちとそろって学校での国旗礼拝を拒み、偶像礼拝の伴う学校の式典には出席していない。入隊は二十歳のとき、一九三九年一月。このとき順三は息子に対して兵役を拒否せよといった指示は何もしなかったとのことである。軍隊に入って軍事訓練をさせられているうちに気がついたのであろうか。入隊後一週間で、銃器返納の意志を表明した。聖書の「汝殺す勿れ」の教えに反するというのがその理由である。翌日彼は営倉入りとなった。

営倉内で中隊長から説得を受けたが銃器返納の意志を変えぬため処置は憲兵隊に委ねられた。稲垣真美が引用している官憲側秘密資料『昭和十六年中に於ける社会運動の状況』（一九四二年十二月、内務省警保局）によれば明石真人は取調べに対して以下のように対応していた。

（明石真人は）上官に対し、〝宮城遥拝、御真影奉拝のごとき偶像礼拝行為は絶対に為し能わざる〟旨、および〝天皇は神エホバに依り造られたる被造物にして、現在は悪魔サタンの支配下にある地上的一機関に過ぎざるが故に、天皇を尊崇し、天皇に対し忠節を誓う等の意志毛頭なき〟旨の不敬言辞を弄し、さらに上官より馬術教練に出場すべき旨、命令を受くるも、〝馬術は戦闘行為の演練にして、右命令に従うことは、取りも直さず神の教旨に背叛することとなる故、絶対其の命令に服することを得ざる〟旨、抗言する等の所為を敢行したるため、直ちに憲兵隊当局の取調を受け（後略）

（『兵役を拒否した日本人』より）

その後の軍法会議で明石真人は不敬罪、抗命罪で懲役三年の刑を受けた。

もう一人は村本一生。彼の場合は軍隊からの脱走で始まった。同志である明石真人の行為を面会者から聞いて、その日のうちに脱走して東京荻窪にあった灯台社を訪れている。このとき社に現れた明石順三は「帰ったほうがいい、帰りなさい」と促したという。村本の言うとおり帰営し、「脱走未遂」で営倉三日の処分となった。

ところが営倉から釈放されるとすぐに村本は次の行動に移った。明石真人と同じ銃器返納である。身柄は軍隊から憲兵隊の留置場に移され、取調べが行なわれた。なぐられはしたが極端な虐待はなかったという。明石真人と同じく不敬と抗命罪で起訴、一九三九年六月十四日、明石真人と同じ日に懲役二年の判決を受けている。灯台社の本部が襲われ明石順三を始め関係者全員の検挙が実施されたのはその一週間後のことである。

二年の刑が終わる前の一九四〇年十二月に、原隊が召集解除になったために、服役中の彼も召集解除となり釈放された。しかし弾圧はそれにとどまらなかった。次の年の十二月一日、「大東亜戦争」の始まる一週間前に、前年八月二十七日に強制閉鎖命令を受けた灯台社を再興しようとした罪を問われて検挙され、治安維持法違反で懲役五年の刑を受けている。監獄では「非国民」を理由に、冬のさなかに裸にされ水をかけられる虐待を何度も受けたという。

この三人には後日談がある。まず明石真人は獄中で転向を表明し、仮出所を許されたとき（一九四一年一一月三日）銃器返上の申し出も撤回して原隊に復帰した。陸軍刑務所を出所するにあたり転向の理由を明らかにした手記[8]を文書にして旧灯台社関係者に郵送している。それまでは現世に生活するということを否定してきた、「聖書信仰という夢のなかに眠っていた」、と。そして灯台社の教義の矛盾を指摘し、「日本人」であることを強調している。稲垣が手記から引用している次の二つの文言は、一つの神からもう一つの神への転向を、またこの時代の若者の共通の場＝常套句を悲しいまでに映し出している。

「日本の偉大さは実は一君万民の世界無比の国体があるからである」

（今後は）「皇軍の一員として最善を尽してこの罪深き一身を天皇陛下に捧げ奉り国家を守護すべく清く死ぬ心算りであります」

（『兵役を拒否した日本人』より）

他方、父親のほうはワッチタワーの教義について独自の異なる見解を出したようだが、基本的に非転向をつらぬいたと言っていい。第三回の公判（一九四二年四月九日）では「聖書は人類に与えられた神の啓示の書」だと述べている。また、「現在の日本は一日も速に悔い改めなければ滅亡あるのみです」「現在、私の後についてきている者は四人（注、明石静栄、崔容源事佐野要三、玉応連事玉井良介、隅田好枝）しか残っていません。私ともに五人です。一億対五人の戦いです」という言葉を残している。昭和十七年、対米戦争のまっただ中での発言である。その結果順三は懲役十年の刑を受け、思想犯として過酷な制裁を繰り返し受けながら宮城刑務所で終戦時まで過ごすことになる。

真人のほうは原隊に戻され、一等兵で帰還した。しかし、順三は戦後釈放されてからもこの長男に会おうとせず、一九六五年に亡くなるまで父子はついに会うことはなかった。息子の転向[9]、唯一の神への裏切りを父親は許せなかったということか。あるいは逆に、息子のほうが父親への不信から会うことを拒否したのか。

ただ戦後になって順三自身にも思想的変化があった。まずアメリカのワッチタワー総本部との断絶があった。長文の公開状を新たな機関誌『光』に掲載し、これを総本部に送りつけ、公式の弁明を要求した（一九四七年八月二五日付）。七ヶ条にわたって総本部を詰問しているが、要は総本部が戦争中にさしたる弾圧も受けずにこの世の権力と妥協し会員獲得運動に堕しているということが許せなかったようだ。その結果総本部から除名通知を受けとることになる[10]。

順三は一九四五年十二月より栃木県西鹿沼に引っ込み、伝道活動からは離れて読書と執筆の歳月を送っていた[11]。仏典に関心を抱き、発表はされなかったが新聞小説形式の『浄土真宗門』という作品まで残している。その他のいくつかの作品もすべて未発表、唯一友人の主宰する雑誌『高志人《こしびと》』に発表されたのはカトリックのイエズス会の研究『怪魔イエズス会四百年の謎』（一九六二年二月から六五年まで四十五回連載）だが、その中に「平和国家日本」について論じた痛烈な一節がある。少し長いが、これは戦後七十年の間にいつのまにか置き去りにされてきた言葉、しかし今日においても十分耳を傾ける価値のある言葉だと考えるので以下に引用する。

（日本の憲法第九条）の条文は一言にして尽すと、〝日本は今後戦争は絶対に致しません。従って、軍備一切は全廃します〟ということを全世界に向って端的明白に声明したことになる。（中略）それを以て、一かど、日本が世界における唯一つの平和国家たることを自発的に宣言して、範を全世界に垂れたるものの如くに考えている者があるとすれば、それは余程の大馬鹿者といわなければならぬ。

何から何までが胡麻化しづくめのこの世の中において真の意味における平和国家などというようなものは決して存在し得ないのだ。その最も好適な例は、世界における唯一の〝平和国家〟を標榜する日本が、戦力排斥を主張する憲法第九条の僅か百字にも満たざる短い条文をヒン曲げネジ曲げて、警察（予備）隊だ保安隊だ、防衛だ自衛だと、あの手この手の口実や詭弁を弄して、遂に今日の強力な陸海空三軍の実戦力を造り上げた事実に徴しても明白である。（中略）

如何に詭弁を弄しても武器兵器は殺人と破壊のための道具だ。世界の諸国に魁けて平和国家なることを宣言し、また事ある毎に、そのことを広告宣伝する日本が、人間殺害のための兇器を他国へ売りつけるが如き行為は絶対に許されない筈だ。

（『兵役を拒否した日本人』より）

この怒りは何か。憲法をねじ曲げて都合のいいように解釈してきた為政者への怒り、それは確実にある。しかしそれだけではないような気がする。自分が身を犠牲にし、家族をも巻き込んで護ってきた非戦の思想、それを戦後日本の国民は憲法第九条という形で何の苦労もなしに手に入れた。というか、与えられた。そして憲法第九条を錦の御旗にして「平和国家」を唱えているだけで、武器の製造に関わる軍需産業と闘うこともしない……私にはこうした怒りが込められているように読める。そして、おそらく彼の怒りは正しいのだ。

もう一人の村本一生はどうか。彼は最後まで順三と行動をともにしている。晩年の村本を訪れた津山千恵が伝える村本もまた怒れる人である。戦後の「エホバの証人」の組織についてどう思うかを尋ねた津山に対して、村本は「おやんなさいよ。やってみなさいよ。そんなことで何ができると言うんですか」と怒りの言葉をぶつけてきたという。そして彼はこう続けている。

「あなた、聖書の狭い考えばかりに捉われていたのでは駄目ですよ。パパ（順三のこと）はもっと高いところにいた」「あなた、イエスの弟子とはどういうことか知っているんですか。弟子ということを何もわかっていない」。

その理由は推測する以外にはないのだが、彼は彼なりに戦後の人々のありかたに屈折した感情を抱いていたのだろう。

二人の兵役拒否者たちの行動、そして灯台社の「受難」は、私に二つのことを考えさせる。一つは、兵役を拒否したのはすべて聖書を根拠にする人たち、別の言い方をすれば超越的原理を根拠にした人たちだということである。(12)超越的であれ何であれ外部の「真理」なるものに依拠せず、単に自分自身の原理として「ノー」と言った者はいなかったということである。これはどういうことであろうか。国家原理、天皇制原理はあまりにも強大すぎて、「私原理」によって対抗するのは不可能だったということか。あるいは「私原理」だけで対抗するという発想を持ち得なかったということか。明石順三は「これは一億対五人の戦いです」と言って自説を曲げなかったが、この五人を支えているのは「神の言葉」だった。

二つ目に、これは推測になるが、転向をした明石真人も転向をしなかった明石順三と村本一生も、なんらかの傷を抱えていたように思われる。真人については、戦後おそらく本人が沈黙を守りとおしたのだろう、彼が何を考えていたのかまったく不明である。しかし、その沈黙は何かを語っている。順三と村本についてはすでに見たとおり、戦後日本に対して屈折した感情を抱いている。そしてこの「屈折」という言葉は兵役拒否者だけでなく、徴兵忌避の逃亡者たちにもあてはまる感情ではないだろうか。二十年間隠れて暮らしたのち時効になった徴兵忌避者、敗戦によってかろうじて追及を逃れ得た徴兵忌避者、彼らの声はほとんど聞こえてこない。おそらく大手を振って世間に復帰することはなく、かつてと同じく人目につかぬようにひっそりと暮らしていたのではないかと私は想像している。それは、組織の有無にかかわらず、仲間の有無にかかわらず、忌避も拒否も、転向も非転向も、結局は孤独な決断だったことと関係があるのではないか、と。

4　フランスの非戦論1——アラン

フランスに少し目を向けたい。フランスは第一次大戦に勝ったものの、二百万人もの犠牲者を出した。そのため大戦後のフランスには一挙に反戦思想が広まった。戦中から戦後にかけて刊行された戦争小説の影響もある。たとえば四十一歳で志願入隊した作家のアンリ・バルビュスは、二年近く前線の戦闘に参加し、後に小説『砲火』を発表した（一九一六年）。そこに描かれているのは壮絶な塹壕生活であり、泥土にまみれ、飢えと寒さに悩まされながら戦う兵士たちの悲惨かつ滑稽な姿、何のための戦いかがわからぬ兵士たちのくぐもった反戦感情である。バルビュスはやがて三〇年代のフランス左翼の平和運動の中心人物の一人になる。

しかし今ここで検討したいのは、『幸福論』その他で日本でもよく知られている哲学者のアランの反戦思想である。アランは第一次大戦のときすでに四十六歳、にもかかわらずあえて従軍を希望し、しかも後方でなく、第一線の兵士、重砲隊の兵士となることを選んだ。

平和主義者であり、反戦主義者であるアランがなぜこの年で兵役を志願したか。一つには、平和主義者は卑怯者ではないということを証明したかったということがあるだろう。またこの時点では、市民としての義務を果たすという気持ちもあったかもしれない。しかしそれ以上に、平和主義者であるためには戦争の現場を見聞きし体験しておく必要がある、と考えたようだ。その体験をもとにした著作がこの時代の反戦の、いや非戦のバイブル、『マルス―裁かれた戦争』(13)（一九二一年）である。

この本の特徴は何か。ここには戦闘の場面は出てこない。塹壕生活の描写も見られない。アランの視線は別様である。彼が注目するのは兵士の感情、心理である。また軍隊の機構であり、メカニズムである。戦争の残虐さ、悲惨さ、滑稽さを正面から論じるのではなく、戦争内存在である人々の心の動き、集団的反応に眼を留めて、四方八方からチクチクと戦争を批判するのだ。

全体は九十三章からなり、それぞれの章に題名がついている、したがって戦争に関する九十三のテーマについて語られているわけだが、そしてこの書の魅力は一つ一つのその語り口にあるのだが、冒頭の数章から、アランにおける非戦思想の根拠をいくつかに絞ることができる。

第一に、戦争の原因は何か。これは繰り返し取り上げられる主要テーマである。アランは戦争が利害の対立から生じるのでないと考え、そのことをいたるところで強調する。直接そうは書いていないが、植民地の争奪とか領土争い、さらには資本主義体制を戦争の主因とする見方を斥けるのだ。では戦争とは何か。何を主因とするのか。アランは言う。それは憎悪の集団化である、組織的熱狂である、人々の「狂信化」であると。つまり、人々の感情、情念に重きを置くのだ。問題は利害ではなく情念だ、自己保存の本能でさえなく情念だということをあらゆる角度からアランは繰り返し説いている。

第二に、では、なぜ人々はこうした情念、怒りや憎悪といった熱狂の虜になるのか。アランがまず挙げるのは軍隊行進に見られる美である。リズムある肉体の動き、舞踊である。団結して行動するという意志、他人と一体となるという幸福感である。これと一緒になって前に進みたいという欲求……これこそ戦争の絶対崇拝へと兵士を導くであろう（映像で見るナチスの軍隊行進、あるいは第二次大戦中の日本軍の行進、学徒動員の行進といった風景がいま私の目に浮かぶ)。

第三に、こうしたメンタリティーを作り出す兵士の教育、軍隊教育が俎上にのせられる。兵営こそ戦争の根源であり、隠れた手段であるとアランは言う。そこでは「羞恥心が知恵を支えねばならぬ時期に一切の羞恥心をはぎ取られた」野蛮人が形成され、その屈辱感、絶望が、訓練と懲罰の鍛冶場のような世界で、兵士を熱狂的行動に追い込むと。言い換えれば、兵士の熱狂も、陶酔も、狂信も作り出されたものである。

第四に、兵士たちの情念が外的条件に支配された一種のメカニックな動きになっていることに注目する。食糧の有る無しで、「魂が痩せたり肥ったりする」。そしてこのメカニズムに身を委ねることが兵士の慰めとなる。このメカニズムから「兵士の士気」が高められ、やがては「メカニックな殺戮」へと通じる、と考えるのだ。

第五に、しかしそれだけではない。アランの眼は複眼である。兵士たちの内面に「名誉」の感情があることに留意する。卑怯者と言われたくない、不名誉の衣を着たくない、という情念、個人と家族と国家の名誉のために正々堂々と死ぬことを引き受けようという意志。そこからアランの次の辛辣な一句が出てくる。「国家の名誉は装塡された銃のようなものだ」。愛国は武器なのだ。そしてこう呼びかける。「人を殺す格言が好きにならぬように」「他人の生命がかかわっているときには、今後、高利貸しのように冷静になろう」。戦争煽動屋のあれこれの戯言《たわごと》の断固たる拒否である。

第六に、軍隊組織には二種の人間がいることに注意を促す。人を集め、引っ張り出し、恐怖の地帯に押しやる人間、「人々を戦いに駆り立てる任務を持っている人々」、組織の「鉤、銛、針」になっている将校と、「悲惨の兄弟たち」、押しやられるがままになる兵士とである。アランが近くで目にしたのはこの後者であり、とりわけ、いったんは負傷兵として収容されながら再度前線に引っ張り出される兵士たちである（アラン自身負傷兵であった）。そして前者、すなわち自分で戦闘を行なわない者のうちに「指揮する悦びや勝利する快楽」といった自己満足があることを発見したとき、アランはあらわに軽蔑感を示す。次の一句には恐るべきトゲがある。「死の上に咲くすべての快楽は低劣である」

第七に、軍隊組織だけではない。アランには国家、さらには一般世論や報道機関に対する警戒感がある。国家は自己管理の能力を欠き、「感情家、偏見屋、気分屋」からなっている。世論は他人と一緒に考えようとする「担い手なき思想」であり、すべて常套句に行き着く。そのときわれわれは何をなすべきか。アランは言う。「すべての市民の義務は、規律によって、孤独をつらぬきながら、閉じこもること、そして蠅のようにまわりを飛び交う世論に対して、厳重な税関の線を引くこと。まずは新聞と雑誌に対してしっかりした蠅たたきを持つこと」。説かれているのはやはり孤独な決断である。

どのページからも飛び出してくるのは、軍隊の指揮官、将校、さらには権力者、エリートへの反感、軽蔑の言葉である。将校とは何者か。「己の権力しか眼中にない」連中である。指揮官の特徴は何か。「絶対権力の果実である怠惰である」。軍隊内では討論は許されず反抗は死罪に値するから、真の抵抗がなく、指揮官とは子供っぽい精神の持ち主で、観察や警戒の精神も判断力も失われていく。行き着く先は虐殺へのかけ声となる。

一九三四年二月六日の右翼諸勢力のデモが暴動を伴い、これ以後フランスの左右の対立は激しくなる。アランの平和主義は当然彼を反右翼、反ファシズムの左翼へと導き、彼は有力な左翼知識人とみなされることになる。一九三四年二月に結成された「反ファシズム知識人監視委員会」の共同署名者の中にはロマン・ロラン、アンドレ・ジッド、アンドレ・ブルトンらとともに彼の名前が見出される。共産党系の作家（ルイ・アラゴン、ジャン゠リシャール・ブロック）が影響力を行使していた「革命的作家芸術家協会」（AEAR）にも加入し、この会の主催により一九三五年六月パリで開かれた「文化の擁護のための国際作家会議」にもメッセージを寄せている。また左翼の雑誌『ヴァンドゥルディ（金曜日）』や『ウーロップ（ヨーロッパ）』誌の常連寄稿者となっている。

また、自らのイニシアチヴでの声明も出している。一九三五年十月、イタリアのエチオピア侵略に反対する声明。一九三八年三月、ナチス・ドイツのオーストリア併合直後、フランス政府によるあらゆる予備的募兵に反対する声明。とりわけ注目されるのは一九三八年九月の英独仏三国首脳によるミュンヘン会談への対応である。チェコスロヴァキアのズデーテン地方の割譲を求めるヒトラーに妥協するか否かをめぐってフランス左翼は大きく分裂したが、平和主義者もまた二つに割れたのである。

作家ロマン・ロランらはダラディエ（フランス首相）とチェンバレン（イギリス首相）に次のような電報を送った。「チェコスロヴァキアの独立と領土保全、ヨーロッパの平和へのヒトラーの侵犯の企てを、緊密な結束と断固とした処置によって阻止すべく民主的かつ強力な協定をただちに獲得すべし」

これを知ったアランらは、「断固とした処置」が戦争を意味するとして、ただちにダラディエとチェンバレンに反対意見を電報で送った。「英仏両国の緊密な結束には期待、軍事的メカニズムの悪循環は反対」

そしてミュンヘン会談がヒトラーの要求を容れて決裂しなかったとき、アランはこれを評価する。それが何であれ平和が維持されたことを評価する。日記には「素晴らしい」と書いている。しかし、戦争は次の年に始まった。そしていったん戦争が始まるとあくまでも戦争を拒否する平和主義者は国賊扱い、ときにはスパイ扱いされる。アランも例外ではなく、たえず警察の監視下におかれた。ただ彼はすでに高齢のため、兵役に従うか拒否するかの二者択一の試練の場に立つことはなかった。

アランはナチズムに対して甘かったという批判がある。それは事実だろう。しかし、反戦、非戦と言うからには、たとえ相手がナチス・ドイツであれ戦争を傍観するのは当然であるとも言える。そしてこうも言えるだろう。外に対する戦争だけが戦いではない、と。じっさい、アランの戦いはフランス内部に向けられていた。戦争は外部からだけ来るのではない。戦争は内部から来る。エリート、権力者、軍隊、彼らの抗戦姿勢、洗脳作戦、内なるファシズム、これらすべてが戦争を導き、戦争を支えている。これらとの戦い、これがアランにおける平和主義の戦いであった。

5　フランスの非戦論 2 ——ジャン・ジオノ

ジャン・ジオノ。年配の映画ファンなら映画『河は呼んでいる』の原作者として記憶しておられるかもしれない。群れからそれたはぐれ者を主人公にした小説が何作もあり、その傑作のいくつかは近年日本語でも読めるようになった[14]。

しかし今紹介したいのはこの大作家の小説ではない。そうではなく、ある意味ではアランの同志、札付きの平和主義者《パシフィスト》ジオノである。そう、あえて札付きという言葉を使ったのは、フランス語の「パシフィスト」という言葉にはマイナスのイメージが付きまとうからだ。しばしば卑怯者、ときには裏切り者のニュアンスを帯びる。特にナチス・ドイツを敵とした第二次大戦前後はそうだった。

ジオノは確信犯のパシフィストである。そして不服従を説いた人である。一八九五年に生まれたジオノは、第一次大戦のさなかに動員されて四年間、砲兵隊の二等兵として戦争の恐怖の中に生きた。そして生き残った。彼の中隊の中での数少ない生き残りとなった。二十年後彼は、すべての戦死者たちに呼びかけた非戦文書 *Je ne Peux pas oublier*, 1934（『私は忘れることができない』）を発表し、戦争の残虐さを喚起し、人々に犠牲を強いる「資本主義国家」を告発している。告発をしただけではない。そこで自分の決意を表明し、犠牲になることの拒否を宣言している。その中のいくつかの文を以下に引用する。

一九一九年以来、私の人生で一瞬たりとも戦争反対の戦いを考えなかったことはない。

私の犠牲は何の役に立つか？　何にも！

私の犠牲は資本主義国家を生かすことにしか役立たない。その国家は優しいか、忍耐強いか、愛らしいか、人間的か、誠実か？　万人のための幸福を求めているか？

私は生きることのほうを選ぶ。生きること、そして戦争を殺し、資本主義国家を殺すことのほうを選ぶ。私は私自身の幸福に専念することのほうを選ぶ。私は自分を犠牲にしたくない。私は誰の犠牲も必要としない。それが誰であれ、自分を犠牲にすることを拒否する。

打開策はただ一つしかない。われわれの力だ。力を使う手段はただ一つしかない。反逆だ。われわれの声に耳を傾けようとしなかったがゆえに。われわれが呻いていたときに、けっして答えてくれなかったがゆえに。

アランと同じく、ジオノの平和主義は当然彼を反右翼、反ファシズムの左翼の陣営へと導く。「反ファシズム知識人監視委員会」の共同署名者の中には、彼の名前も見出される。「革命的作家芸術家協会」にも加入し、「文化の擁護のための国際作家会議」（一九三五年）にも出席している。

しかし他方で、モスクワ裁判などから伝えられてくるソ連の共産主義体制に疑問を覚えたのだろう。一九三六年にアンドレ・ジッドとともにソ連に招かれながら、これを断っている。そして日記（死後刊行。*Jean Giono Journal, poèmes, essais,* 1995）には秘かにこう書いていた。

いま、私はコミュニストが大嫌いだ。まもなく彼らとの全面的な決裂になるだろう。私はいかなる祖国も自分に認めない、フランスもロシアもだ。そして何も擁護するつもりはない、プロレタリアートの独裁さえも。プロレタリア独裁にしても何にしても、ただ一人の人間の生命にも値しない。私は赤軍からもフランス軍からも脱走する。ありとあらゆる軍隊から脱走する。

（一九三六年三月二十一日）

一九三六年はフランス左翼にとって試練の年である。この年の四月、社会党・共産党の人民戦線政府が成立する。ところがこの年七月にスペイン共和国政府に対してフランコが反乱を起こし、スペイン内戦が始まった。フランコの率いるファシスト勢力と戦うのか戦わないのか。フランス政府は非介入の政策を選んだが、左翼の作家たちはさまざまな形でスペイン共和国の戦いを支援した。アンドレ・マルローのように義勇兵として参戦した者もいた。心情的に共和国派であるジオノにはジレンマもあっただろう。『日記』にはそれが窺える。しかしジオノは「非戦」の旗印をおろさない。それどころかまさにこの時期に『私は忘れることができない』を他のテキストとともに『服従の拒否』という総題のもとに再刊したのである（*Refus d'obéissance,* 1937）。

こうした絶対平和主義、非戦の思想のために、ジオノは左翼知識人の中で次第に孤立していく。署名依頼も講演依頼も来なくなり、ファシズムに対する抵抗を放棄した「脱走兵」とみなされるようになる。

一九三八年九月二十九日、三十日のミュンヘン会談を前にしてアランと行動をともにし、ダラディエとチェンバレン宛の電報の共同署名者となっている。のみならず、この件ではロマン・ロランの裏切り、あるいはいい加減さを激しく批判している（*Précisions*, 1938〔『正確な事実』〕）。そして会談が英仏の妥協で終わった三十日、首相ダラディエに、フランスが真っ先に全面的武装解除を行なうことを提案している（ミシェル・ヴィノック『知識人の時代――バレス／ジッド／サルトル』）。これはおそろしく画期的な提案、左翼からも右翼からも「愛国者」からは裏切り者として弾劾される提案ではないか。

アランの場合と同じく、試練は一九三九年、第二次大戦の勃発とともにやってくる。大戦中と大戦後、ジオノは二回逮捕されることになる。九月三日、ドイツ軍のポーランド侵入を受けてフランスでは総動員令が発布された。その夜彼は仲間とともに、各所に貼られてあった総動員令のポスターの上に「ノン」と書いたビラを貼ってまわる。しかしその日の午後フランスは戦争に突入した。そこでジオノらは「即時停戦」のビラを作り配布する。

しかしジオノ自身は結局九月五日頃動員令に応じたようだ。南仏ディーニュにある司令部に出頭し何日かは勤務についている。ジオノは妥協したのか、変節したのか。多くの仲間たちから厳しい批判を受けた。たしかにそれは「不服従の思想」を裏切る行動である。仲間の何人かのようになぜスイスに逃げなかったのか。また当初企てていたように、どうして山奥に隠れることをしなかったのか。後年彼は、家族のことを考え、その勇気がなかったことを『日記』の中でそれとなく漏らしている。

ジオノはほどなくディーニュの兵舎で逮捕された。これが一回目の逮捕である。逮捕され、訴追された理由は何か。反戦ビラを配布したため、さらには『服従の拒否』刊行以来の平和主義者としての活動であったという。いずれにせよ、起訴に値せぬ曖昧な理由であり、約二ヶ月間の拘留のあとジオノは免訴となり、兵役も免除される。しかし、このときの心の屈折があったのか、あるいは平和主義の限界を自覚したのか、釈放後、平和主義のための運動からは手を引いている。

二回目の逮捕は一九四四年九月、ドイツ占領軍が撤退したあと、県の「フランス国民解放委員会」の請求による。このとき罪状とされたのはナチス・ドイツとの協力である。たしかに、平和主義者であるジオノはミュンヘン派（ナチス・ドイツとの妥協派）であった。またドイツ占領下のフランスで、レジスタンスに加わることもなく、対独協力派とみなされる雑誌に寄稿していた。といったことで「協力者」の汚名を着せられたのである。戦争下では平和主義者はたちまち「協力者」に、「裏切り者」にされる、これは容易に想像しうることだ。

しかし「協力」や「裏切り」の証拠はなく、逆にレジスタンスの戦士やユダヤ人をかくまったという証言も出てきて免訴となり、一九四五年一月に釈放された。しかし「協力者ジオノ」の伝説は世間に広がっていて、レジスタンス派が主流を占めていた全国作家委員会によって、ジオノはブラックリストに載せられた。またその機関誌である『レ・レットル・フランセーズ』では、ロベール・ブラジヤック、シャルル・モーラスという札付きのファシスト作家たちと一緒くたにされ、「犯罪人」と罵られている。戦後久しい間、ジオノの作品の紹介が日本でなされなかったのはそのためかもしれない。

ジオノにおける戦争の拒否は静かで孤独な抵抗である。反戦というよりも限りなく非戦に近い。たしかに彼の平和主義、不服従の運動は広がらず、彼自身も挫折した。しかし彼の次の言葉を私は忘れたくない。「一人で歩け、君の明かりで足りるとせよ」

6　百二十一人宣言——アルジェリア戦争の中から

大学生活の終わり、そして大学院に入った頃、私が新聞、雑誌で追いかけていたのはアルジェリア戦争についての情報である。一九五四年十一月一日を期して「叛徒」たちがアルジェリアの独立を求めて武装蜂起し、民族解放戦争の口火が切られた。急進社会党や社会党を中心とするフランスの中道右派内閣はこれを抑えようとして次々に軍隊を送り込んだが解決にはいたらなかった。そして一九五八年五月のアルジェリアに駐留する軍部のクーデタに乗っかって、六月にドゴールが首相として返り咲き、憲法を改正して第五共和制を創設、大統領として強力な権限をふるいはじめた(15)。

一九六〇年二月、フランス軍からの脱走兵を支援し、アルジェリア解放戦線のメンバーに隠れ家を提供していた「ジャンソン機関」が当局の摘発を受けた。指導者のフランシス・ジャンソンは哲学者で、サルトルが主宰していた雑誌『レ・タン・モデルヌ』の協力者でもあった。この事件にフランスの知識人は素早く反応する。作家のモーリス・ブランショが中心になって「アルジェリア戦争における不服従の権利についての声明」を起草し（一九六〇年九月に発表）、これにサルトル、ヴェルコールらの文学者、芸術家など百二十一人が署名している。

通称「百二十一人宣言」と呼ばれるこの声明は、次の一句で始まっている。「非常に重要な運動がフランスに発展しつつある」。その運動とは何か。徴兵忌避であり、脱走であり、アルジェリアの民族解放戦線の活動家への援助である。政府の進める植民地戦争に対するこうした抵抗《レジスタンス》を擁護し、このことの意義を明らかにしようとしたのがこの「宣言」である。

「宣言」はまず、アルジェリア戦争の性格を問題とする。アルジェリア戦争とは何か、と。アルジェリア人にとってそれは明快である、それは「民族独立の戦争」である。ではフランス人にとって何か。それは外国との戦争ではない。防衛戦争でもなく、侵略戦争でもない。内乱でさえない。政府はそれを戦争とは呼ばずに、「警察行動」と呼んでいる。そしてそのために多数の市民を動員して、「人間としての基本的な威厳を取りもどそうとして、独立の共同体として承認されることを要求して」いる人民と戦わせている。しかもそれは今や軍の意志によって導かれ、拷問をさえ復活させている……

ついで「宣言」はこう問いかける。「特定の事情のもとで、服従が恥ずべき行為となる場合、公民精神とは何を意味するか？　服従拒否が神聖な義務となり、「反逆」が勇敢な真実擁護の行動を意味するような場合があるのではないか？　軍隊が、人種的もしくはイデオロギー的支配の道具として利用された結果、民主的制度にたいして公然とまたは隠然と反抗状態にはいった場合、こうした軍隊にたいする反抗は新しい意味をもつのではないか？」（淡徳三郎訳）

問いかけの形をとってはいるが、どの問いかけにも「ウイ」の答えが用意されていることは明らかである。「良心にたいする忠誠」が問題なのだ。その具体的表現が徴兵拒否であり、脱走であり、民族解放戦線の活動家への支援であった。大事なのはここで、どの行動も合法的な政党の枠の外で自発的な行動として選ばれたことが指摘されていることである。じっさい、共産党を始めとして既成の左翼政党はこうした「レジスタンス」の運動の意義を認めようとせず、むしろ妨害していたのである。

「宣言」は最後に、署名者の「各人が、それぞれの地位において、それぞれの手段に応じて、行動する義務があると考え、次のことを声明する」として三つの項目を挙げている。簡単にまとめるとこうなろうか。(1)アルジェリア国民に対して武器をとることの拒否は正当である。(2)抑圧されているアルジェリア人への援助は正当である。(3)植民地体制の崩壊に決定的な貢献をしているアルジェリア人民の事業はすべての自由人の事業である。

後にベトナム戦争時に、私自身アメリカ人脱走兵の支援運動に関わることになるが、そのときに真っ先に思い出したのがこの「百二十一人宣言」であった。

第七章　非戦の原理から不服従の思想へ

1　憲法平和主義について

一九四七年に発布された新憲法を私たちは長い間「平和憲法」と呼んできた。それは不思議ではなかった。一にも二にも平和、何よりも平和、これが時代の気分であり、新憲法はその気分に応えているように思われたからだ。しかし、はたしてそれでよかったのかと、いまにして思う。歳月とともに「平和」の中身が「非戦」であることを忘れさせた、ないしは薄めさせたのではないか。「平和」という語の曖昧さが解釈改憲を許してしまったのではないか。はっきり「非戦憲法」と呼ぶべきだったのではないか。いや、はっきりとそう呼んでいた仲間もいたのである。あとで触れる脱走兵支援運動をともにした古山洋三は、「世界のどこにも例を見ない『非戦』の憲法」と書いていた（『脱走兵通信』一一号、一九六九年）。

そこで私は少し前から疑問に思っていたことをあらためて調べてみた。憲法ができた当時、中学生の私たちは、新憲法の特徴を、主権在民、戦争放棄、基本的人権の三本柱として暗記させられた。ところが今では、戦争放棄ではなく、平和主義と言うらしい。だとすると私の記憶違いなのだろうか。それともある時期から戦争放棄がそっと引っ込められ、平和主義に取って代わられたのか。

一九四七年八月に文部省は中学一年用の社会の教科書として『あたらしい憲法のはなし』を発行した。

この年、私はまさに中学一年、当初新制中学の社会科の授業では教科書がなく、私のいた中学ではグループで郷土研究なるものをしていた。しかしこの教科書ができたということで、秋から、あるいは次の年からこれを使ったに違いない。『あたらしい憲法のはなし』は十五章からなっていて、その目次を七まで並べると次の通りである（八以下は統治機構についてなので省略）。一　憲法　二　民主主義とは　三　国際平和主義　四　主権在民主義　五　天皇陛下　六　戦争の放棄　七　基本的人権。

第一章では、憲法前文には三つの大事な考えがあるとして、民主主義、国際平和主義、主権在民主義を挙げている。たしかに、一つの柱は国際平和主義であり、以下の叙述はこれに沿ってなされている。だとするとやはり私の記憶違いだったのか。では国際平和主義と六番目にある戦争放棄との関係はどうなるのか。まず、国際平和主義の説明だが、それは「世界中の国が、いくさをしないで、なかよくやってゆくこと」とある。そして「この考えが、あとでのべる戦争の放棄、すなわち、これからは、いっさい、いくさはしないということをきめることになってゆくのであります」とある。この教科書の説明が正しいとすると、国際平和主義は原則、戦争放棄は方法ということになろうか。

ところで、新憲法が発布された日と同じ一九四六年の十一月三日、『新憲法の解説』と題された一般向けの解説書が発売されている。発売元は高山書院だが、法制局閲、内閣発行とあり、総理大臣吉田茂の序文が添えられているので、当時の内閣の考えが反映されていると見て間違いはないようである。(1) 最初に置かれた総説を読んでみよう。そこには新憲法の「基調」とするところは三点あるとして、まず民主主義、基本的人権の二つが挙げられ、ついで「第三には、竿頭一歩を進め、全世界に率先して戦争放棄の大原則を明文化し、自由と平和を求める世界人類の理想を、声高らかに謳っているのである」とあるのだ。つまり、ここでは戦争放棄が新憲法の基調の一つとされ、大原則とされているのである。

だとすると、私の記憶は必ずしも間違いとは言えないことになる。学校の先生たちがこちらの解説書にならって、戦争放棄を強調して教えてくれたのかもしれない。国際平和主義ではなんのことかよくわからない、戦争放棄のほうがわかりやすい、ということだったかもしれない。ちなみに、私と同じ学年の三名の友人に尋ねたところ、三名とも戦争放棄という返事を返してきた。

さらに付け足して言うなら、そもそも、『あたらしい憲法のはなし』の執筆者は、どこから「国際平和主義」という言葉を持ち出してきたのか。憲法前文の第二節、短い文の中に「平和」という文字が四回出てくるから、ここから取ったに違いないが、「平和主義」という言葉そのものは憲法のどこにも見出せない。それに対し、憲法の第二章には周知のとおり「戦争放棄」という題名が付けられている。ただ不思議なことに、この第二章には第九条だけしか記されていないのである。全体の構成としては、この第二章だけが特別扱いでおそろしくバランスを欠いている。だとするなら、憲法の精神として「平和主義」よりも「戦争放棄」を語ることのほうがより適切なのではないのか。憲法学者はどう考えているのだろう(2)。

憲法の前文について言うなら、憲法草案が英文で作成され（マッカーサー草案）、それを翻訳したためだろうか、かなりの悪文ではないだろうか。第一節では主語が「日本国民」であったり「われら」であったり、何をさすかよくわからぬ「その」が三回繰り返されている。第二節では「念願し」「自覚するのであって」「信頼して」「しようと決意した」とつながるのだが、「念願する」「自覚する」「信頼する」の三つの動詞と最後の「決意する」という動詞との関係がよくわからない。並列なのか、理由付けなのか。また第二章にある第九条にしても、英語原文の文言を若干変えているために、第一項と第二項の関係が曖昧である。ただ、前文と第九条とを結ぶ根本の絆が、曲解をしない限り非戦であることに疑いの余地はない。したがって、反戦平和の運動がこの七十数年、多かれ少なかれ憲法第九条に依存してきたのは理由のないことではない。しかし後に触れるように、そこに問題がないわけではなかった。

一九四八年十二月、東京と京都の研究者、知識人五十五名が「戦争と平和に関する日本の科学者の声明」（第一声明、一九四九年一月、『世界』三月号）を発表し、これを機に平和問題談話会が組織された。

そのきっかけとなったのは、一九四八年七月十三日付けで発表された一つの文書である。これはユネスコの要請に基づき、戦争を引き起こす原因について東西の八人の社会科学者が討議した結果をまとめた文書で、「ユネスコ発表八科学者の声明」として知られている(3)。短い文章で、何が戦争の原因となるか、戦争を起こさぬためには何が必要かをAからLまでの十二の項目で述べており、ほとんどが今日の観点からも賛成できるものである。たとえば「もしわれわれが武力抗争に導くような侵略を避けようと欲するならば、最大限の社会的正義が行われるように、この近代的生産力ならびに資源の利用を計画し、調整することがぜひとも必要である。経済的な不平等、不安定、失望こそは、すべて集団間、国家間の抗争を創り出す」（C）。

また次の文は戦争文化の危険への警告として読むことができるはずだ。「国家間乃至国家群間における近代戦争は、世代から世代へ継承されている国家的自負の神話、伝統、象徴類によってはぐくまれる」（D）。そこから教育の重要さ（J）、「人間の学」としての諸社会科学の重要さ（L）が説かれることになる。

平和問題談話会はその後さらに二つの声明文を発表し、憲法を解読しながら、これに沿った平和主義の政策の方向付けを試みた。第一声明（清水幾太郎執筆）は明らかに「ユネスコ発表八科学者の声明」をなぞっているが、いまの時代にも通じる反戦平和の原理と条件を提出しているので、以下に簡約した形で紹介する。

（1）戦争が「人間性」によって不可避であるという宿命論を排す。
（2）平和のためには社会組織やものの考え方の変革、人間による人間の搾取の廃止が必要。
（3）平和の確立のためには社会的正義の実現が条件。そのための経済の民主化と国際的投資が必要。
（4）国家的自負の象徴、神話、伝統が国家主義に利用される危険の除去。
（5）人種的偏見の除去。
（6）二つの世界の平和的共存は可能。そのための条件を研究するために科学者の努力が必要。
（7）社会科学的知識の自由な交流。国際的な社会科学研究機関の設置。
（8）知る権利の尊重。そのための通信交通の自由、検閲の廃止。
（9）人々が好戦的心理にかたむかぬために、国内的、国際的不平等を除去すること。
（10）平和の確立は民衆の科学的知識と倫理的意志に依存。そのために平和教育が重要。

第二声明「講和問題についての平和問題談話会声明」（一九五〇年一月十五日）は短く、憲法の平和的精神と経済的自立の二つの視点から全面講和を要求し、中立不可侵と、国連への加盟とを要望している。

第三声明「三たび平和について」（一九五〇年九月）は朝鮮戦争の勃発という事態の中で発された長文の声明である。[4] その第一章と二章では、米ソの両陣営が武力衝突をすることなく対峙しているという意味の「消極的並存」には現実的な根拠があることを示した後に、さらに積極的に並存を可能とする契機を探り出している。そして日本はその世界状況の中で、東西陣営からの「中立」を原理的態度としてとるべきことを確認している。言うならば、方向は違うが今日の自民党に先んじた「積極的平和主義」のすすめである。

第三章では、当初からしばしば議論の対象となっていた第九条の第一項と第二項の文言を検討し、憲法平和主義と国連との関係を論じている。その結語だけを記すなら、第一項において放棄したのは侵略戦争、制裁戦争だけではなく、一切の戦争であり、当時の政府の答弁がそうであり、連合国も同じ見解である、したがって日本の最武装は不可能である。これが第一点である。では日本の安全保障はどうするのか。それは国連に委ねる、複雑な国際情勢の中で、それによって安全が保障されるかどうか確信は持てぬが、にもかかわらず国連は「現在の国際社会において求めうる最も合理的且つ効果的な国際紛争のための機構」であるがゆえに国連に依存する。これが第二点である。

安全保障を国連に委ねるだけで大丈夫なのかという疑問に対して、「複雑な国際状勢の下に、世界の平和とわが国の安全を守りうるかどうかは、何人にも、またどの安全保障の方法をとったとしても、確信を持ち得ないというのがほんとうであろう。われわれもそれを知っている」と正直に記していることを含めて、憲法第九条を根拠とする非戦の考え方はこの三つの声明文にほとんど出尽くしていると言っていい。それはやがて日本社会党の基本路線として平和四原則（全面講和、中立堅持、軍事基地反対、再軍備反対）として政策化される。

ただ、この声明文に対しては当時、共産党から「戦争と平和の間に中立はない」といった批判がなされた。この批判はナンセンスだとしても、憲法の前文自体もそうなのだが、十五年戦争についての反省や責任問題についての言及がなく、また目の前で起こっている朝鮮戦争にどう対処するのか、反戦運動をするのかしないのかについての言及が一切ないのは、今読み返して不思議に思われる(5)。

2 『きけ わだつみのこえ』と原水爆禁止運動

同世代の反戦感情、反戦意識の形成に大きなインパクトを持ったのは、やはり戦没学生の手記、とりわけ第二章で触れた『きけ わだつみのこえ』であろう。すくなくともこれは一九五〇年代の若者にとっては必読の本であり、私も大学に入ってすぐに読んでいる。収められている書簡は必ずしも大東亜戦争に反対しているわけでも、日本の国家体制に異を唱えているわけでもない。私自身は、最初は苛々しながら読んでいた。大学で勉強をしている身でありながら、なぜ軍国主義の愚劣さ、あの戦争の馬鹿らしさに気がつかなかったのか、なぜ「総べて時の流れに運命に委せ征く」などという愚かな言葉で自分を慰めているのか、と。

しかし、十年単位ぐらいで読み返すたびに、確実な死、免れがたい死を前にしての覚悟、というか、孤独、絶望、心のすさみをまえにして自分の死についての必死の意味付け、旧版序文の渡辺一夫の言葉を借りれば「獣や機械に無理やりにされてしまう直前」の「うめき声や絶叫」、それが心を打つようになった。あわれを催すようになった。と同時に、行間に、生きたいという言葉が充満している、それもまたいま心を打つ。彼らのすべてが兄の世代の若い死者であるという事実、さらに徴兵制復活の可能性が目の前にある、といったことも当時は私たちに訴えるところが大きかったのであろう。

『きけ わだつみのこえ』の発刊を機にして、またおそらくは朝鮮戦争の危険を予感して「わだつみ会」（日本戦没学生記念会）が設立された。日本各地に二百を越える支部が設けられ、学生運動と連携して、徴兵制復活反対運動を展開し、反戦集会を何度も組織している。戦後の平和運動の最初の姿をここに見ることができる。

同世代の反戦感情、反戦意識へのもう一つの大きなインパクトは、一九五四年三月一日、私が大学に入学する直前に、南太平洋のビキニ環礁でアメリカの水爆実験が行なわれたというニュース、その結果、焼津を基地とする日本のマグロ漁船、第五福竜丸の乗員二三人全員が「死の灰」を浴びたというニュースである。第五福竜丸の無線長であった久保山愛吉はその年の九月に亡くなった。

このビキニ被爆を機に、東京杉並の主婦たちによる署名運動から原水爆禁止運動が立ち上がり、次の年の一九五五年八月、広島での第一回原水爆禁止世界大会の開催へとつながっていく。このときまでの「原水爆禁止署名運動」の署名者数は三二五八万を越えたという。九月には原水爆禁止日本協議会（原水協）が結成され、これ以後毎年、広島と長崎での世界大会を主催することとなる。

私の記憶に深く跡を留めているのは、ビキニ被爆に刺激されて作られた「原爆を許すまじ」の歌であり、一九五五年以降、共産党の路線変更を受けて大学のキャンパスの中に展開された歌声運動であり、たぶんこれとの関連で開店された東京新宿の歌声喫茶カチューシャである。

浅田石二作詞、木下航二作曲による「原爆を許すまじ」の歌詞はこのように始まる。

ふるさとの街やかれ　身よりの骨うめし焼土《やけつち》に
今は白い花咲く　ああ許すまじ原爆を

三度《みたび》許すまじ原爆を　われらの街に

この歌は最初、戦前からの共産主義者で歌声運動の創始者である関鑑子の指導する中央合唱団の公演で歌われたというから、本来は合唱曲なのだろうが、この当時何らかのデモがあると皆よくこれを歌っていた(6)。私はいまでも二番まで憶えている。

一九六〇年代、原水爆禁止運動は、平和の敵は誰か、核実験において先行するソ連とこれに追いつこうとする中国の核実験にどう対応するかなどをめぐって紛糾し、「いかなる国の核実験」にも反対する社会党・総評とこれに条件をつける共産党との対立が激化、また中ソ対立の中で共産党が中国よりの姿勢を明らかにしたため、一九六五年には原水協（共産党系）と原水禁（原水爆禁止国民会議、社会党系）とに分裂することになる。この分裂は今日にいたるまで修復されていない。

こうした党派的対立以上に問題なのは、原水爆反対運動が一貫して被害者の立場からなされていたことである。荒瀬豊と吉田一人は一九五九年にすでにそのことを次のように指摘していた。

日本人としての異質性は、たんに原水爆の被害者であるだけではなく、アジアにおける戦争の加害者であるということのなかにもとめられなくてはならない。

加害民族がふたたび加害者とならないという責任の問題を運動の主軸と自覚することによって、わたくしたちは国際連帯に座を与えられるだろう。

加害責任者としての倫理を日本人に固有の命題として平和運動の基底とすること以外にはないとおもう。(7)

まったくそのとおりなのだが、私自身、六二年と六三年に広島での世界大会にフランス語の通訳をしていたにもかかわらず、この点について当時はまったく無自覚であった。その程度の政治意識だったのだろう。

3 「戦争の犠牲者」「戦争の被害者」——三つの目隠し

戦後の初期の平和運動は、戦争の悲惨さの体験、「戦争の被害者」であることの意識から出発した。誰にとっても悲惨なことに終わった戦争体験から反戦のエネルギーを汲み取ってきた。「わだつみ会」の運動にしても原水爆禁止運動にしても同様である。日本人は明らかに戦争の被害を蒙った。戦地で戦争を体験した者にとって、それは凄惨な戦闘であり、負傷であり、同僚や部下の死であり、飢えであり、病であった。内地にいた者にとって、それは空襲であり、家族や隣人の死体であり、住居の破壊であり、飢えであった。そのとき自分がどこにいたかによって、悲惨の体験の深さに、また戦争についてのヴィジョンに違いはあっただろうが、その違いは大きなことではなかった。

軍人と民間人とをあわせて三百万人の死者を出したこと、主たる都市は廃墟と化し、何百万の家屋が破壊され、焼失したこと、したがって、生き残った人間が体験の違いをこえてこれを「戦争の被害」と受け取り、「二度と戦争はごめんだ」「何よりも平和だ」と身にしみて感じ、その実感から平和への意志を固めていったとしてもそれは当然の心の動きとして理解される。

しかし、よく考えてみると、「戦争の被害」という言い方はなにかおかしい。何かが隠されている。それは何か。私はそこに三つの目隠しがあると考える。

第一に、「戦争の被害者」という言葉を私たちはごく自然に使っているが、そして私も今使ったが、ここには一種のまやかしがある。戦争がまるで地震や火山の噴火のような自然現象のように語られている。何によって、誰によって、なぜ戦争が起こされたのかという問いを脇に置いた言い方なのだ。ここからは戦争の責任を追及する姿勢は出てくるはずもない。

『きけ わだつみのこえ』に手記を残して死んでいった兵士たちはなぜ死なねばならなかったのか。もしも彼らが被害者であるなら加害者がいるはずだ。その加害者は誰か。どこにいるのか。同じことは手記を残さぬまま死んでいった兵士についても、爆撃にさらされて焼死した民間人についても言える。

「原爆の被害者」という言い方も同様である。周知のように広島の原爆慰霊碑の前面には「安らかに眠って下さい　過ちは繰返しませぬから」の文字が彫りつけられている。この語りかけの言葉に主語がないことについて過去において数々の批判が起こり、また碑文の改正要求の声もあった。これに対して、碑文を撰文・揮毫した雑賀忠義は「広島市民であると同時に世界市民」「広島市民であると同時に全ての人々」と発言している。広島市当局からは、「全世界の人々」である、「人類全体」である等々の説明もなされている。しかし語りかける主語に何を置いてみても、ここには原爆投下の責任を追及する姿勢は見られない。主語の有無が問題なのではない。誰が「過ち」を犯したのか、その「過ち」の責任の主体が問題なのだ。

第二に「戦争の被害者」と言うだけでは戦争の何が問題であったのかがわからない。戦争にはさまざまな要因、局面がある。思想的要因について言うなら、大東亜戦争の大義（「大東亜の建設」「八紘一宇」）が問題なのか、軍国主義教育が問題なのか、それ以前、明治以降の「富国強兵」イデオロギーが問題なのか、さらには「神国日本」のお呪《まじな》いが問題なのか。

また、戦争のいかなる局面が問題であるかを明示しないと、誰に責任を問うのかもはっきりしない。中国へ侵略したがための戦死者＝犠牲者について語るのか、ミッドウェー海戦、ガダルカナル島、アッツ島、グアム島、サイパン島、レイテ島、硫黄島などの数々の作戦の失敗による戦死者＝犠牲者について語るのか。ポツダム宣言の受諾を遅らせたがために生じた犠牲者――沖縄戦の犠牲者、原爆や大空襲による民間の犠牲者（広島、長崎約二十万、東京、大阪約十三万）――について語るのか。そのとき責任を問う相手は天皇か軍部指導者か現地の軍人か政治家かマスメディアか、それとも諸手をあげて万歳を叫び続けた国民全体か。それぞれのケースにおいて、何について、誰に対して責任を負うのかも違ってくるはずだ。天皇に対してか国民に対してか、アジアの国々の民に対してかアメリカや連合国の民に対してか。この点をはっきりさせないと、戦争責任論はおかしな迷路に入り込む。

敗戦直後、戦争責任とはすべて敗戦についての責任にほかならなかった。沖縄戦の美談の主人公、牛島満司令官の自決がそうであり、「玉音放送」直後の阿南惟幾《あなみこれちか》陸軍大臣その他の軍人の自決（五六八人）がそうであった。そして彼らすべてが責任をとろうとしたのは天皇に対してだったのだ。阿南の遺書と辞世の句はこうである。

一死以テ大罪ヲ謝シ奉ル　昭和二十年八月十四日夜　陸軍大臣 阿南惟幾 神州不滅ヲ確信シツツ
大君の深き恵みに浴《あ》みし身は言い遺すべき片言《かたこと》もなし

戦争に負けたことを天皇に対し詫び、天皇に対する責任をとったのであるが、彼が死なせた兵士やその家族に対する謝罪という観念はまったく彼にはない。

しかも天皇に対する責任を云々している。戦後最初の戦争責任論と言える東久邇宮《ひがしくにのみや》首相のいわゆる「一億総懺悔」もまた敗戦の責任を問題とし、

敗戦の因って来る所は固より一にして止まりませぬ、前線も銃後も、軍も官も民も総て、国民悉く静かに反省する所がなければなりませぬ、我々は今こそ総懺悔し、神の御前に一切の邪心を洗い浄め、過去を以て将来の誡めとなし、心を新たにして、戦いの日にも増したる挙国一家、相援け相携えて各〻其の本分に最善を竭し、来るべき苦難の途を踏み越えて、帝国将来の進運を開くべきであります。

（一九四五年九月五日　施政方針演説）

これに対して東京裁判は「支那事変」と「大東亜戦争」の開戦責任を問うた。またこれに伴う連合軍の犠牲者千五百万人についての責任を問うた。これが東京裁判の骨子である「平和に対する罪（侵略の罪）」の内容をなしている。言い換えれば東京裁判において日本の軍部指導者は日本人の死者三百万人についての責任は問われていない。理屈としてそれは当然のことだ。それは「勝者の裁き」であるこの法廷の仕事ではない。その仕事をなすべきは、ほかならぬ「戦争の被害者」である日本国民であったはずだ。もしも日本国民が本当に「戦争の被害者」であると考えたのならば。しかし日本国民はそれを突き詰めて考えず、この仕事をなさなかった。あるいは占領軍の圧力によってなしえなかった。

吉見義明は戦後すぐ「民衆自身が指導者責任を追及する声は少なくなかった」として、その声をいくつか引いている（『焼跡からのデモクラシー』）。と同時に戦争責任感を薄める議論も二、三引いている。そのうちの一つが、その後頻繁に繰り返される「自業自得」論、自分は戦争に協力したのだから軍部指導

者を裁く権利がない、他の日本人も同様だ、という「一億総懺悔」につながる考え方である。

しかし、戦争の一つ一つの局面で考えるとどうか。なるほど「大東亜戦争」の開戦についてはそうかもしれない。あのとき圧倒的な数の日本人は手を打って喜んだのだ。しかし作戦に失敗して多くの戦死者、それもほとんど無駄な戦死者を出したことについてはどうか。しっかり戦わなかった兵士のせいだろうか。しっかり生産活動に励まなかった一般国民のせいだろうか、そうではないだろう。無謀な作戦を立てて「本土決戦」「一億玉砕」などというスローガンを連呼し、連呼させ、「死中に活を求める」という喜劇的台詞を繰り返していた軍指導部の責任であることは明白ではないか。

さらに降服の時期を遅らせたことについてはどうか。当時の内閣に大きな責任があるのではないか。もしポツダム宣言を七月中に受諾していたなら広島と長崎との死者はなかった。少なくとも二十万人の命は救われた。これについて国民一般に責任はまったくない。この責任が当時の政治指導者の無知と愚鈍にあることは歴然としている。首相の鈴木貫太郎は「スターリン首相の人柄は西郷南洲（隆盛）と似た者がある」[8]として米英に対するソ連の仲介に期待を寄せていたと知るとき、どう罵ってよいのか私は言葉を知らない。この程度の判断の持ち主が戦争を導いていたことを肝に銘じておきたい。

私の批判はたしかにその後の知識によるものである。しかしその当時二十三歳の医学青年が日記にすでにこう書いていたのである。「日本はソ連の敵ドイツの同盟国であり、ソ連の同盟国米英の敵ではなかったのか。こんなことが可能だと考えるのは正気の沙汰《さた》ではない」「ソビエトがその依頼（仲介の依頼）を引受けてくれると思考したわが政府の愚劣さは、恥辱にわれわれの顔の赤らむことを忍耐すればまず許そう」[9]

さらにさかのぼって、もはや敗戦が決定的となった一九四四年七月のサイパン島陥落（民間人を含めて死者約四万人）のあとに敗北宣言をしていたらどうだったかを考えるのも無駄ではない。政界上層部にはすでにこの年六月に、細川護貞のように、東条内閣を倒して「皇室を残す条件のみを固守して、無条件降服すべき覚悟を持つ内閣」を作るべきだと主張していた者もいたのだ[10]（『細川日記』一九四四年六月二六日）。そうすれば、すくなくとも十月からのレイテ島の戦闘による戦死者約八万人、次の年の二月から三月の硫黄島の戦闘の戦死者約一万八千人、三月十日の東京大空襲による死者十万人と被災者百万人はなかった。四月から始まった沖縄本島の戦闘での軍民あわせて約十九万人の死者はなかった。これらの責任は国民にあるだろうか。どうみても国民にはない。

さらに驚くべきは、東京裁判をとおして明らかになったことだが、木戸幸一口供書によれば一九四五年六月の段階で「陸軍大臣と統帥部の両総長は本土決戦に期待をかけて、この機会にあげられる戦果の上に平和交渉をするのがよいと論じていた[11]」。一度敵に打撃をあたえてから講和を引き出すという、「対支一撃論」の焼き直しを、敗色濃厚なこの時期にまだやっていたのである。状況認識の甘さといいアメリカという国についての無知といい、白痴的思考としか言いようがないではないか。

いやもう一つどうしても知っておいていただきたいことがある。二〇〇八年に発見された東条英機の八月十日から十四日までの五日間の手記である[12]。そこには八月十日に行なわれた重臣懇談会での質疑応答が記されており、ポツダム宣言の受諾がどのようにして決定されたか（前日九日）が明らかにされている。東条はこれを「屈辱和平、屈辱降伏」と呼ぶのだが、驚くべきはこの段階における彼の戦争継続の論理である。

大東亜戦争の目的が「東亜安定と自存自衛」であったとする、これは彼の信念でありよいとしよう。また「幾多将兵の犠牲国民の戦災犠牲もこの目的が曲りなりにも達成せられざるに於ては死にきれず」

という想いもよいとしよう。だからどうする？　だから降伏をすべきではない、と言うのだ。「一億一人となるも敢然戦ふべきは当然なり」と。そうでなければ勝利を信じて戦った将兵も内地の戦争犠牲者も「犬死」に終わる。また、「大東亜戦争も結局は美名の下、自己の便宜に出発せるものなりとの深き印象を与え帝国の道義其のもの迄も滅ぶるに至る」

要するに、一つには大東亜戦争の目的を救うために、もう一つは犠牲者を「犬死」に終わらせないために「一億一人」になるまで戦うべきだというのだ。この論理がいかに錯乱したものであり狂信的のものであるか論ずる必要はあるまい。ちなみにこの短い手記に「犬死」「一億一人」という語が二回使われている（一億玉砕と言わず、一人を救い出したのはなぜか、その一人は誰か、と問いたくなる）。

靖国神社をめぐる問題の一つもここにあると私は考える。高橋哲哉は著書『靖国問題』において、「感情の問題」「歴史認識の問題」「宗教の問題」「文化の問題」「国立追悼施設の問題」という五つの視点から周到な議論を展開している。そのほとんどに私は異論がないのだが、もう一つの視点、ごく単純な視点を付け加えてみたい。命令のままに「犬死」させられた一般兵士と、勝利の見込みのない戦争を始め、彼らを死地に追いやった七人の指導者たちを、ともに戦争の犠牲者ということで同じ扱いにすることが妥当かどうか。この視点は逆に靖国神社に不在の戦争指導者の名を思い浮かばせる。たとえば岸信介だ。戦争を命じ、作戦を立てた責任者は誰一人戦場で死んではいない、したがって処刑された七人を除けば靖国には祀られていないのだ。さらに溯るなら、一九三一年（満州事変）の若槻内閣から敗戦時の鈴木貫太郎内閣にいたる十五代の内閣、十五年戦争に責任ある何十人かの閣僚のうち、誰一人として戦争で命を落とした者はいない、畳の上で死んでいるがゆえに靖国には不在なのである[13]。

これは戦争において命令を下す者の責任を問う視点、先に記したように「戦争の被害者」が、加害者は誰かを問う視点、言うならば倫理的視点である。この視点だけから靖国問題を論ずることはできないが、「非戦」を考えるときに忘れてはならない根本的視点である。東京裁判は勝者の裁判「勝者の裁き」にすぎないとして「東京裁判史観」を認めぬ合祀賛成論、逆に東京裁判で死罪を課された被告たちをなぜ祀るのか、アジアの諸国民が反発をするではないかという合祀反対論、ともにこの視点を含み得ていない。そして閣僚が参拝することについてマスコミが政教分離の原則や対外的な影響を気にしてそれをチェックする（これ自体が少なくなってきたが）、これは皮相な反応とさえ言える。靖国神社は戦争のあらゆる次元での責任を隠蔽する装置となっている。

さらに東京裁判について一言加えるなら、「文明の裁き」云々はいまおくとして、勝者である連合国が原爆投下を始めとして自国にいるはずの戦争犯罪人を裁くことはしなかった以上、また、天皇の免責、七三一部隊の人体実験をした責任者の免責などアメリカ当局の政治的介入がなされている以上、勝者の裁判であったことは歴然としている。しかしそれだけではない。法廷の裁判官が十五年戦争の「被害者」である十一カ国から送られてきたメンバーであることを考えれば、それは「被害者」による「加害者」に対する裁判であることも見逃してはなるまい。それを象徴するのは、個人的に日本軍の捕虜であった経験を持つデルフィン・ハラーニョがフィリピンを代表して判事に選ばれていることである。(14)

そして被害国の代弁人であるあの検事たちの執拗さ、これこそ実は学ぶべき点である。私はときとしてこんなことを夢想する。もしも東京裁判の被告の誰かが明敏な意識を備えていたなら、告発された「平和への罪」の条項をすべて認め、自らの「加害責任」を引き受けた上で、今度は民間人の無差別殺戮を当然とする大都市への爆撃について、とりわけ原爆投下について、「被害者」である日本国民を代表して、まさしく「人道に対する犯罪」としてアメリカの加害責任を追及したであろうに、と。そしてそのことをとおして、戦争指導者としての日本の民衆への加害責任を痛切に自覚することにもなったであろうに、と。

しかし情けないことに、彼らの唯一の関心は天皇の責任を免除させることで、この点においてＧＨＱの意図、さらには一部の裁判官や検事の意図に迎合した、ないしは従属させられた（開戦について天皇に責任が行きかねない発言を思わずしてしまった東条英機は、「裏工作」によって次の機会に前言を修正するということまでやっている(15)）。それに対し原爆投下の正当性を問題としたのは被告ではなく、なんと梅津、東郷の弁護人、アメリカ人のベン・ブルース・ブレイクニーであった（ブレイクニーの発言場面を撮影した動画YouTubeのコメントによれば、この発言の一部は同時通訳されず記録から消されているとのこと）。あの被告たちはこの弁護人の告発をなんと聞いていたのだろう。

「戦争の犠牲者」という言葉が覆い隠している第三点は、犠牲者とみなされうるその同じ当人が「加害者」でもあり得た可能性である。日本の軍隊はアジア各国での戦争による死者、餓死による死者、少なく見積もって千八百万、多く見積もると三千二百万人の死者に直接責任がある。捕虜の虐待、南京の虐殺、バターンの死の行進等々、個々の蠻行の指導者、直接の責任者はＢ級戦犯の裁判において戦勝者側によって一応は裁かれた。

しかし一般の国民はどうか。少し距離をおいて考えるなら、戦争のすべての局面においてではないにしても、なんらかの局面において加害責任があるのではないか。満州事変、支那事変に異議を唱えず、軍国主義に協力して戦争体制を作り上げ、アジア各地での〈皇軍〉の戦果─侵略の成果に拍手し、天皇万歳を心から叫んだ共犯者であり、ひいては数千万の死について間接的な責任があるのではないか。

こういう議論はすでに戦後数十年繰り返されているのでここでは詳細に立ち入らない。いまここで取り上げたいのは、この加害責任に鈍感であったことが、戦後の平和運動の大きな欠陥となったということである。原爆投下に対して「あれは戦争の犠牲者を少なくするためだった」というトルーマンを始めとするアメリカ当局の弁明は嘘八百であることは今日ではよく知られている（もしも知らないならば知っておくべきではないか。私が一読を勧めるのは長谷川毅著『暗闘——スターリン、トルーマンと日本降伏』である）。このアメリカに対しては被害者として「人道に対する犯罪」を突きつけることができる。しかしアジアの人々からの「原爆のおかげで侵略の苦しみが終わった」という声に、被害体験だけから応答することは不可能だった。

日本人の加害責任を最初に指摘したのは、先に記したように荒瀬豊と吉田一人であるが、これを持続的に取り上げ、非戦思想の核の一つにしたのは小田実である。そこから、被害者であると同時に加害者でもあることの自覚に根ざした反戦平和の運動が展開されるが、そこに行く前に、戦後いちはやく戦争への不服従の思想を提起した久野収と、非暴力直接行動、市民的不服従の思想的地均しをした鶴見俊輔にまず触れておきたい。ついで兵役拒否を将来の取り組むべき中心テーマとして主張した最初の論者、大熊信行について触れておきたい。

4　久野収と鶴見俊輔

久野収の「平和の論理と戦争の論理」が発表されたのは一九四九年の『世界』十一月号である。この論文はその後さまざまな平和論集に収められ、その意味では反戦平和運動のバイブルとみなされている。なぜそうなったか。それは一言で言えば、非戦の原理はそれを楯にするだけではダメですよ、それに依存しているだけでは戦争の論理、戦争の洪水に押し流されますよ、押しつぶされますよ、という警告を発し、これに対する抵抗、各人の思想と行動とが大事ですよ、と説いたからである。言い換えれば各人が非戦の原理を内面化し、自分なりの非戦の信念を固めることの必要を説いたからである。ちなみに、久野はこの論文で憲法について一言も触れていない。また平和問題談話会の主要メンバーであるにもかかわらず、談話会の声明にも触れていない。

実を言えばこの論文は構成に乱れがあり、非常に読みにくい。同じことをあちこちで反復しているという欠陥がある。また「戦争に対する最大の有効な抵抗が、組織された労働階級のおこなうゼネラル・ストライキにある点を否定する人は、おそらく誰もいないであろう」といった認識は、当時としても首を傾げた人が多かったのではないかと思う。

ただ「何より重大なのは、われわれ一人一人の中に、戦争への傾斜に対する非協力、不服従の、直接的、無条件的態度への信念が、脈々として生き、働いているということである」という一節にこそこの論文の価値がある。

ではこうした態度はどのように獲得されるのか。ここで書き方がやや重複するのだが、久野は第一に「戦争に対する積極的嫌厭の感覚」が生き生きと脈打っている必要を挙げている。第二に、「戦争の反価値性、徒労性を無条件的に憎悪する信念」が生まれる必要を挙げている。ここで言う「無条件的」とは正義の戦争と不義の戦争を区別せず、あらゆる戦争を含めての意で用いられている。私自身は第三としてもう一点加えて欲しかった。先にも記したが、「殺せ！」と命令を下す政治指導者、軍隊の上官への嫌悪—憎悪である。私の場合、これが反戦エネルギーの大きな契機となっているからだ。

こう書きながら一つの映像が私の瞼にさっと蘇る。ジョゼフ・ロージー監督の映画『銃殺』の最後の場面だ。脱走兵が軍事裁判のあと処刑される場面である。隊長の命令で四人か五人の兵隊が脱走兵に向かって一斉に銃を発射する。ところが一発もあたらない。至近距離から射っているはずなのにあたらない。いや、全員がわざと的をはずしたのだ。隊長（彼は軍事裁判で脱走兵の弁護をしていた）はやむを得ず、自分の銃で脱走兵を射って殺し、隊長としての「責任」を果たす。しかし、殺せという命令に従わず責任を果たさなかった兵隊たちと、上からの命令に従って殺し責任を果たした隊長とどちらが立派か、映画はそれを問うている。それだけではない。兵士たちはなぜ弾をそらしたのか。隊長の責任意識なるものは誰に対する、何に対するものなのかを問うている。

久野はもう一つ重要な提言をしている。抵抗権の確立である。「戦争に対して抵抗する権利、不服従、非協力の権利が、基本的人権の最高の部分として、国法の上で確認されることが必要である」と。

久野はこの文章では「市民的平和の論理」という言葉を用いているが内容的には「市民的不服従」の

すすめであり、非戦、反戦を唱える者の覚悟を迫ったとも言える。

もう一人の鶴見俊輔の場合は、出発点は彼自身の戦中への後悔である。戦争中に何もできなかった、という後悔である。しかし、それだけではない。彼は戦争中「殺人をさけたいということを第一の目標としてきた」（「すわりこみまで」）。これはきわめて稀な発想、私が知る限り戦中派知識人の中で鶴見ただ一人の発想である。

戦没学生たちが残した手紙や手記を読んでみよう。彼らはしばしば「自分は国のために死ねるか」という問いを立てている。そして心に葛藤を覚えながらも、「殉国」「報国」という観念にしがみつきながら死んでいった者が少なくない。しかし彼らの手紙や手記には「自分は国のために見知らぬ人間を殺せるか」という問いかけをした者はいなかった。大日本帝国における日の丸・君が代、そして教育勅語の愛国教育による洗脳はこれほどまでに当時の日本人全体の人間的感受性を押しつぶしていたのである。

ところが兵士鶴見俊輔は違った。戦争下、ジャカルタに海軍軍属として勤務しながら、彼は反戦思想を口に出す勇気はなかったが、もしも捕虜を殺せと命じられたら自殺をする決意をしていた。「殺せと命じられたら殺せるか」と問い、おそらくこの問いを何度も反芻しながら「否」の決断をし、いざとなったら自死の心構えをしていたのだ。そのような事態にはならず、鶴見は生還したわけだが、戦争下の軍隊では、不服従の思想はこのような極限状況において生きられる。この決意が彼の非戦思想の根底にある。根拠は外にある何かではない、「最後の自由意思の発動」としての「自殺する権利」なのだ（『戦争体験――戦後の意味するもの』）。

このように、「私」から出発して考えること、これが鶴見の思考方法である。一九六〇年の安保闘争のさなかに彼は次のような文章を残している。

この私の中の小さな私のさらに底にひそんでいる小さなものの中に、未来の社会のイメージがある。私が全体としてひずみをもっているとしても、分解してゆけば、ゆきつくはてに、みんなに通用する普遍的な価値がある。このような信頼が、私を、既成の社会、既成の歴史にたちむかわせる。国家にたいして頭をさげないということは、私が、国家以上に大きな国家連合とか、国際社会の権力をうしろにせおっているからでなく、私の中にたくみに底までくだってゆけば国家をも、世界国家をも批判し得る原理があるということへの信頼によっている。

それぞれが私の根にかえって、そこから国家をつくりかえてゆく道をさがす。このことが中心におかれるならば、政府批判の運動は、無党無派の市民革命としての性格を帯びる。どんな公的組織にぞくしている人も、その私の根にさかのぼれば、私としてはつねに無党無派だからだ。私の根にかえって、各種の公的組織のプログラムをつくりかえることなしに、本格的改革はなされない。

（「根もとからの民主主義」）

いずれも「私主義宣言」であり、「私」への信頼からエネルギーを汲み取る発想であるが、同時に「私」のうちにあり得る「ひずみ」からも眼をそらしていない。これを彼は「私の複合をとおして社会改造の展望をつくる方法」と呼ぶ。それは科学的認識を積み重ね、組み合わせていけば「革命」に到達するという客観主義的発想と真っ向から対立する。

それはまた憲法に対する姿勢にも現れてくる。自力で獲得したものでない民主化、自力で作ったものではない憲法、その不確かさから眼をそらしていない。では憲法にどう向き合うか。「この憲法にあるような国家をひとまず実現するために努力する」（傍点引用者）と考える。そして安保闘争を「この憲法をつくる運動」として捉える。憲法を「守る」のではなく、憲法は未完であり、「つくる」対象なのだ。

安保闘争の体験の中から鶴見俊輔は非暴力直接行動を提起するようになる。彼自身、ベトナム戦争がエスカレートするきっかけとなった北爆（一九六六年のハノイ、ハイフォン爆撃）のすぐあとのアメリカ大使館前の座り込みを始めとしていくつもの抗議活動に参加している。非暴力直接行動は必ずしも合法を意味しない。彼は言う。敗戦直後、われわれは非合法にヤミ米を買って生き延びたではないか、と。これは直接行動だ、と。そのとおりだと思う。私にしてもこうした非合法直接行動のおかげでいま生きているのだ。

鶴見はまた、もう少し踏み出して「反対犯罪《カウンタークライム》」との連帯を主張する。きっかけとなったのは在日朝鮮人の犯罪、とりわけ金嬉老《キムヒロ》のそれであろう。日本国家が朝鮮に対して行なった犯罪の中で育てられた朝鮮人が、あるときカッとなって行なう犯罪をこのように命名して捉えようとする。さらにそこから一般的に国家を後ろ盾にした犯罪（ソ連のハンガリー、チェコへの軍事介入、アメリカの原爆投下、ベトナム戦争、黒人差別等々）を「原犯罪」と呼び、われわれが日本国民として加担している国家の「原犯罪」は何かを的確に捉えよ、そしてこれに対する「反対犯罪《カウンタークライム》」への「ある種の積極的な加担」が必要だ、と。別の言葉で言えば「ある仕組みで育ってきた自分の順法感覚というものを、ときどきこわしていく」ことが必要だ、と（「戦争と日本人」）。

言い換えれば、非暴力直接行動は暴力を積極的に説くことはないが、あらゆる暴力を否定するものではない。ソローもそうだったし、ニーバーもそうだったし、ガンジーもそうだった。われわれは国家の原犯罪に対して「去勢された平和主義者」であってはならないのではないか、こう鶴見は問うている。そしてまた、国家の原犯罪に対する「反対犯罪」に対して、「少なくとも精神の非常に深いところでは共犯関係を持つところから進まなければいけないんじゃないか」とも（「戦争と日本人」）。

この文章を書いたとき鶴見はすでにアメリカ脱走兵の支援運動に踏み出し、いわばその司令塔の役割を果たしていた。それはベトナム戦争というアメリカ国家の原犯罪に対する、脱走という「反対犯罪」への具体的な加担、共犯の行為だったのだ。そしてこれらはすべて、若い頃からのソローの愛読者である鶴見俊輔においては、ソローの言う「市民的不服従」に通じている。

鶴見俊輔はやがて高畠通敏とともに小田実を誘い「ベトナムに平和を！　市民文化団体（「ベ平連」）の運動を起こすことになる。

5　大熊信行

ここで取り上げるのは一九六五年九月に発表された「日本民族における兵役拒否——〝平和運動〟の反省から抵抗の論理へ(16)」である。大熊信行は戦後一貫して戦後日本における「国家意識の喪失」を説き続けた。戦争中の大熊は国家意識を旺盛に発揮して国粋主義の旗を振り続けたために戦後公職追放になったのだが、自己批判をして旗印を替えたものの、その後も「国家意識」の重要性という一点だけは譲るまいとしている。そこには自己弁護というより意地のようなものが感じられるが、それはともかく、この視点から、平和論者（都留重人、星野安三郎、坂本義和）を、平和運動（原水禁運動）を、また日本人一般を批判する。日本の平和主義者は国家について考えていない、平和主義者とは「戦争絶対反対」を叫ぶ人のことではなく、国家の軍事権力に対する抵抗者であることを理解していない、平和運動の本質は国家権力への抵抗であることを理解していない、といった具合に。

では、日本人が、日本の知識人が国家意識を失っているとすると、それはなぜなのか。それは新憲法のせいだ、と大熊は考える。日本国憲法は交戦権を否定し、非戦を原理とし、日本国家は徴兵制なき平和国家を名乗っている。これは独立国ではなく、「半国家」ということである。したがって日本国民に忠誠義務は存在しない。つまり憲法が非戦思想を、平和思想を先取りしていて、国民が抵抗すべき対象である国家権力なるものが存在しない。そういう国では、国家意識も国家権力への抵抗意識も、非戦思想も平和思想も育ちようがないではないか……これがいくつかの論文で大熊の述べている「半国家」論の骨子である。

大熊の論は、近代国家とは交戦権を備え、国民に忠誠義務を要求する権利を持つ集団であるということを前提としている。(17) この前提に立つとき、たしかに交戦権を放棄した憲法——今日では解釈が変えられてしまったが、これが当時の一般の理解だった——を持つ日本国家は「半国家」ということになるだろう。

しかしそこから大熊は、右翼政治家、右翼評論家のように、「半国家」を抜け出して「普通の国家」になれ、憲法に軍隊の保有を明記せよ、と叫ぶのかと思うとそうは叫ばない。それでは戦前の国粋主義者大熊への回帰ということになるだろう。そうではなく、憲法擁護の立場に立つと明言している。では「半国家」でよいと考えているのか。そうは明言しない。それがわかりにくい。「半国家」を完全国家にするというのでもなく、「半国家」のままでよしとするのでもなく、それはともかくとして、国家を問題とせよ、国家と人間との関係を考えよ、国家意識を持ってそこから国家を超えた新しい道徳を創造せよと、いわば精神論の中に収まっている。

大熊の国家論の欠点はこうした論理の不徹底だけでなく、国家権力を軍事面のみに限定して考えていることにもある。「平和憲法下の日本の国内では、武装を解除した自国の権力にたいする抵抗者は、存在理由を失う」と書いているが、はたしてそうだろうか。たとえばその数年前にあったはずのあの安保闘争とはこの人にとって存在しないも同然だったのか。安保条約の強行採決に抵抗する運動に少しでも参加した「抵抗者」は、機動隊を動員してデモ隊に襲いかかる「国家権力」が何であるかは身をもって理解したはずだ。

ただ、この文章は、通常の護憲派がなかなか踏み込まない問題、踏み込むのを避けている問題に踏み込んでいるところが面白く有益である。国土への侵略に対して武力を行使して原水爆攻撃による全滅の危険を冒すか、あるいは武力を放棄して占領を受け入れるかという二者択一の選択を迫られたときにどうするか、と。これは一九五〇年代、冷戦が進行し、水爆実験が行なわれた時代においては切実な問いだった。いや、今日においてもなお切実な問いであるはずだ。

大熊はイギリスの軍事評論家ステファン・キング゠ホールが行なった国防講演（一九五七年）を引きながら、キング゠ホールが後者の道、武力放棄の道こそ生への道だとしてこれを選んだこと、この敗北主義の道に賛意を示している。そして日本の平和憲法は「そのような敗北主義の原理を法制化したものと解すべきではないのか」と問うている。そしていざというときは、他国の軍事力に対して非暴力抵抗の原理によって立つべきことを説いている。さらに、将来において徴兵制が実施されたときに、兵役拒否が実践の問題として出てくることを予想している。

この予想自体は六〇年後の今日から見て、必ずしも当たらなかった。軍事的には徴兵制は効率の悪い制度とみなされ、多くの国で徴兵制が廃止され、徴兵期間が短縮されている。しかし、「敗北主義」という言葉の是非はあるにしても、日本国憲法に非戦の原理が貫徹していること、他国の軍事力に対して非暴力抵抗以外に道がないことを、ある意味で愚直に——政治家はもちろんほとんどの護憲知識人はこの点で言葉をにごしていた——言ってのけたことには意味がある[18]。その後、憲法解釈のねじまげが積み上げられ、いつのまにか、自衛隊は軍隊ではないが個別的自衛権も交戦権もあることになり、いま集団的自衛権もあることになってしまった。「半国家」の憲法であったものが文言を変えぬまま「普通の国家」の憲法に化けてしまったのである。

6　鶴見良行

ここに一つのテキストがある。一九六六年八月に東京で開かれた「ベトナムに平和を！日米市民会議」で会議の最後に採択された三つの文書のうちの一つ、「日米反戦平和市民条約」という文書である。この会議は当時ベトナム反戦運動を主導していた通称べ平連が主催して開かれたもので、その目的は何よりも日米の市民が国家を通さずに連帯することでベトナム戦争をやめさせることにあった。しかし、そのために、一人一人が何をするのか、何ができるのか、それを語ったのがこの文書である。その特徴は冒頭の二行の「私たち」をのぞくと、すべて主語が「私」となっていること、その「私」の権利が強く主張されていること、そして単なる「反対」でなく「拒否」が語られていることである。たとえばこうだ。

ここで、私は、この条約に署名します。そして、私は、正義と自分の良心を犯すことを拒みます。ベトナム人の生命を奪う行動に協力することを拒みます。また、あらゆる国の人間が自分自身の運命をえらびとる権利を認めます。

（小田実・鶴見俊輔編『反戦と変革――抵抗と平和への提言』）

るかもしれない。

ここには先に挙げた「アルジェリア戦争における不服従の権利についての宣言」への共鳴が聴き取れ

「市民条約」はさらに、具体的にできるだけ以下の行為を行なうとして、大量殺戮兵器の開発や使用に協力することとの拒否、戦争をあおる教育や宣伝活動に従事することの拒否、世界中の外国の軍事基地の撤去のための行動、日米軍事同盟とアメリカの沖縄支配への反対といった四項目を挙げている。

この会議については主宰者側の鶴見良行の報告がある。そこで彼はこの会議が状勢分析のための会議ではなく、「運動のための会議」であったこと、従来の労働運動や政党の会議、あるいは世界平和評議会の会合とは性質を異にし、「国家権力にたいする個人の権力の激しい主張」があったこと、そして「この権利をもととする市民的不服従による反戦平和運動」であることが会議をつらぬく思想的特徴であったと述べている。さらに、市民条約は「その拠りどころとした基本的人権の思想によってではなく、むしろ市民的不服従の運動を国際連帯にむすびつけたところにスタイルの新しさがあった」とも。[19]

鶴見良行は市民条約の原案作成にも関与している。したがってこれは単なる報告ではなく、彼自身の思い、意図を表明した文章として読むことができる。そのほぼ一年後、彼はこの市民条約を受けて、そこからさらに一歩踏み出し、一つの文章を発表する。それは「日本国民としての断念——「国家」の克服をいかに平和運動へ結集するか」（一九六七年十月）[20]という衝撃的な題名を持つ。この文章の狙いは何か。「断念」を促した背景は何か。なぜ「断念」という言葉を選ぶのか。また「断念」とは具体的に何を意味するのか。

冒頭の文章「端的にいってわたくしは、自分が日本国民であることの意味に疑問を感じはじめている」は「独白」として書かれている。そして、こうした疑問がついには「国民であることを断念しよう」という態度に成長している、と。それは、日本国家の国威が、経済成長をとおして発揮されはじめた時代に平和運動にたずさわった者としての個人的「自戒」であり「自制」である。いや、こうした態度こそが「日本人であるわたくしの世界にたいしてはたしうるほとんど唯一の貢献なのではないか」とさえ鶴見は考える。

自戒と言い自制と言う。これだけだったならば、それは単なる個人的な心情の表白である。しかし鶴見の意図はその先にある。この発想を、こうした「国民断念運動」を、平和運動の方法論にしようというのだ。

鶴見良行にこうした「断念」を促した背景には、一つには「終末兵器」としての核兵器の開発が続けられていく中で、国民が国家主権に固執していては人類は生き延びられないという認識がある。もう一つ、これは鶴見のこの時期での卓見と言えるかもしれないが、核という物質的破壊力の発展とともに国家主権は国民により一層の支持を、より一層の忠誠を求め、そのため仮想敵国に対する恐怖、憎悪をあおり、これを正当化するために愛国心教育を行なうようになる、という分析がある。このとき鶴見が頭に描いているのは具体的には一九六〇年代のアメリカであるが、この分析は核戦力こそ持たぬが軍事破壊力を増大させている二〇一七年の日本にもほとんど当てはまる（秘密保護法、共謀罪法、教育現場における教育勅語の容認、北朝鮮の恐怖の煽り）。

「断念」とは個人の精神的態度を表す言葉である。なぜこうした言葉を選んだのか。ここには従来の平和運動への懐疑、批判が込められている。すなわち、第一に、労組主導の動員デモ、原水禁運動に見られる政党や団体のヘゲモニー争い、これでは駄目で、平和運動を「個人の次元」にまで戻すこと、国家権力に対する抵抗や反逆を個人から出発して行なうこと、これが必要であると考えるのだ。第二に、平和運動が体制に与えられた「平和」のうちに拡散していかないためには、言い換えれば平和ボケの中に陥らないためには、日常的な行動の次元で国家権力に対する警戒心、「国家への忠誠へとよろめきこんでゆかないための自戒」が必要だと考えるのだ。国民としての「断念」はこうした二重の要請から発想された言葉と言っていい。

では平和運動の方法論としての「断念」は具体的にどのような形をとるのか。鶴見がまず例として挙げるのは武者小路公秀らの平和研究である。研究資金をとおして国のひもつきになりかねないこの学問分野において、彼らが「一国の利益に独占的に奉仕しない」という原則を立てていることのうちに国民としての断念を見る。

学問の世界ではなく、運動としては何をするのか。鶴見は日本国憲法の第九条に固執せよと言う。この提言自体は目新しいものではない。それは戦後の平和運動が言い続けてきたことであり、いまでも言い続けていることである。鶴見の提言の新しさは――大熊信行からおそらくヒントを受けて――憲法第九条はそもそも「国家としての破産宣言」だとした点にある。すなわち第九条を採用し自衛権を放棄したそのときから、日本は「国家ではなく、世界でもその呼称が定まっていないようなまったく新しい組織集団」になったと考えるのだ。

ただ日本人はこうした原理、国家から新集団への変質を十分に自覚しないまま憲法を無自覚に受け入れてきた。そのため、朝鮮戦争をきっかけとして再軍備が進行し（警察予備隊から保安隊へ、保安隊から自衛隊へ）、新集団から「国家」への逆転、「普通でない国家」から「普通の国家」への回帰が進行した。しかし日本人はこの新たな変質に気付かず、なりゆきにまかせていた。したがって、この時点における

第九条への固執とは、単なる護憲運動ではなく、「国民としての断念」を内に含む「失われたものの復権運動あるいは新しい価値の創造運動」となる……

このように、国の法体系の規範となる憲法の中に「国家としての破産宣言」条項があったとする読み方、それに基づき、であるからこそこの憲法第九条に固執せよという主張は、あらゆる護憲の思想の中でもっともラディカルなものである。それは「普通の国家」、自衛権をふりかざして戦争のできる国家をめざす改憲勢力の主張と真っ向から対立する。「普通でない国家」で何が悪い、戦後の日本はそれをこそ目指したのではないかと。

そのとおりである。鶴見良行は憲法第九条を「国の自衛戦争をも認めない絶対的非武装主義」と解釈し、この解釈を前提としてその主張を打ち出している。前に述べたように新制中学での毎朝の朝礼で「新憲法の精神」の一つとして「戦争放棄」（「平和主義」ではない！）を復唱させられていた少年の頭の中では、それは解釈の必要さえない自明のことだったのだが。新制中学生だけではない、憲法制定時に立ち返って考えてみると、圧倒的多数の日本人がこのように解釈していたはずである。

「日本国民としての断念」とはこのように、単なる護憲の呼びかけではなく、自分は非戦の原理をこう受け止めるという倫理的マニフェストであり、「戦争文化」への真っ向からの挑戦である。ナショナリズムはもちろん、愛国心をも否定することを意味する。

7　脱走兵支援運動

鶴見良行がこの文章を発表したのは一九六七年の十月、それから一ヶ月足らずのうちに横須賀に寄港したアメリカの航空母艦イントレピッド号から四人の兵士が脱走し、べ平連に助けを求めてきた。これが十月の末である。べ平連は鶴見俊輔などが中心になって彼らを受け入れ、かくまい、最終的にソ連の船でモスクワに送り込み、スウェーデンへの亡命を可能にした。

一九六七年という年は、安保闘争以後、反戦平和の運動がもっとも盛り上がった年である。とりわけ十月から十一月、当時の首相佐藤栄作の南ベトナム訪問とアメリカ訪問の前後には、日本全国で反戦集会、反戦デモが繰り返されていた。[21]その中で、十月八日、京大生の山崎博昭が羽田のデモのさなか弁天橋で機動隊に命を奪われたこと、十一月十一日、七十三歳のエスペランティスト由比忠之進が首相官邸前で首相宛の抗議書を残して焼身自殺をしたこと[22]は、こうしたデモの中に身をおいていた者として忘れることができない。

べ平連がイントレピッド号からの四人の脱走兵への支援を公表したのはその二日後、十一月十三日であった。そのとき、ひそかに撮影してあったフィルム『イントレピッドの四人』が上映され、彼らの主張が報道陣に明らかにされた。[23]

この撮影が鶴見良行の家でなされたこと、撮影者は久保圭之介であったこと、東大教授の丸山眞男に同席を求めたが国家公務員であるという理由から断られたこと、他方同じ東大教授である日高六郎は同席を引き受けたことなどは知られている。のちに誤りだったことがわかるのだが、この映画を撮った時点では脱走兵支援は「犯人隠匿」や「密出国幇助」などで日本の法律に引っかかると誰しも考えていて、撮影するほうもされるほうも皆緊張していた。実際には、脱走兵は米国の軍法違反で罰を受けるが、安保条約と行政協定の規定によって、米兵は出入国自由の身分にあり、彼らをかくまったり、出国を助けたりすることは犯罪にはならなかったのである(24)。

イントレピッド号からの四人の脱走兵はそれぞれ声明を出し、どのような心の動きから脱走を決意するようになったかを述べている。そこには二つの共通した特徴がある。その一つは「あるべきアメリカ」の名による「現実のアメリカ」の告発だ。彼らにはアメリカはかくあるべきだという理想像がある。自由、民主主義、諸々の権利の守り手としてのアメリカという像だ。ところがベトナムに来て見たものは何か。殺し尽くし、破壊し尽くす残虐行為だった。そこで二つのアメリカの間に裂け目が生じる。もう一つの特徴は、自分はなんらかの主義主張、イデオロギーに則って行動したのではない、あくまでも自分一個の決心で脱走したのだ、と語っていることである。

この二つの特徴は、皮肉な眼で見れば、それ自体、現代アメリカの姿を映し出している。すなわち、一切のイデオロギーに不信の念を抱かせ、「自由、民主主義、祖国」といった言葉を物神化させるところに成り立つアメリカ・ナショナリズムの強大さを。

それはともかく、四人はその檻の外に出た。一体化していたアメリカの像に裂け目を生じさせたのは何よりもまず彼ら自身の体験である。「焼き尽くし、殺し尽くし、破壊し尽くしてきたもの」としての個々の体験であり、ある者はそれをはっきり「犯罪」と呼んでいる（マイケル・アントニー・リンドナー）。しかしアメリカ兵の大多数にとっては、いかなる「犯罪」も「自由、民主主義、祖国」という強大なイデオロギーによって正当化されていた。脱走兵の一人テリー・ホイットモアはこう語っている。「明けても暮れても、殺せ、という言葉がひっきりなしに頭の中でひびいていました」（『反戦と変革』）。

そして、彼は現実に殺す。頭の中に浸透した暴力の言葉が、暴力の行為を生み出すのだ。ホイットモアやその他のアメリカ兵士を笑う資格は私たちにはない。このメカニズムはかつての日本軍の蛮行のそれと何ら変わるところではない。いや、七十数年前、私たちの両親も教師もそして幼い私自身もやはり「殺せ」と叫び続けていた。「鬼畜米英」「一億一心」「天皇陛下のために」という言葉が文字通り頭の中で「ひっきりなしにひびいていた」。戦争文化の諸々の言葉が「殺せ」という一語を正当化していたのだ。同じことは広島、長崎に原爆を落とした飛行士についても言えるはずだ。

しかし四人の脱走兵は最終的に国家の言語、集団の言語から自分を切り離した。集団の体験から自分の体験を切り離した。それは思うに孤独な営みだったろう。そもそも脱走という行為は誰がするにしても他の仲間たちとの隔絶感をはぐくまずにはいられない。それまでは〈私〉は集団、国家の背後に隠れていられた。それは「われわれの戦争」であり、国家の戦争であった。しかし脱走は〈私〉を集団と対立する一人の個人に引き戻す。これ以後、〈私〉は自分一人の言葉によって自分を支えねばならない……。私自身の共感は何よりもこうした孤独な営みに向けられた(25)。

一九六八年八月、べ平連は「反戦と変革に関する国際会議」を主催した。ベトナム反戦を目的とするだけの市民団体が世界各国から二十数人を招いて京都国際会議場でこのような会議を三日間にわたって開いたということは、金銭面からだけ言っても今から考えると大変な驚きだが、それだけベトナム戦争に対する拒否感、嫌悪感が広く一般に分け持たれ、この会議への支援が各層から寄せられたということであろう。

この会議の主要な議題は会議の題名にあるように、反戦運動と体制変革との関連であり、この点についてのかなり突っ込んだ議論がなされ、この時点で意味のある会議だった。最終日は脱走兵援助にあてられている[26]。

8 小田実

この会議の冒頭で小田実は脱走兵が「被害者であると同時に加害者であるという微妙なメカニズムから自分を断ち切るという行為」をおおいに評価し、だからこそ彼らを助けてきた、と述べているが、これは小田の非戦の思想の要の部分でもある。べ平連の世話人の一人として常にデモの先頭に立ちながら、小田は六〇年代に三つの重要な考えを出しているが、その一つが、戦争におけるこの被害者―加害者のメカニズム論だった。

第一に小田は〈散華〉に対する〈難死〉という概念を提出した。非戦闘員の死、靖国神社に祀られることのない一般の人々の戦争による死に着目した。少年の頃、大阪の空爆で、気がつくと火炎の中にいて焼けこげになった死体を目にする。これが彼の戦争体験の核心であり、この体験を思想形成の原点にする。兵士の死は、国家が大義名分（愛国心、天皇、祖国防衛、大東亜建設）を付して、これを救い出すことができる。こうした理念が接着剤となって、〈私〉と〈公〉とを結びつけている。それは特攻隊に見られる〈散華〉、花のように美しく死ぬというイメージを伴う死である。それに対して空爆で殺された人々は大義名分のない死であり、いかなる〈公〉によっても救われない。接着剤のない無意味な死、虫けらの死である。戦争の中での一般大衆の死はそういうものだった。それは〈難死〉である、と[27]（『難死の思想』一九六五年）。

小田の発言の時代的背景としては、東京オリンピックの開催を機としての一九六〇年代中頃からのナショナリズムの復活がある。戦後の数年は〈私〉優先で、〈公〉のほうは占領軍によって与えられていた（民主、平和、自由、平等）。そこでは〈私〉と〈公〉が矛盾せず、ただ〈公〉への無関心が生じただけである。しかし一九六四年ぐらいから〈公〉を説く論調が強まってくる。たとえば大東亜戦争肯定論（林房雄）が出てきて、ナショナリズム議論が盛んになる。その中で小田は〈公〉を排除しない。〈私〉の優先を主張するとともに、ナショナリズムに通じていかぬ〈公〉の原理を「難死」という視点から新たに探ろうとしたのだ。

次いで小田は戦争体験の中に加害者の視点を組み入れるべきことを主張する（『平和の倫理と論理』一九六六年）。小田の論旨はこうである。〈難死〉というのは被害者の死のことである。これを目の当たりにすることによって、人々は国家と自分を切り離した。そこに新しい原理、〈公〉（自由、平等、民主、平和）が、受動的にではあるが体内に入ってきた。しかし、日本人は同時に戦争遂行者であった。したがって加害者、すなわち相手に〈難死〉を強いた者であり得た。ところが加害者体験の記録は、戦没者の記録その他、どこにも書かれていない。つまり、戦後の日本人は被害者意識にもたれかかって、加害者でもあり得たことの自覚がまったく欠如していた。誰もが被害者＝一億総被害者＝責任主体の不在（誰が誰に被害を与えたかの追求なし）というところから「大東亜戦争」を肯定的に捉える戦争イデオローグが復活してきた。またこのため、被害者体験自体も深めることができなかった……。

戦争において誰もが被害者であると同時に加害者になりうることを小田に発見させたのはベトナム反戦運動である。じっさい、ベトナム人に〈難死〉をもたらしているのがアメリカ軍であるにしても、日本人は、横田や沖縄の米軍基地からのアメリカ軍の出動を許していた。また、破損した武器は日本で修理されていた。どうみてもベトナム戦争の犯罪に加担していたのである。そこから開高健の発案によって「殺すな！」というスローガンを反戦広告として『ワシントン・ポスト』紙に掲載することになる。「殺すな！」誰をか？　とりわけ非戦闘員を、一般市民を！　これは直接的にはアメリカ人兵士への呼びかけであったが、米軍基地をとおして加害者になりつつある日本人への呼びかけとしても受け止めることができる。

この被害者＝加害者についての小田の考えは次のような詩と響き合っている。

……
〈ヒロシマ〉といえば〈パール・ハーバー〉
〈ヒロシマ〉といえば〈南京虐殺〉
〈ヒロシマ〉といえば　女や子供を
壕のなかにとじこめ
ガソリンをかけて焼いたマニラの火刑
〈ヒロシマ〉といえば
血と炎のこだまが　返って来るのだ
……

（栗原貞子『ヒロシマというとき』）

戦争における〈加害者〉という小田の考えをさらに突き詰めると、わだつみの死者たちの問いに新たな照明を与える。「自分は国家のために命を捨てられるか」ではなく「自分は国家のために人殺しができるか」となる。この問いは、『きけ わだつみのこえ』の中の誰一人として発したことのない問いであった。今日の戦争イデオローグに発していくべき問いはまさにこの問いである。自衛隊員に「あなたは見ず知らずの人間を殺せるか」と問うた池澤夏樹の文章（朝日新聞、二〇一四年六月四日）もこの思考の延長上にある。

第三にこの時期、小田が民主主義のイメージを大きく変えたことも付け加えておこう。四人の脱走兵の声明文から刺激を受け、小田は自己のアイデンティティをどこに求めるかを考える。日本文化ではない。民主主義の原理だ、と。

この思考を活性化させるのはデモ行進である。デモの中にいると、隣にいるのが誰かはわからず、社会的地位も職業もわからぬまま、人間として同じ位置に立つ。みな〈チョボチョボ〉である、ただの人である（平等）。そして誰も彼も、はだかで権力＝機動隊と向かい合っている。自分で自分の行動をきめる（自決）。こうした平等と自決、これが民主主義で、その意味で民主主義とは制度でもなく、政治的イデオロギーでもなく、「国家民主主義」のことではない。それは〈チョボチョボ〉としての「人間の原理」であり、私の生き方の原理だ、と（『人間・ある個人的考察』一九六八年）。やがて彼はそれを「からだの中にある民主主義」と言うであろう。(28)

しくみとしての民主主義でなく、個々の人間のうちにある「精神の働き」としての民主主義、国家の制度から切れたものとしての民主主義、こうした民主主義のイメージは、投票所があって国会があってという民主主義のイメージとまったく違う。多数決を原理とする政治運用の技術とも違う。それは、国家の構成原理、政治制度としての民主主義からはみでる民主主義のイメージである。それは〈戦争文化〉への抵抗の視点となりうるであろう。なぜならそこには、愛国心―ナショナリズムの入り込む余地はないからである。

小田は七〇年代から八〇年代にかけても精力的に文章を書いている。中でも重要なのは『われ＝われの哲学』（一九八六年）であろう。しかしなんといっても九五年の阪神淡路大震災の体験が大きかった。六千五百人の死者。小田自身、大きな被害を受けている。この体験をふまえながら、彼はもう一度戦後の原点に戻って非戦の思想に肉付けを試みている。

その第一。思考の軸足を「殺すな！」から「殺されるな！」という命題へと移し、これを非暴力、平和主義の倫理の根拠とした。なぜ「汝殺す勿れ」ではなく「殺されるな！」なのか。小田は「する」側からではなく、「される」側から考えようとする。「する」人間はピラミッドの上方にいる少数の支配者、「される」人間はピラミッドの下方にいる多数の被支配者、〈難死〉を蒙る人々だ。イエス・キリストと違って並の人間の出発点は、こうした「される」側、被害者としての自己認識である。「殺す勿れ」という高い位置からの呼びかけでなく、同じ平面に立つ「傷つきやすい vulnerable」人間同士の「同情」、「殺されてはならない」が人間の基軸だと考える。

ではなぜ人間は殺されてはならないのか。小田はこう考える。「人間は死ぬまで生きている」。奇妙な言い回しというか、当たり前のことだ。ただ小田はこう言いたいのだ。生きること自体は長い経過であり、多くの可能性が含まれている。そこにおいて人間は対等であり、平等である。それを他人が断ち切ってはならない、と。こうした発想はすべて大空襲、原爆投下、ベトナム戦争について彼がそれまで書いてきたことにつながっているが、とりわけ大震災の体験と結びついている。

その第二。民主主義の内実を「異質の価値の共生」として定式化した。先に小田は「民主主義は私の生き方の原理だ」と言い、民主主義は「からだの中にある」と言った。また『「民」の論理、「軍」の論理』（一九七八年）の中では、「しくみとしての民主主義」ではなく「からだの内に入った民主主義」、国家から切れた「私のものとしての民主主義」を「恢復的民主主義」（中江兆民の転用）と名付け、成員が平等であることをその内実とした。さらに『われ＝われの哲学』においては、その成員を「われら」として捉えるのではなくそれぞれが異質の「われ」と「われ」の結びつきである「われ＝われ」として捉えるべきこと、個人個人の自由と自決、それが「共生」のあるべき人間関係であることを示した。

『被災の思想　難死の思想』（一九九六年）、『でもくらてぃあ――「人間は殺されてはならない」・「人間の国」「人間の文明」の構築へ』（一九九六年）では、これをもう一歩進めて、「共生」を震災後の避難所における人々（棄民）の苦しみと助け合い、「共苦」「共助」から考え直そうとする。こうした「共生」の広がりは国境を越える。そこでは「われ」と「われ」とは必ずしも同じ価値観を持っているわけではない。しばしば異質の価値観を持っている。このような異質の価値観を持った者同士の国境を越えた「共生」を可能にする手段、それが民主主義だと言うのだ。

第三。震災後、小田は〈難死〉の概念を拡大する。かつては〈散華〉に対する言葉として、戦争下の死者について使われていたが、震災以後には、悲惨な死、無意味な死、一方的な殺戮という三点によって定義している。震災による死は天災の結果というよりも人災の結果の死、空襲下の死と重なる〈難死〉であると。また〈難死〉を辛うじて免れた被災者たち、あるいは〈難死〉を辛うじて免れた朝鮮人従軍慰安婦についてはく難生〉という言葉が使われている。そこから、大震災以後のあるべき日本とは、これ以上〈難死〉〈難生〉を出さない日本、〈難死〉〈難生〉を他国、他民族に強いない日本ということになる。そのためにはどうするか。

小田は憲法第九条の非戦の原理を生かして、日本は「良心的軍事・戦争拒否国家」になれと提案する。ドイツ滞在時に学んだドイツ人の若者の「良心的兵役拒否」を、個人から国家にまで拡げたわけだ。具体的には、日本は国連を脱退して外から国連に協力せよと提案する。国連の言う国際協力、国際貢献は軍事力に頼るところが多く、日本の憲法と矛盾する。したがって難民救済、地震・災害救済、NGO支援などの非軍事的奉仕活動に徹せよ、と言うのだ(29)。

もちろんこの提案が現実化するには強力な政治勢力が必要だろう。その条件は当時においても今日においても整っていない。それはユートピア思考として、顧みられることはないかもしれない。護憲派の政治家、護憲派の知識人の姿勢の不徹底を暴き出すだけに終わったかもしれない。しかし憲法第九条、あの「戦争放棄」の原理を論理的に突き詰めていけば、日本が国際社会の中で立つ位置についてはこれ以外にないというのも真実ではないか。

小田実は器用な理論を作る人ではない。文章はわかりやすいが、話があちこちに飛び、起承転結の切れ目がはっきりしない。しかし、それまでの知識人になかったスタイルがある。それは、常に行動の中で考えていること、現場でぶつかる矛盾に身をさらしながら考えていることである。そしてこれだけは手放さぬという信念（個人的なもの）をつかみ取り、これを原理（普遍的なもの）にまで言葉によって高めていく執拗さがある。持続的な思考力がある。同じことを何度も繰り返し語りながら、思考を一歩でも先に進めようとする言葉との格闘があり、それが彼の文体を作っている。

9　市民的不服従と良心的拒否

「日米反戦平和市民条約」で用いられている「市民的不服従」という言葉は、それまで久野収や鶴見俊輔がときどき使うことを除けば、当時日本では新しい言葉だった。今日ではそれが十九世紀のアメリカ作家ヘンリー・デイヴィッド・ソローの書物の題名であること（ただし一九四六年の初邦訳では『市民としての反抗』と訳されている）はよく知られている。また、この考えはジョン・ロールズの『正義論』によって広められた。ただ『正義論』がアメリカで出版されたのは一九七一年である。鶴見良行の場合はソローというよりも一九六六年に来日したハワード・ジンとの交流をとおしてヒントを得たのではないかと思われる。ジンの場合の不服従は法の外に出ることをも辞さない不服従であり、鶴見の「断念」にもその覚悟が見られる。

他方、同じべ平連の運動の中にあって、小田実は良心的兵役拒否という考えにより多くの比重をおいて語り、最後に憲法を根拠にして「良心的戦争軍事拒否国家」を提起している。そこでここで二つの概念を整理しておきたい。

市民的不服従も良心的拒否も、最終的に個人の良心が問われるのだから、二つの概念の間につながりがあることに間違いはない。しかし、法に対して、他の人々に対して、どういう態度をとるのか、という点で若干の違いを浮き出させることはできる。

ジョン・ロールズは『正義論』の第55節以下で、市民的不服従と良心的拒否のそれぞれの定義と、それぞれが正当化される条件を示しているが、ここでは彼の定義だけを取り上げてみよう。

市民的不服従の定義は、いくつかの前提を省略すると、以下のとおりである。「通常は政府の法や政策に変化をもたらすことを達成目標として為される、公共的で、非暴力の、良心的でありながらも政治的な、法に反する行為[30]」

他方、良心的拒否の定義は「大なり小なり直接的な法的強制命令や行政命令に対する不遵守」である。こちらの定義の中には良心という語が含まれていないが、それは自明ということであろう。共通するのは、ともに良心を原動力とすること、非暴力であること、法に反する行為であるということだ。

相違は、公共性、政治性にかかわる。第一の違いは、市民的不服従は「公共のフォーラム（広場）」で行なわれる「呼びかけ」であるのに対し、良心的拒否は「多数派の正義感覚に訴えかける」という「呼びかけの形態」ではなく、「公共のフォーラム（広場）で為される行い」ではなく、個々人の単なる良心的な理由に基づく拒否である、という点にある。

第二の違いは、市民的不服従は「共有された正義の構想への訴え」であり、政治的行為であるのに対し、良心的不服従は「必ずしも政治的原理に基づくものではなく」、宗教的信念に基づく場合、平和主義に基づく場合などいくつかのケースがありうる。

ロールズによる両者の違いは具体的に考えればよくわかる。良心的拒否については、第八章で挙げた矢部喜好、村本一生、明石真人などがすべて当てはまる。また、近年の例で言えば、君が代斉唱の際には起立せよという校長命令に良心に基づいて従わなかった小・中・高の教師たちの拒否は典型的な例である。二〇一七年、加計学園問題で政府が必死に隠そうとした書類の存在を明らかにした文科省の一部の職員の行為も、おそらく上から下されていたに違いない命令の良心的拒否と考えることができる。市民的不服従という言葉を最初に使ったソローの場合も、彼の税金不払いは、ロールズの定義によれば市民的不服従ではなく良心的拒否ということになる。

市民的不服従についてはどうか。不服従の思想自体は戦争や軍隊という枠組みをはみ出たもので、その起源は少なくとも古代ギリシャまでさかのぼることができる。周知のとおり一方にソクラテスがいた。彼は法を弾劾しながら法に従った。その意味で彼は服従思想のヒーローである。

しかし他方にソポクレスの悲劇作品の主人公、アンティゴネーがいた。彼女の二人の兄は敵味方に分かれて戦った。敵にまわった兄は戦死したが、王の命令により兄の死を弔うことは禁じられた。しかし彼女はこれを無視して兄を埋葬する。禁令にさからって「祖国よりは一人の友」を選び死に追いやられた。ソクラテスの対極にある不服従の思想のヒロインである。

歴史の中ではこうした不服従の思想はしばしば集団的行動として現れた。周知のとおり、ガンジーのインド独立運動がそうであり、キング牧師の公民権運動がそうであり、南アフリカのネルソン・マンデラの反アパルトヘイト運動がそうだった。近年では二〇一一年の「ウォール街を占拠せよ」運動、二〇一七年の香港での民主化を求める座り込み運動などを挙げることができる。また今沖縄で行なわれている辺野古の埋め立て反対運動は県知事を中心とする訴訟闘争や抗議集会といった合法的運動と並んで、ゲート前座り込み闘争という形で行なわれている。これも原則としては合法闘争であるが、ときに公務執行妨害や道路交通法違反とされてしまう行為があるようで、この意味では市民的不服従の運動ともみなすことができる。

では先に触れた内村鑑三、幸徳秋水、明石順三の非戦論はどうか。良心に基づいての公共の場での「呼びかけ」であり、非暴力であり、政治的行為である。ただ彼らの論説はなんらかの法に反することを意図としているわけではなく、合法活動の枠内で、法に反するかどうかのぎりぎりのところで書かれている。また新聞もぎりぎりのところで発行されている。したがって、合法か、非合法かのところで線を引くロールズの定義する市民的不服従とはみなされないことになるが、結果として幸徳は平民新聞の「印刷人」責任を問われ、新聞紙条例違反で起訴され有罪となっている。だとすればこれは市民的不服従と言ってもよいだろう。

ロールズはさらに、多数派の正義感覚に訴えるかどうか、また違反する法を法として認めるか否か、というところでもう一つの線を引く。市民的不服従は多数派に呼びかける行為によって法を犯すがこれを法として認め、その帰結を受け入れる。ところが「組織化された威圧的な抵抗活動」は多数派の正義感覚に呼びかけるという発想を持たず、政治システム全体を受け入れない、ということで、後者を市民的不服従の中に含めないのである。これには異論があることを彼自身知っているが、問題のあるところだろう。

じっさい、原発反対のデモ、共謀罪反対のデモなどは、多数派の正義感覚に訴えるというよりも議会多数派の横暴に対する抗議という性格を持っている。また、あれこれの法の名においてデモ隊のメンバーが逮捕されたとき、参加者はその法を法として認める気にはなれないはずだ。しかし、これもやはり市民的不服従の一形態ではないか。(31)

ロールズにならってこのように整理したのだが、ここまできて、ロールズの分類はきわめてアカデミックなものに思われてきた。むしろこう考えたらどうだろう。良心的拒否と市民的不服従を区分するのではなく、また「組織化された威圧的な抵抗活動」を排除するのではなく、全体を「良心的不服従」を原動力とする活動、「良心的不服従」が生み出すさまざまな抵抗の形態である、と考えたらどうだろう。その場合、抵抗の相手は必ずしも国家ではない。必ずしも法ではない。君が代斉唱の際に起立しなかった教員の場合のように、しばしば組織であり、組織の中での「命令」、ときには行政命令である。また、単に個人的不服従であるかもしれないし、こうした個人的不服従が複数になり、公共の広場での訴えになり、政治的になり、抗議運動になったり、法や政策を変えることを目標とする市民的不服従の運動となることもあるだろう。またさまざまな形で集団として組織化され「威圧的な抵抗活動」をすることもあるだろう。しかしどの場合も各人の原点は「良心的不服従」である、と。

最後に、十数年前にフランスで起こった論争を紹介しておこう。発端はジョゼ・ボヴェとジャーナリストのジル・リュノーの共著 *Pour la desobéissance civique*, 2004（『シヴィックな不服従のために』）である。ボヴェはもともと酪農家だったが、七〇年代から軍事基地拡張反対運動に参加したり、兵役拒否をしたりした活動家、近年では遺伝子組み換えの農産物に反対する運動の指導者として知られている。この本では、こうしたボヴェの歩みを世界的な不服従運動（ガンジー、キング牧師、セザール・チャベス）の流れの中に位置付けているが、英語の civil がフランス語でそのまま civil と訳されていることに異を唱え、civil（通常「市民的」と訳される）でなく civique（あえて日本語に訳せば「公民的」、しかしこれまた「市民的」とも訳せる）と訳すべきだとして、自らの運動を「シヴィックな不服従」と名付けている。

その違いは何か。ボヴェらに言わせれば、civil の語源からして「シヴィルな不服従」は個人の尊重と非暴力を強調し、個人的反抗のニュアンスがある。これに対して civique が含意する一般性、集団性をこめて、不服従を一七八九年の人権宣言によって保障されている「圧政への抵抗」に近付けて考える。そして「シヴィックな不服従」の六つの指標を掲げる。(1)個人の責任ある行為 (2)無私の行為 (3)集団的抵抗の行為 (4)非暴力(ただし彼自身がやったような建設中のマクドナルドの窓やドアを壊すといった象徴的な暴力は容認) (5)透明性(公共の場と言ってもよい) (6)最終的行為、つまりこれしか手段がなくなったときに選ぶ行為。

この六点を考えると、問題は単なる形容詞の変更でないことがわかる。たとえば(3)だが、「シヴィルな不服従」においては、ロールズの場合もそうだが、多数派の知性、正義感に呼びかけることが重要とされていた。しかしボヴェらの場合は国家権力への抵抗と世論への訴えに重きが置かれている。また(4)にあるように、これはボヴェ自身の行動を踏まえた表現だが、ある程度の暴力性は容認されている。

この本はボヴェ個人の人気もあり大きな反響を呼んだ。批判も少なくなかった。たとえば「シヴィルな不服従」と「良心的拒否」を混同している箇所がたしかにある。また民主的体制のもとで不服従を「圧政への抵抗」に近付けるのは間違いである、非暴力性を弱めることになるといった批判があるがここでは論争の詳細は省略する。ただこの場合にも根底にあるのは各人の「良心的不服従」であることは明らかである。

終章　少数の力のために

1　私たちはいまどこにいるのか

二〇一六年の九月、私は日記にこう書いている。

「なんという夏であったか。シリア、イラク、ガザ、ウクライナ、いったいこの夏にどれだけの血が流されたことか。七月から八月にかけてガザの戦闘が報じられるたびに、一日百人の割合で死者の数がふくれあがっていく。イラクの内戦にいたっては二〇一一年以来の死者の数は十一万から十五万、正確な数字は不明という。そして今この瞬間、九月初めにも血は流され続けている」

二十世紀はとてつもない殺戮の世紀だった。戦争によって人間は何人の人間を殺したのか。日本に関係のある戦争、日露戦争、第一次大戦、日中戦争、太平洋戦争、それだけでも、少なく見積もって六千万、ひょっとすると一億を超える人間を国家の名において互いに殺し合ってきた。そして第二次大戦後にもさらに二千万から三千万の人殺しが国家の名において世界各地で行なわれている。総計八千万から一億数千万の死者たち、その半数以上が民間人なのだ。私はいま八千万から一億数千万と書いたのだが、そう書いてしまえるのは生者の非情なのだろうか。数字は抽象的であり、その一人一人がどのようにして死んでいったかを想像することはおよそ不可能なのである。

そしていま二十一世紀、人間は依然として戦争によって人間を殺し続けている。二〇〇一年の九・一一同時多発テロ事件とその後になされた戦争（アフガニスタン、イラク、リビア、ウクライナ、ガザその他）、二十一世紀もまた不幸にして殺戮の世紀になりそうな気配だ。

二〇一三年から始まったシリアにおける複合戦争は今も終わっていない。二〇一七年九月二日の『ル・モンド』紙によれば、この戦争ですでに五十万人の死者を数えたとのこと、そしてシリアの人口二千二百万人の約半数が国の内外に移住を余儀なくされているとのことである。

他方、有志連合の空爆は西欧諸国内部でのテロによる反撃、報復を生み出した。二〇一五年一月、パリのシャルリ・エブド襲撃（死者十二名）、十一月のパリでの同時多発テロ（死者百三十名）、十二月のアメリカでの銃乱射事件（死者十四名）、二〇一六年三月ブリュッセルの国際空港での爆破事件（死者三十二名）、七月フランスのニースでのトラック突入事件（死者八十六名）、十二月ベルリンでのクリスマス・マーケットへのトラック突入事件（死者十二名）、二〇一七年三月ロンドンのウエストミンスター橋での車の暴走（死者五名）。その他デンマークでもスウェーデンでも、また十月にはアメリカでも犠牲者が出ている。

今、あえて死者の数を記したが、「こちら側」の犠牲者についてはその数も名前も特定されている。しかしこの三年間にわたって行なわれてきた有志連合の空爆によって、あるいはロシアの空爆によって、対象が何であれ「あちら側」の民間人にどれだけの犠牲者が出たかを数え、それがどういう人々であったかを知らせてくれるマスコミは「こちら側」には存在しない。断続的につぎのような記事が出るだけだ。「二〇一七年五月二五・二六日。シリア東部デリゾール県で女性子供ら一〇六人が死亡」（毎日新聞五月二十七日）。

死者だけではない。テレビの画像で何度も見せつけられたように、毎年百万を超える難民がヨーロッパに押し寄せている。原因は一にも二にも戦争である。イラクでの戦争、リビアでの戦争、シリアでの戦争、いずれも米英仏に責任のある戦争である。

フランスの哲学者レジス・ドブレはかつて、ベルリンの壁の崩壊と東西の冷戦構造の解体によって少なからぬ知識人が浮かれていた時代にこう言っていた。われわれを待ち受けているのは「厳しい時代」であり、二十一世紀は民族と宗教の時代となるであろう、と。いま目の前にある世界はドブレのこのカッサンドラ的予言を裏付けている。じっさい、民族と宗教、そして国家を因とする大量虐殺が日々行なわれているのだ。私たちはいまそういう時代にいる。そしてこの日本はどうか。こういう時代に世界に対してどのようにのぞもうとしているのか。

日本で「右傾化」という言葉が広く用いられはじめたのは、私の記憶では一九八〇年代である。一九八一年三月のある日の風景をいま思い出す。私は理髪店で髪を切ってもらっていた。前方の鏡にはテレビの画面が映るようになっている。ちょうどニュースの時間で反戦自衛官として知られる小西誠への無罪判決が大きく報じられていた。するとこの画面を見ていた隣の椅子の客が怒鳴りはじめた。「あんな奴はぶっ殺せよ。国を売ったんじゃないか」

他方、彼の髪を切っていた理髪店の主人はまったく無反応、黙々とその手を休めない。私の係の奥さんが言葉を引き取るように「誰のこと?」とのんびり聞き返す。ワンテンポずれたこの質問に怒りをそがれたのだろうか、わが隣人は「いや、小西とかいう野郎だよ」とつぶやいただけで、話はそのままになった。

両者のこの反応の対照が私には面白く、記憶に残っている。わが隣人は三十前後の男、小西誠とはおそらく何のつながりもないが〈公憤〉なるものを発揮したのだろう。いわば草の根〈右傾化〉の初期の担い手である。これに対して黙々と労働の倫理に従う理髪店夫妻の反応は、客の怒りへの戸惑い、さらには〈公〉の事柄に対する無関心、ないしは〈公〉の侵入に対する〈私〉の現状維持の姿勢である。保守という言葉は彼らにこそふさわしかった。そしておそらくそれは日本人大多数の反応と重なっていた。それが高度成長の原因であるか結果であるかは別にして、私たちの財布が次第にふくらみはじめ、土地やマンションの広告のほうに目がいくようになった時期と重なっていることはたしかである。

この保守化、いわゆる〈滅公奉私〉の姿勢は当然のことながら、現状に挑戦しようとするときの市民運動を孤立させた。ただこの現状維持の慣性が他方で〈右傾化〉をある程度押しとどめる機能を果たしていたことも確かである。〈私〉意識を中心とした生活態度、行動様式が、高いところから突き出されてくる〈奉公〉の思想、国家優先の原理[1]に対する消極的な抵抗になり得ていたことは認めてよい。

この頃の〈右傾化〉の実体をきちんと整理してみせたのは野坂昭如だった。野坂によれば〈右傾化〉には五つの内容があった。第一は軍事予算の聖域化。予算の膨張に伴い軍人が君臨しはじめ国家統制と国民精神の統合に進む。第二は、憲法第九条だけでなく、それ以外の条項をも改めさせようとする動き。公共の福祉の名のもとに私権を制限しようとする。狙いは教育勅語、家族制度の復活である。第三は靖国神社の国家護持の動き。一九八〇年八月十五日に首相鈴木善幸は十八人の閣僚をひきつれて靖国神社に参拝した。野坂に言わせれば、この動きを推進している連中は、若者が死地に追いやられたときに国家が死後も面倒を見るよという「靖国保険のセールスマン」にすぎない。第四に教科書改訂の動き。侵略を進出と言い換え、朝鮮人強制連行の「強制」を削除させようとする文部省（現・文部科学省）の動き。第五に臨調（臨時行政調査会）。行財政改革をうたい文句にした組合潰しで、これは不況を予測しての

「全体主義国家への一里塚」である。(2)

この五点を今日の時点から振り返ってみると、どの一つもピントをはずれておらず、今日の国家主義の流れに通じていることがわかる。元号はすでに法制化されていた（一九七九年）。君が代、日の丸を正式に認めた国旗国歌法が制定された（一九九九年）。国民総背番号制は二〇一五年に「マイナンバー」なる名前で実現された。教育基本法は改定され（二〇〇六年）、愛国心や公共の精神を養い育てることが盛り込まれた。「靖国保険のセールスマン」の活動は内閣がどう変わってもやむことがない。教科書検定強化の姿勢は従軍慰安婦についての記述への圧力に見られるように毎年強まっている。労働組合の弱体化をねらった国鉄の分割・民営化は成功し（一九八六年）、やがて総評（日本労働組合総評議会）の解散（一九八九年）へと通じていく。その後に結成された連合（日本労働組合連合会）は政治的に無力化したままである。そして今、共謀罪が成立し、憲法第九条の改正が今日明日のこととして政権のプログラムに載せられている。

しかし二十一世紀の日本の社会は右傾化というだけでは十分でなく、右傾化の内容をそのまま肥大化させて軍事社会化＝機密社会化している。かつて鶴見良行は軍事国家を次のように定義していた。

「熱核戦争および究極的に熱核戦争にいたる可能性のあるいっさいの限定戦争、地域的戦闘に対する軍事的配慮が他のもろもろの配慮に優先し、社会のあらゆる分野を統合組織化している体制(3)」

私の言う軍事化社会もこれに近い。私の考えるその内容は少なくとも五つある。第一に外部の脅威の誇大宣伝。第二に自衛隊の海外派遣の恒常化。第三に軍事社会、監視社会に向けた法的整備(4)。第四に軍需産業の推進。第五に愛国イデオロギーの押しつけ。ただこの五点をこまかく論じようとすると限りなく長くなる。またかつての記憶も加勢に駆けつけてきて私の怒りをさらに燃え上がらせて限度がなくなるので、これは別の場に譲ることとする。

2　少数の力のために

そう、私は怒っている。さまざまなことが人々をわけへだてているが、こうした怒りは私が同時代の人々と――ひょっとすると同世代の人々とだけかもしれぬが――分かちうる最大のものではないかとさえ思っている。この怒りがこの仕事を続けさせてきたといってもいい。発端にあったのは安倍晋三のキャッチフレーズの一つである「戦後レジームからの脱却」なる言葉である。何を言うか、そうではない「戦争レジームからの脱却」だ、と私は心の中でどなっていた。それは戦争レジームの中で少国民として育てられ、いまでも国民学校一年生の教科書の文章や四文字スローガンを頭の中に留め、あの軍歌を何十曲も覚えている――なんという文化的疎外！――者の怒りであり遺恨でもある。

しかし怒りだけで一冊の本を書くことは難しいし、意味がない。心を鎮めると同時に好奇心を働かせねばならない。いかなる歴史的な背景が私を少国民に作りあげたか。あの国民学校とはいったい何だったのか。そうしたことから私はこの本を「戦争文化とは何か」を探ることから始めた。戦争文化の歴史と、戦時下にその中で育てられた自分の経験を突き合わせてみた。と同時に、戦争文化のまっただ中に青春期を生き、死んでいった少し年上の若者たちの心情に思いを寄せた。また戦後における戦争文化の消滅と復活、その核心にあった愛国心がどうなったか、どのように論じられてきたか、その行方を追ってみた。さらに戦後自分がどのようにして反戦少年になっていったかも振り返ってみた。そこから、大日本帝国の圧倒的な戦争文化の中で敢然と非戦の旗を掲げていた人々の生きる原理とは何だったのかを探る方向に向かった。これはすでに何人もの研究者が開拓した道だが、私なりに辿り直してみた。最後に日本の戦後における戦争文化の復活とこれに対する同時代人の抵抗、私の身近にあった非戦の運動と非戦の思想の展開に触れた。

こうしたことを書きながら、私は何を読者に伝えたかったのか。もちろん、ささやかではあるが私自身の非戦の信条を伝えたいということはある。また物書きである私が自分の研究対象としてきた「戦後思想」から継承すべきものは「戦争文化とのたたかい」であるということを少し強調したい気はある。

しかし同時に、書き進んでいくうちに、この国がアメリカに全面的に寄り添って、米日による軍事演習が繰り返され、分業化された戦争に乗り出そうとしているという危機感、さらにまた大学、研究所への資金投与をとおして軍事研究、原子力研究が産官学の協力体制によって強められているという危機感を分かち合いたい、こういう軍事化社会に対して何をなしうるかを読者と一緒に考えてみたいという願いが大きくなっていった。

では私たちは何をなしうるのか。

いま私は「私たち」と書いたが、これは一人一人の個人のことである。政党でもなく、団体でもないその「私たち」に、出来合いの処方箋は実は何もない。一人一人が何かを考え、何かを作り出していく以外に道はないのだ。

いや指標がまったく何もないわけではない。たとえば『抵抗の同時代史――軍事化とネオリベラリズムに抗して』を書いた道場親信は別のところで、「この戦争に反対」派と「あらゆる戦争に反対」派の二つの立場から、反戦平和の課題と行動を十項目挙げて、何をなすべきかを指し示していた。派兵に対する阻止・反対・抗議。諸次元で進む軍事化への抵抗。軍需産業の解体。構造的暴力の解消等々。[5] そのとおりであり、運動論としてここに挙げられている項目すべてに賛成である。ただ、私はもう少し手前のところで考えたい。それに対して一人の個人にできることは何か、と。

さしあたって私に記しうるのはそのための自分の心得ぐらいである。以下にそれを書き抜く。

第一。個人であれ、グループであれ、軍事化社会に対する異議申し立てをしている人々についての情報を共有すること、できれば応援し、またできれば参加すること。

たとえば、沖縄、辺野古での新たな米軍基地建設反対の戦い。これはもう三年続いている。[6] 大手新聞社はその状勢についても事件についても断片的にしか伝えないが、地元の新聞は頻繁にニュースを伝えていてインターネットで知ることができる。また私は愛読しているのだが、工事の現状と反対運動の日々の動きを伝える「チョイさんの沖縄日記」もインターネットで読むことができる。二〇一七年七月五日の日記にはこうある。

「7月5日(水)午前8時、Nさんと辺野古漁港から「ブルーの船」で取付道路工事の現場に向かった。汀間漁港から出た「勝丸」は、K9護岸の監視を始めている。カヌーは13艇が辺野古から出た。昨日までの台風の余波のうねりも収まり、辺野古のイノー〔珊瑚礁に囲まれた浅い穏やかな海のこと〕は穏やかに凪いでいる。焦げ付くような太陽がまぶしい。今日は、今年一番の暑さになるようだ。時々、魚の群れが海面を走る(……)」

またたとえば「NGO非戦ネット」の流すニュースや声明を見逃さないようにしたい。二〇一七年四月、自衛隊は南スーダンから撤退しはじめたが、これに対してこのグループは「日本政府は、自衛隊の派遣という政治目的先にありきでことを進めたため、南スーダン現地の実情を正確に受け止められず、南スーダン和平のため自衛隊の派遣以外の方法で日本がなしうる貢献を逃した」として四項目の具体的な提案をしている。そのうち第四番目の提案だけを紹介する。

「南スーダンの国民の約三分の一が国内外での避難生活を余儀なくされ、国民の約半数が食糧危機に苦しむ状況を鑑み、日本政府は国連やNGOと連携して、必要な支援を積極的に行うこと」

こういった提案を政府が受け止められないとしたら、厖大な国費を使ったあの自衛隊派遣とはいったい何だったのかということになる。

第二。日頃から異議申し立てをする「不合意個人《ディセンサス》」を自分のうちに養っておくこと。また「不合意個人」の異議申し立てに連帯の意を表すこと。

「不合意個人」とはフランスの社会学者ジャン・ボードゥリヤールが「合意個人《コンセンサス》」と対立させて作った言葉である(7)。彼によれば、個人とは本来、集団のコンセンサスに異を唱える「不合意個人」であった。ところがポストモダンの個人、つまり一九八〇年代の個人は「合意個人」になってしまった、という診断をくだしている。実際、西洋社会でどのようにして「個人」が誕生したかを論ずる個人主義論はいずれも「集団的規範からの自己の引き離し」を「個人」の特色としている。そしてこういう個人が消えて欲望個人、エゴイスト個人、消費個人、快楽個人、ナルシスト個人が誕生してきたところに現代の特色を見ている。

ひるがえって日本社会を考えると、日本の個人はかつて「不合意個人」であったことはなく、常に「合意個人」であったように思われる。周囲を見わたしながら、空気を読み、集団—企業の秩序と衝突しない程度に自己を主張する。しかもその主張は集団内部でのヒエラルキーに応じた分の主張、つまり分をわきまえる個人の主張にとどまる。ある時期、保守の論者によって、相手をおもんばかって行動する「間柄主義」が日本の近代化の成功の要因とされたことを思い出す。

しかし経済的成功の要因であったかどうかはともかく、それが民主主義と相容れないことは明らかである。周囲の空気が何であれ、「仲間と組織をおもんばかって行動せよ」の指令に背き、嘘は嘘、不正は不正として異議申し立てをする自由を保障しないところに民主主義は存在しない。

加計学園事件にさいして、内閣府が文部科学省に早期開学を促したとされる文書の存在を文部省職員が内部告発したが、この不服従は官僚のすべてが「合意個人」でないことを物語っている。当時の義家副文科相は守秘義務違反で処分の対象にする可能性を示唆した。万一そのようなことがあればこれは民主主義の自殺行為である。処分せらるべきは嘘をついた側、「怪文書」として頬かむりをした側にある。組織の中では本当のことを言うと処分されますよ、と公言するのが学校行政を司る省庁の副大臣、この成り行きはしっかり見まもらねばならない[8]。

もう一つ、新聞報道の表には出てこない情報がある。東京新聞社会部の望月衣塑子記者は二〇一七年六月八日以来管官房長官の記者会見に参加し、加計学園についての内部文書を「怪文書」扱いにした官房長官の嘘を見破ったのだろう、繰り返し質問をして食い下がった。本来ならば政治部の記者たちがやるべきことだが、政治部の記者はどこも馴れ合いであってうるさい質問はしないという合意が成立しているようだ[9]。望月記者はこの合意を破ることによってジャーナリストが単なる会社員でないことを示したのである。

第三。権力の発する言葉の誤用、言葉の詐術を暴くこと。

何よりも「テロとの戦い」の嘘、欺瞞、手段の無効性を指摘し続ける必要がある。まず、二〇一四年イスラム国で二人の日本人が拘束されたときの「人命第一、テロに屈せず」の首相発言を取り上げる。もっともな発言のようだが、少し考えればわかるように、二つの文句は明らかに矛盾している。命は相手の手に委ねられている。その命を助けようとすれば相手の要求に応じなければならない。すなわち「テロ」に屈しなければならない。屈しなければ人命は失われる。こんなことは誰にもわかることではないか。

ところが新聞もテレビも首相のこの文句を鵜呑みにして伝えるだけで、どちらにするのか、二者択一ではないかと問いかけることをしなかった。「人命第一」と「テロに屈せず」の二枚舌、もちろん二枚舌が相手に通用するはずはない。その結果二人は命を失った。相手との交渉を拒否したのか、あるいは条件が折り合わなかったのか、あるいは何もしなかったのか、「人命第一」の文句は嘘となった。

さらに言うなら「テロに屈せず」という言葉の使用法が根本的に間違っている。この事件はテロだったのか。そうではなく、ハイジャックと同じく人質をとっての脅迫である。脅迫に失敗しての殺人である。

テロとは何か。例を挙げればすぐわかるはずだ。九・一一、これがテロである。フランスのシャルリ・エブド社やサッカースタジアムの襲撃、これがテロである。近くは二〇一七年六月のロンドンの橋の上での襲撃、これがテロである。何人かの人間あるいはグループがこれと定めた敵をだいたいは自分の命と引き換えに無差別に有無を言わさず襲う、これがテロである。湯川、後藤両氏の場合のように取引の余地があったが取引が成立しなかったがための殺害とはまったく性質が違う。後者において相手は自分の命の危険をおかしていないのだ。

もう一つ加えるなら、テロには屈するも屈しないもない。テロは脅しではなく実行そのもので、なしうることは事前に防ぐことだけである。「テロリスト組織に屈せず」と言うのなら表現としておかしくない。しかし私はこの表現に反対である。第一に、「テロリスト組織」の定義が曖昧で、そのため、どこでもこの語が適用されうるからだ。第二に、この表現はどこにどのようにして存在するかもわからぬ相手の組織全体をひとまとめにして敵と決めつけることであり、そうなると相手からは敵とみなされてもやむを得なくなるからだ。(10)どこかの組織にこの言葉を振り向けるというのなら、そこから敵とみなされる覚悟を国民に求めるべきであろう。

「日本を、取り戻す」「戦後レジームからの脱却」「積極的平和主義」という三つの呪《まじな》い言葉も吟味が必要だ。

「日本を、取り戻す」は二〇一二年自民党の総裁選挙のときに安倍晋三が使い、以後選挙の際自民党のキャッチフレーズとして使われ大成功を収めたようだ。安倍はこれについて「戦後の歴史から、日本という国を日本国民の手に取り戻す戦い」と書いている。(11)戦後の歴史、民主主義社会は占領軍によって作られたと言いたいのか。歴史家によって偽造されたと言いたいのか。いずれにせよこの発言は戦後の歴史の全否定である。そして取り戻すべき日本という国とはいかなる国なのか。取り戻すとあるのだから、それはかつて存在したはずだ。どの時代に存在した日本を？　岸信介が東条内閣の一員だった戦前の日本ということなのか？　言葉のリズムに騙されてはならない。

「戦後レジームからの脱却」も同一の渇望、志向を表明している。「わたくしは残念ながら、この占領下にあって、日本はその姿かたちを占領軍の手によってつくりかえられたのだろうと、このように思うわけでございます。憲法ができ、そして、教育基本法ができたわけでございます。この憲法、そして、教育基本法といった、この時にできあがった戦後の仕組みをもう一度、根本から見直しをしていって、二十一世紀にふさわしい日本をわたしたちの手で作っていこうというのが「戦後レジームからの脱却」でございます」と安倍は語っている。(12) 狙いは教育基本法の改正、憲法改正だった。このうち教育基本法の改正はすでになされた。

新教育基本法には、公共の精神、伝統の継承といった言葉が付け加えられている。言葉こそ使われていないが、教育の現場に「愛国心」が持ち込まれている。しかし私が特に注目するのは教員について「養成と研修の充実が図られねばならない」と記されている第九条である。これは教員の養成と研修は教員組合や教員相互が主体となって行なうのではなく国が主導して行なうという声明である。安倍の長年の「政策的ブレーン」とも噂される日本《にっぽん》会議は新教育基本法の解説として十のポイントを挙げているがその7と10には次のように書かれている。

7　左派大学教員による「教員養成」と日教組による「研修」体制から、国が「養成」に関与し、教育委員会による「研修」を義務化する方向へ移行する。

10　教育に対する責任が曖昧なため、結果として組合の偏向教育を容認していた旧法体制から、国と地方が「教育目標の達成」（教育水準の維持）に責任をとる体制へ移行。

「戦後レジームからの脱却」の狙いの一つはこのような教職員組合潰し、教員の連帯潰しにある。第一章で記した戦前の「教員精神作興」運動にはまだ距離があるが、じわじわとした洗脳が教員を対象として始まるかもしれない。

それにしても奇妙なのは、戦後レジームとされるものの中核には安保条約がある。これはまさしく占領軍によって押しつけられたものだ。この安保条約を廃棄せずして戦後レジームからの脱却はないはずだ。大統領に選ばれたばかりのトランプのもとに安倍が駆けつけた姿が示すものはご機嫌伺い、自発的従属と言っていいもので、「脱却」からは遠い「密着」そのものだった[13]。ここでも言葉だけが踊っているのである。

三つ目の「積極的平和主義」はどうか。国家安全保障会議（二〇一三年十二月四日設置）が作成し、二〇一三年十二月十七日に閣議決定された文書『国家安全保障戦略』の「基本理念」の項目に次の文言が見られる。「我が国を取り巻く安全保障環境が一層厳しさを増していることや、我が国が複雑かつ重大な国家安全保障上の課題に直面していることに鑑みれば、国際協調主義の観点からも、より積極的な対応が不可欠となっている。我が国の平和と安全は我が国一国では確保できず、国際社会もまた、我が国がその国力にふさわしい形で、国際社会の平和と安定のため一層積極的な役割を果たすことを期待している」（傍点引用者）。

ごらんのように、「国際協調主義」がうたわれ、「国際社会」という言葉が二度使われている。実はこの「国際協調主義」という言葉はこの前に一回、あとに八回使われていて、それは常に「国際協調主義に基づく積極的平和主義」とあるように「積極的平和主義」の枕詞になっている。「国際協調主義」を日米同盟と読み替え、「国際社会」を米国と読み替えれば実にすっきりとした文書となる。いや、もっと端的に、白井聡が言うように「積極的平和主義とは戦争することによって自国の安全を保つ方法」なのだ（『経済的徴兵制をぶっ潰せ！　戦争と学生』内座談会での発言）。

そして注意したいことは、この文書がすでに集団的自衛権に通じる道を切り開いていることである。政策研究・政策提言を主たる活動とするシンクタンク「日本国際フォーラム」代表理事伊藤憲一は

『新・戦争論――積極的平和主義への提言』（二〇〇七年）の中で「集団的自衛権を行使できるような憲法解釈あるいは憲法改正を実現すること」を説き、消極的平和主義から積極的平和主義に転ずべきことをすでに主張している。この組織の政策委員会が外交政策についての政策提言を内閣総理大臣に提出し、それが「国家安全保障戦略」に反映されていることを考えると「積極的平和主義」という一見もっともな衣の下に集団的自衛権という鎧がひそんでいたことになる。

第四。良心的拒否、不服従の思想をどう生きるかについて考えること。

現在の日本で徴兵制が採用される可能性はといえば、それはほとんどないと私は考える。仮に憲法改正がなされてもやはり可能性は小さい。現代の戦争では素人の兵隊は役に立たないからだ。だとすれば兵役拒否という問題は出てこない。しかし、軍事化社会、監視化社会が進行する中で、さまざまな分野で思想的な強制、踏み絵が行なわれる可能性は多分にある。いや現にいくつも行なわれている。

一つだけ例を挙げる。「国旗及び国家に関する法律」（一九九九年）が公布されて以後の公立学校での教員への強制である。公立の学校で校長は卒業式で君が代が斉唱されるときに起立することを「職務命令」として強制するようになった。思想、良心の名においてこれを拒否すると何らかの処分を受ける。処分を受けた教師たちがこれを不服として、このような「職務命令」は違憲であるとして全国で何回も訴訟を起こしたが、最高裁はこれを合憲としたためにいずれも敗訴した。

起立を命じたこの「職務命令」を私自身はけしからぬと考えるが、それが合憲か違憲かをここで論じるのはあまり意味がない。合憲であろうとなかろうと、不当な命令には従わぬというのが「良心的不服従」の思想というものだからだ。裁判で戦うのは当然のことだが、不利益や処分は覚悟しなければならない。

それだけでなく、規範とされるものに異議申し立てを行なう者は常に少数である。したがって周囲の冷たい空気にさらされるかもしれない。孤立を余儀なくされるかもしれない。しかし、こうした孤立を恐れぬことだ。少数でよい、仲間を作っておくことだ。また反射神経を鍛えておくのにこしたことはない。ファシズムは細部に宿る。軍事化社会のあれこれの要素が日常の生活の中に入り込んできたときに敏感に反応するために、砂をまくのだ、小石を積むのだ。たとえば町内会での国旗掲揚の押しつけに抗して。フランスの哲学者、アンドレ・グリュックスマンがどこかで言っていることだが、日常の生活で抵抗しない者が大きなことで抵抗できるわけがないのだ。異議申し立ての精神を体内に蓄えること。小田実は言わなかったか。民主主義は自分のからだのなかにあると。

そして私はこう考える。異議申し立ての精神、「良心的不服従」の思想は、民主主義の権利であり、民主主義を権力支配の堕落から防ぐ倫理ではないかと。そして民主主義を活性化するのは先に述べた「不同意個人」ではないかと。「不同意個人」はおそらく少数であろう。しかし民主主義を信ずるということは少数の力を信ずるということである。「同意個人」からなる民主主義、自発的従属に支えられた多数派の民主主義、それは全体主義の別名である。

鶴見俊輔はあるところで、「平和の思想」は学術的、客観的な情勢分析だけでは成り立たない、私情が大事だ、「孤独なかけ」が必要だと書いている。状況論から出発するのでなく、自分の反戦の意志から出発せよ、そこから自分なりの情勢把握を作り行動計画を立てよ、と。[14] 平和、反戦を「非戦」と置き換えても同じことが言えるだろう。そしてもう一つ。「われわれは少数派だ、だがとても大きな少数派だ」（鶴見俊輔「怒りなしに戦えるなら勝つ」市民の意見30の会・東京 ニュース二〇〇六年八月一日・九七号）

この本もこうした「孤独なかけ」、少数の力を信ずる「かけ」として読んでいただければ幸いである。

注

第一章　国民学校一年生——言葉を擦り込まれた少年

（1）この「日本ヨイ国、強イ国。」の部分は『うたのほん　下』（二年生用）にメロディーがつけられて載っているとのこと（山中恒『戦争のための愛国心——ボクラ少国民の作り方』（辺境社、二〇〇四）。しかし、そのメロディーはなぜかいまの私にまったく浮かんでこない。

第二章　戦争文化とは何か

（1）朝日新聞、二〇一四年六月十八日朝刊、〈集団的自衛権を問う〉、談。「「人を殺す」という認識の欠如——「殺す側」の覚悟あるのか　南丘喜八郎さん」。

（2）E. Hecht et P. Servent; *Le siecre de sang 1914-2014: Les vingt guerres qui ont changé le monde*, 2014（エマニュエル・エシュ、ピエール・セルヴァン『流血の世紀　一九一四－二〇一四』）。いま、北朝鮮「危機」についてこの観点こそ強調されなくてはならないのだが。

（3）　ギリシャ哲学者、出隆は「『わだつみのこえ』になにをきくべきか」（一九五〇）という文章の中で戦没学生の教養の狭さを批判して次のように書いているとのことだ。「かれらには「自己」とか「自我」とか「個性」とかの自由や悩みはありあまっていても、その投げこまれている世界戦争の展開を通して支配している大きな法則それ自らを、この法則が戦争を支配しているということを、「考える」などというゆとりはなかったであろう」（福間良明『「戦争体験」の戦後史　世代・教養・イデオロギー』より）。
　しかし当の出隆、「世界戦争の展開を支配している大きな法則」を考え、理解していたらしいこの東京大学教授出隆が、戦争中に『詩人哲学者』なる著作（小山書店、一九四四）の序文「序に代えて——水の杯を出陣の学徒諸君に献ぐ」で、学徒出陣をする大学生に向けて「もう何も言うことはない。ただお願いが一つある。諸君、美しく死んでくれ給え」と書いていたことを知るとき、私はただ唖然とするばかりである。なお、出は後年に出版した自伝の中でこの序文を書いた当時の心境を説明し、「時局迎合的・戦争協力的・戦死賛美的とも読まれそうな文句」だが、そうではないと弁明をしている。また戦後の版の『詩人哲学者』ではこの序文は削除されており、それは「出版書店でもG・H・Qに気兼ねして」と説明している。

（4）　南原繁は、学徒出陣二十周年を記念して、「戦没学生の遺産を嗣ぐもの」という文章を戦後十八年の時点で書いている。戦没学生を「熱烈な愛国者」とするその悼み方も問題だが、次の一句はその発想においてここで引いた学者たちとほとんど変わりない。「日本は、みずからの傲慢と過誤によって、一旦崩壊したけれども、いな崩壊したことによって、灰燼の中から、世界史的転換の契機をつかみ、新たに民族の世界史的使命とそれを担う光栄を発見したのではないのか」（『世界』一九六四年一月号。傍点引用者）。

第三章　古い上着よ　さようなら

（1）この点で、私は二、三歳年長の表現者たち、野坂昭如や小田実だけでなく石原慎太郎や大島渚におおいに関心を持っている。野坂や大島は酒が入るとよく軍歌を歌ったそうだが、私から見ると、彼らの場合、戦中的価値から戦後的価値への移行がどこかぎくしゃくしており、そのぎくしゃくの仕方が彼らの表現や行動の原エネルギーになっていると感じられる。

（2）一九四五年九月一日　日記（「老耄人の寝言」『自叙伝 5』（岩波文庫、一九七六））。

（3）清水幾太郎の場合はその中間にある。彼は敗戦を知って「ワァワァ泣いた」と語っている。それは「敗けたことがくやしい」ということではなく、「全てがむなしくなっていく」「むなしく滅びたという気持」からだ、と（鶴見俊輔編集・解説『語りつぐ戦後史 2』思想の科学社、一九六九）。

（4）趙星銀「丸山眞男と藤田省三――認識するということの意味」（『現代思想』二〇一四年八月臨時増刊号、『藤田省三著作集 第十巻』みすず書房、一九九七に所収）。

（5）色川大吉は一九四五年から四六年にかけての世の中の変化、また親しい友人と自分自身の変化を次のように語っている。「一九四六年、愚衆が巨人のように立上がったのである。この年は、私たちにとっても精神革命の一年となった。これまでの価値が、ひとつひとつ否定さるべきものとして転換されていった」「この一九四六年の日本国民の精神史は、徹底的に研究される必要があると私は思う。国民の生活は破壊状態におちいっていた。だが精神は、その底辺においてもっとも生き生きとし、もっとも多様な可能性をみせて溢れようとしていた（『わだつみの友へ』いわなみ同時代ライブラリー、一九九三）。

（6）私は何と答えていたか。こうである。「拒否（逃亡？）。ただそれだけの勇気を持てるかどうかが問題」。

今から十五年ほど前にこの昔の雑誌をひっくり返していてかつての自分の文章を発見したのだが、この回答には我ながら半ばあきれていた。というのも、八三歳の私にはまったく現実味がないのだが、もしも今、十八歳でこういうアンケートで問われたならば、まったく同じ答えをしたに違いないからだ。

第四章　愛国心の行方

（1）テッサ・モーリス＝スズキ『愛国心を考える』（伊藤茂訳、岩波ブックレット、二〇〇七）。
（2）『世界』一九四八年八月号。
（3）『前進』第三六号、一九五〇年。ちなみに柳田は戦中に大東亜戦争を推進する国家主義的イデオローグであったが、戦後はいちはやく左に転向し、野坂発言に呼応するかのように、新たな「愛国心の哲学」なるものを発表し（一九四六年十月）、衣を変えて「愛国者」として戦後の言論界に登場している。戦前の「神国主義」の愛国心を批判し、愛国心の革命を説いているのだ（『新愛国論』文理書院、一九四七年に所収）しかもインターナショナリストとしてスターリンの信奉者であることを知るとき、この言説はまったく珍妙とはいえず柳田本人の軌跡とも言える。
（4）「愛国心工作と生活教育」『資料で読む戦後日本と愛国心 1』（日本図書センター、二〇〇八）。
（5）「後退の季節」『清水幾太郎著作集 15』（講談社、一九九三）所収。
（6）発表時のタイトルは「国民主義理論の形成（1）（2）」（『国家学会雑誌』第五八巻三号・四号）。
（7）エルネスト・ルナンが一八八二年にソルボンヌで行った講演『国民とは何か』に「国民の存在は日々の国民投票である」という有名な一句がある。日本語の初訳は一九九三年（鵜飼哲訳『批評空間』第一期九号）だが、有名なテキストなのでおそらく丸山はこれを独訳か英訳で読んでいたのであろう。

（8）丸山は明治の民権論者が用い、戦後のマルクス主義者が好んで用いた「人民」という言葉を生涯自分の言葉としては使っていないことに注目したい。おそらく、自立的な個人と国家とが内在的に結びつくことを民主主義の条件と考える丸山にとって、「人民」は「国家」をないがしろにした言葉のようだ。

（9）「もっとも抽象的、一般的な意味においては愛国心とは人がその所属する政治的社会に自己を同一化（identify）するところから生ずる感情や態度の複合体にたいして名付けられた言葉である。それはナショナリズムと密接な関係にあるが、後者が一応ネーションを基盤にしているのにたいして、愛国心はたとえば古代ギリシャの都市国家のばあいにももちいられるように概念が広い」

（10）佐伯の文章の特徴は、いたるところで戦後の左翼と右翼（佐伯は大体の場合「保守」と書いているが、左翼の対立概念は右翼であろう。また佐伯自身もときには右翼と書いている）の議論をたたいて別の位置に身をおく点にある。ただ、左翼を代表するのが丸山眞男一人というのは異様な光景である。

（11）『想像の共同体――ナショナリズムの起源と流行』の著者、ベネディクト・アンダーソンはこうした分け方を頭から否定している。「ナショナリズムが他者への恐怖と憎悪に根ざしており、人種主義とあい通ずるものである」とする「進歩的、コスモポリタン的知識人」を批判している。そしてその例として「情熱的な愛国の心」を詠うホセ・リサールの詩を引くのだが、私の読むところでは、リサールの詩にナショナリズムを見ることがそもそもの間違いであり、これはパトリオティズムの詩と言うべきなのである。彼もまた二つを区別していない。

（12）日本弘道会の創始者西村茂樹は福澤諭吉とほぼ同時代の思想家、とりわけ『日本道徳論』の著者として知られる。「尊王愛国論」と題する二つの講演を残しており、そこで西村は愛国という言葉について次のように述べている。「現今本邦ニテ用フル愛国ノ義ハ支那ヨリ出タルニ非ズシテ、西洋諸国ニ言フ所ノ「パトリオチズム」を訳シタル者ナリ、西洋ノ辞書ニ、己ノ本国ヲ愛スルヲ「パトリオチズム」ト云ヒ、己ノ本国ヲ愛シ之ヲ防御スル者ヲ「パトリオット」ト云フトアリ」。そしてこうした西洋流の愛国だけでは駄目で日本においては「尊王愛国」でなければならぬ、というのがこの講演の主旨である。

(13) もっとも、そこに、ここ三十年の間の世界の背景の変化を考慮する必要がある。一九五〇年代はアジア、アフリカで非植民地化の運動が進展し、民族解放が唱えられた時代、第三世界のナショナリズムが肯定的に捉えられた時代だった。そもそも自分の「国」というものが存在せず、「国民」になったことのない植民地支配のもとにある人間にとって、愛国心―パトリオティズムなるものは存在しなかった。彼らが拠って立つイデオロギーは民族を動員しうるイデオロギー、植民地宗主国があらわに押しつけてくるナショナリズムに対する抵抗としてのナショナリズム、あるいは「否定のナショナリズム」(鈴木道彦)しかなかったであろう。これだけが彼らを植民地解放の戦いに駆り立てるエネルギーだった。その代表的なイデオローグがフランツ・ファノンであった。

ところが今世紀、他国の支配に異議を唱えるナショナリズムは下火になった。たしかにパレスチナ人の運動はある。チベット、ウイグルなど中国の自治区での反抗はある。こうした人々のナショナリズムに私はある程度の共感を禁じえないのだが、しかし、ナショナリズムをまるごと肯定的に捉えるには、ナショナリズムの名においておかされた戦争の犯罪があまりにも悲惨すぎる。イラン―イラク戦争の死者五十万、「民族浄化」が唱えられたボスニア゠ヘルツェゴビナ内戦の死者二十万、どちらも宗教や利害とともにナショナリズムが大きな誘因となっている。こういった死者たちを何の名において正当化できるのだろうか。いや、そもそも戦争の死者たちを意味付ける、正当化する、こういう発想そのものが間違っているのではないのか。今日の西欧社会に見られる「ナショナリズム」という語への警戒感には、排外を掲げる自国の右翼勢力に対する反感とならんでナショナリズムの名においておかされた数々の犯罪が作用していると考えられる。

(14) ここまで書いてきて私はマウリツィオ・ヴィローリの『パトリオティズムとナショナリズム――自由を守

る祖国愛』という本に出会った。一九九五年に書かれたこの本は二〇〇七年に翻訳出版されている（日本経済評論社）。ヴィローリの意図はある意味で姜尚中と共通し、これまでパトリオティズムという言葉が右翼によって独占されてきた、これは駄目で、民主的左翼はナショナリズムに対抗できる左翼パトリオティズムを構築せねばならぬというものである。

彼の論の特徴を簡単に挙げれば、第一に、語の定義ではなくその使われ方、目的に重点をおいていることである。そこから、冒頭で「一つの集団（people）の共同の自由を支える政治制度と生活様式への愛、つまりは共和政体への愛を強めたり喚起したりする目的」で使われてきたパトリオティズムと「一つの国民の文化的、言語的、民族的同一性と同質性を擁護したり強化したりする目的」で使われたれたナショナリズムという語がはっきり区別される。

第二に、それだけでなく、「公共の自由に対する愛」を核とするパトリオティズムを、文化、民族性、宗教の領域に閉じこもり、抑圧と差別を擁護するナショナリズムや共同体主義（communitarianism）に対する「解毒剤」と考え、「思いやり」と「寛容」をパトリオティズムの中に盛り込もうとしていることである。

第三に、パトリオティズムには「祖国への義務」が伴うことを認めながら、義務の範囲を限定すべきだ、と、パトリオティズムに対しても歯止めを考えていることである。

このように、ヴィローリのパトリオティズム論は日本で見られる愛国心論とはかなり違う。日本の論者の文章に「共和政体への愛」とか「公共の自由に対する愛」といった言葉はまったく出てこない。一つには、「パトリオティズム」と「愛国心」との語感のズレがあるし、もう一つはヴィローリが右翼のパトリオティズムを無視し、もっぱら左翼のパトリオティズムに焦点をあてているからでもある。

第五章　非戦思想の源流

（1）　木下尚江には日露戦争が始まる前から新聞に連載された小説、熱烈なキリスト教徒で社会主義者、非戦を説く青年篠田と、悪徳資本家の娘でこの青年にほのかな想いを寄せる梅子を主人公にした『火の柱』という傑作がある。梅子は彼女に言いよる海軍軍人に乱暴されそうになったときに抵抗し、相手を傷つける。軍人はこの事件を「名誉」にかかわるとして内密にしようとするが、梅子は次のように応じる。
「名誉とは何事です。誰の名誉に関わるのです。殺人と略奪を稼業にする汝等に、何で人間の名誉がありましょうか。――女性全体の権利と安寧との為に、必ず之を公にして、社会の制裁力を試験せねばなりません」（『日本平和論大系 3』（日本図書センター、一九九三）所収）。

日本文学史上に記憶されてよい言葉ではないだろうか。

柏木義円は日露戦争前から満州事変にいたるまで、一貫して非戦主義者、日本は「柔和なる小日本主義」に甘んじよ、と説いている（「柔和なる人、柔和なる国」『上毛教界月報』一九〇四年三月十五日、『柏木義円集』第一巻、未來社、一九七〇に所収）。
（2）　『日本平和論大系 1』（日本図書センター、一九九三）。家永のこの文章の題名から「非戦」が落ちていることに私は不満である。
（3）　もっとも、日清戦争を「義戦」であると内村に考えさせたのは、朝鮮の独立という目的への共感だけではなく、日支関係についてのかなり滑稽な内村流の文明論的な見方であったとも言える。柴田真希都の労作『明治知識人としての内村鑑三――その批判精神と普遍主義の展開』（みすず書房、二〇一六）は、内村を日清戦争肯定へと導いた当時の彼の思考の枠組みを仔細に分析している。

（4）ただ、この文章は実際に戦地に赴くキリスト教徒を強く意識したものと考えられる。その数ヶ月前、内村は、彼の影響を受けて兵役拒否と国税支払拒否を決心していた斎藤宗次郎に会って、翻意させている。

（5）柴田真希都の『明治知識人としての内村鑑三』では、この時期の内村による愛国心批判を二点にまとめている。第一に、愛国心を道具とした国民統合化の動きへの批判、第二に、党派心や利己主義の系にある愛国心批判。

（6）一九一四年、第一次大戦がヨーロッパで勃発したときには、戦争は「神の厳罰」である、不信者国への神の刑罰であるがゆえに、「神の子供は今回の此大戦争を見て反て神に感謝すべきである」とさえ書いている（「欧州の戦乱と基督教」一九一四年十一月十日）。非戦も平和ももはや人間の事業ではなくなっている。そこに私は、すべてを神の定めにもっていく内村の思考法の危うさを見る。

（7）『幸徳秋水全集』には『万朝報』に掲載された時事論文が発表年代順に収められているが、幸徳が初めて非戦の思想を表明したのは一九〇〇年八月七日付の「非戦争主義」だと考えられる。ここでは戦争が「多数兵士の苦境」や「戦地人民の不幸」や「一般社会の損害」を生み出すことに触れ、なぜ平和論者や非戦争主義者はこうしたことに声をあげぬか、「非愛国」「非忠君」と言われることを恐れているのではないか、と批判の矛先は言論人に向けられている。

また次の月には「兵は殺人の器」「天下の富を消糜《しょうび》するの具」「人心腐敗、風俗頽廃の源」として反軍思想を公にしている（「断じて名誉に非ず」九月二十七日）。さらに日本の帝国主義は資本家的富豪的帝国主義ではなく「軍人的帝国主義」であり「空威張的飴細工的帝国主義」であり軍備に振り廻されている、としている（「排帝国主義論」十一月十七日）。

（8）ここで私的な思い出を記すなら、私の次兄は体格のよい暴力少年で、学校の成績も悪く小学生の頃から父や長兄を相手になぐりあいの喧嘩をしていた。両親はこれは大変だというので、不良が多いという評判の中学

（旧制）に入学した次兄に、陸軍幼年学校を受験させた。おそらく体格の良さを評価されたのだろう、彼は仙台の幼年学校に合格したのだが、これ以後見違えるように礼儀正しい少年に変貌し、両親に毛筆で書いてくる手紙も達筆で、尊敬にあふれる内容になっていた。軍隊教育にはたしかにこういう恐るべき「効果」があるのだろう。思想的には言うまでもなく洗脳されていたはずである。

（9） 山泉進『平民社の時代　非戦の源流』（論創社、二〇〇三）からの引用。なお山泉は、平民主義、社会主義、平和主義を表明した五箇条からなるこの「宣言」が一九〇一年に結成された社会民主党の「宣言」を継承していること、ただし社会民主党の綱領の中から主権の所在にかかわる「民主主義」の主張の部分は治安警察法の適用を警戒して排除していること、平民主義とは民主主義の置き換えであることなどを指摘している。

（10） ただしこれは主戦論者が戦争の可否を論ずる際に兵卒の生命と自由をまったく意にかいしていないこと、また徴兵法が不平等で貧乏人が貧乏くじを引いていることへの抗議と怒りの文章の中で書かれていることも考え合わせる必要がある。

（11） 大日本帝国憲法第二十条には「日本臣民ハ法律ノ定ムル所ニ従ヒ兵役ノ義務ヲ有ス」とあるが、幸徳は二十歳のときに徴兵検査を受けたものの虚弱体質のため不合格となり、兵役を免除されている。

第六章　兵役拒否と不服従の思想の源流

（1） 岩波新書（一九六九年）。その後、徴兵忌避の歴史、タイプについての大がかりな調査に基づいて、菊池邦作の労作『徴兵忌避の研究』（立風書房、一九七七）が出た。ただその一部はすでに一九六四年に雑誌『みすず』六六号に発表されている（「天皇制下の軍隊における異端――徴兵忌避と兵士の反抗・反乱」）。

（2） ルイ・アラゴンは『お屋敷町』という小説の中で、このフランス語の表現について「シニックな言い方」

と書いている。

（3）もっとも菊池邦作によれば、実態は逆であって、明治政府の改革（税制、学制、太陽暦の導入）に不満を覚える農民たちは「血税」の文字を巧みに利用して、血税反対を中心スローガンにして人心を反政府闘争に結集して立ち上がったとのことである。

（4）田村貞一は戦後になってもう一度『矢部喜好の生涯――日本最初の良心的兵役拒否者』（キリスト新聞社、一九六七）という小冊子を出している。前著から多くをとり、若干修正し補足している。この小冊子を参照して稲垣真美は『良心的兵役拒否の潮流――日本と世界の非戦の系譜』（社会批評社、二〇〇二）の中で矢部の生涯について語っている。鈴木範久篇『矢部喜好平和文集　最初の良心的兵役拒否』（教文館、一九九六）は新しい資料に基づいて、これまでのところもっとも信頼の置ける矢部喜好像を提出している。矢部自身の自伝もここに再録されている。

（5）鈴木範久の調査によれば、父とされているのは実際には喜好の長兄であり、実父は祖父とされている人であったという。

（6）阿部知二は、この時代に日本の軍部が兵役拒否者にこのような代替業務を与えて処理したことは驚くべきことで、それはいかなる発想によるものか、つまびらかにできないのは残念だと記している（『良心的兵役拒否の思想』）。

（7）灯台社とその主幹明石順三について私が参照し得たのは以下の三人の研究である。佐々木敏二「灯台社の信仰と抵抗の姿勢」（『戦時下抵抗の研究　1』（同志社大学人文科学研究所、一九六八に所収）、稲垣真美『兵役を拒否した日本人――灯台社の戦時下抵抗』（岩波新書、一九七二）、津山千恵『戦争と聖書――兵役を拒否した燈台社の人々と明石順三』（三一書房、一九八八）。このうち佐々木の論文は灯台社と明石順三の思想の紹介に力点が置かれ、灯台社の兵役拒否者についてくわしく記しているのは稲垣真美の著作であり、以下の叙述もほぼこれに依拠する。他方津山の著書は公判記録にくわしく、灯台社以外の戦争体験者の声も紹介しているのが特徴である。

（8）稲垣真美によればこの手記は「元灯台社社員明石真人の手記」として当時の官憲資料『思想月報』八十九号（一九四一年十一月）に全文掲載されているという。

（9）真人は父順三がワッチタワー二代目会長ラザフォードの説に反対して別の説を唱えたことに不信を抱いたという。

（10）もっとも、戦争中の権力との妥協という点については順三に誤解があったようだ。第二次大戦中に良心的兵役拒否をしたアメリカ人の三分の二、三千五百人余はワッチタワーの会員であったという（津山千恵『戦争と聖書』）。

（11）津山千恵は、戦中、聖書を武器にして権力と闘い続けた明石順三が、自由を得た戦後になぜ信仰を捨てたのか、という問いをかかえて順三が晩年を過ごした地を訪れたときのことを回想として語っている。この旅は彼女が明石に抱いていた幻想を崩壊させたようである。しかし、明石がワッチタワーの本部批判をし、自己批判したのが事実であっても、また仏教研究にのめりこんでいったのが事実であっても、聖書の信仰を捨てたとは言えるのかどうか。

（12）一九四四年春、一人の学徒兵が中国江北省に駐屯する部隊に配属された。「度胸をつけさせるため」という目的で上官から中国兵の捕虜を銃剣で突き殺すという訓練を命じられたが、彼はこれを拒否し、そのため「要注意人物」ということで徹底した差別とリンチを受けた。戦死することなく敗戦を迎えて帰国したが、その際、戦場での体験を秘かに詠んだ短歌を衣服に縫い付けて持ち帰った。敗戦後四〇年を経て彼はようやくこれらの短歌を発表する。そのうちの一首。「祈れども　踏むべき道は唯一つ　殺さぬことと心決めたり」。彼の父親は内村鑑三につらなる無教会派の牧師であり、彼もまたキリスト教徒であった（渡部良三『歌集　小さな抵抗──殺戮を拒んだ日本兵』（岩波現代文庫、二〇一一）。
（13）　加藤昇一郎、串田孫一共訳、思索社、一九五〇。ただし必要に応じて拙訳を用いる。
（14）　『丘』『世界の歌』『気晴らしのない王様』『いかさまトランプ師の冒険』『木を植えた男』他。
（15）　私の情報の多くは新聞の断片的な報道を別にすれば、内山敏や田中良が雑誌『世界』に毎月連載していた文章、ジャン・ミュレールというアルジェリア召集兵の記録や証言の翻訳『太陽の影──アルジェリア出征兵士の手記』（鈴木道彦他訳、青木書店、一九五八）の翻訳と解説、モリアンヌなる名前で刊行された手記『祖国に反逆する──アルジェリア革命とフランスの青年』（三一新書、一九六〇。原題は *Le Déserteur*〔『脱走兵』〕）の淡徳三郎の翻訳と解説などに負うている。

第七章　非戦の原理から不服従の思想へ

（1）　「新憲法の解説」は高見勝利篇『あたらしい憲法のはなし　他二篇』（岩波現代文庫、二〇一三）に収められているが、高見勝利の解説によれば、国民の作った憲法は国民が解釈すべきであり政府者がつくるのはいけない、という金森徳次郎の意見で発売元は文部省とはならなかったとのこと。
（2）　小林直樹『憲法第九条』によれば、戦争放棄条項はマッカーサー・ノートに基づく。ただ、実際の起草にあたった占領軍民政局の法律家たちは、マッカーサー草案に手を加えて和らげた上に、始めはこの原則を憲法前文に置こうとした。松本国務相も戦争放棄を「原則規定にすぎない」ものとしておくために前文の中に入れてはどうかと申し入れたが民政局長ホイットニーに拒否され、マッカーサーやホイットニーの意向で「この条項を可能な限り最大限に強調するため」本文第一章に移されることになった。最終的に第二章に置かれたのは「天皇制に敬意を表してのこと」（第一章は「天皇」と題されている）と説明している。だとすると、構成のこのアンバランス、第二章が「戦争放棄」と題された理由はこうしたやり取りの中で生じたということか。

（3）声明の署名者にはブラジルの社会学者ジルベルト・フレイレ、フランスの社会学者ジョルジュ・ギュルヴィッチ、ドイツからはフランクフルト学派のマックス・ホルクハイマー、アメリカの精神科医ハリー・スタック・サリヴァン、また東の陣営からはハンガリーの社会学者アレキザンダー・ソロイなどがいる。声明の題名は「平和のために社会学者はかく訴える」となっている（『世界』一九六二年九月号付録）。

（4）『世界』十二月号に「研究報告」という形で掲載。総論を清水が、第一章および第二章を丸山が、つづく第三章・第四章はそれぞれ鵜飼信成・都留重人が執筆。

（5）平和問題談話会の声明について一九六八年六月に行なわれた丸山眞男を含む座談会の記録が『世界』一九八五年の臨時増刊号に収められている。

（6）原水禁運動が立ち上げられたのとほぼ同じ時期に、東京砂川での米軍基地拡張反対運動が起こっている。土地の接収に反対する農民たちのこの通称砂川闘争には一般の労働者も学生も多数参加し、私も学生時代に何回か現地での反対運動に参加している。この闘争については道場親信の「軍事化・抵抗・ナショナリズム——砂川闘争五〇年から考える」（『抵抗の同時代史——軍事化とネオリベラリズムに抗して』（人文書院、二〇〇八に所収）がくわしい。そこに記されているように、原水禁反対運動と反基地運動とは参加者の頭の中では同じ一つのことと考えられていた。ただ、この同じ時期に沖縄では低額の基地使用料に対する「島ぐるみ闘争」が行なわれている。「沖縄と砂川とは兄弟です」ということで砂川と沖縄とは深く結ばれていたとのことだが、情けないことに私の頭にはそういう認識はなかった。

（7）「原水禁運動と安保改定の問題」（『思想』一九五九年九月号）。

（8）林茂『太平洋戦争〈日本の歴史 25〉』（中公文庫、二〇〇六）。

（9）山田風太郎『戦中派不戦日記』昭和二十年八月十日、十四日より。山田のこの日記は当時の知的青年が何を感じ、何を考えていたかを知る上で（これはあとから書き加えたのではないかという疑念の残る箇所があるにもかかわらず）貴重である。ただ、軍国主義、戦争について比較的合理的な判断を下しながらも、次のような箇所を読むと、戦争文化は彼のような人にまで浸透していることがわかる。「決して敗けられない。況《いわ》んや降伏をや。降伏するより全部滅亡した方が、慷慨《こうがい》とか理念とかはさておいて、事実としては幸福である」（八月六日）。

(10) 林茂『太平洋戦争〈日本の歴史 25〉』。

(11) 朝日新聞東京裁判記者団『東京裁判』上・下（朝日文庫、一九九五）。

(12) 以下の引用は半藤一利、保阪正康、井上亮『「東京裁判」を読む』（日本経済新聞出版社、二〇〇九）より。

(13) もっとも、こういう疑問は靖国運動の推進者たちからは一笑に付されるであろう。道場親信の『抵抗の時代史——軍事化とネオリベラリズムに抗して』（人文書院、二〇〇八）によればこうである。一九四七年に生まれた日本遺族厚生連盟は誕生の初期においては「戦争犠牲者及び社会公共の為の殉職者の遺族を会員とした団体」として、世界恒久平和、戦争防止、全人類の福祉を掲げていた。しかし、次第にその性格を変え、一九五三年三月日本遺族会へと改組されてからは、戦争防止、平和、人類福祉の語が消えて、かわりに「慰霊救済の道を開く」、さらには「英霊の顕彰」が付け加えられた。そして恩給の受給権の要求が、戦争の犠牲者の遺族に対する国家補償ではなく、公務による死の補償へと変質し、被害者として遺族が加害者である国家と対峙する回路があらかじめ除去されてしまった。ひらたく言えば、日本遺族会は利益の擁護団体になったということであろう。

(14) 戸谷由麻『東京裁判』（みすず書房、二〇〇八）は、極東裁判に大国だけでなく小国が参加したことによって、「勝者の裁き」という意味合いだけでなく「被害者による裁き」という特徴も帯びたことを指摘している。ビルマやインドネシアは当時独立していなかったので公式参加国ではなかったが、検察チームに補佐官が一名ずつ参加していたという。

(15) 日暮吉延『東京裁判』(講談社現代新書、二〇〇八)他。

(16)『兵役拒否の思想』(レグルス文庫、一九七二)所収。

(17)「忠誠義務」という言葉は私にとってはもっともおぞましい言葉の一つだが、大熊にとっては絶対に手放してはならない愛する言葉のようで、戦後になっても引っ込めない。この前年の文章では、交戦権のない戦後の日本民族の忠誠義務は「平和の擁護とむすびつくものでなければならない」と書いている(「日本民族について」(『世界』一九六四年一月号))。

(18) 宮田光雄は大熊については触れていないが、ステファン・キング＝ホールの提言、さらにその他外国の論者の提言を批判的に紹介しつつ、守るべきものは「社会的生活様式」である、とする立場から「非武装国民抵抗」あるいは「市民的防衛」がいかにして可能か、とりわけ国土が占領された場合にいかにして可能かを、その条件(民衆の非暴力抵抗の精神、社会的デモクラシーの制度)、その主体(政治過程にたいして監視と参加を怠らない成人した市民)、その方法(服従拒否と非協力)、避けるべきその危険(暴力的サボタージュ、ゲリラ、暗殺)について近年の歴史を参照しながら具体的に検討している(『非武装国民抵抗の思想』岩波新書、一九七一)。

(19)「新しい世界と思想の要請」(『鶴見良行著作集 2』みすず書房、二〇〇二に所収)。

(20) 同書所収。

(21) 山崎博昭を追悼するためのモニュメントの建立と、この五十年を振り返る記念誌の刊行を計画して二〇一四年に「10・8 山崎博昭へのプロジェクト」が立ちあげられ、二〇一七年六月に羽田弁天橋に近い福泉寺に記念碑が建立された。記念誌『かつて10・8 羽田闘争があった——山崎博昭追悼50周年記念[寄稿篇]』は二〇一七年十月に合同フォレストより刊行された。

(22) 由比忠之進は死の決行のほぼ一ヶ月前に「ジョンソン大統領への抗議文」を書き記していた。そこでは「北爆を本当に無条件に即時中止せよ」と訴えている（『世界』一九六八年一月号）。

(23) フィルムを撮影した理由は、一九六八年八月の「反戦と変革京都国際会議」での小中陽太郎の説明によれば、彼らの行為を宣伝するためではなく、いつ捕まるかもわからない、もし捕まったら何のために脱走したのかが曖昧にされる怖れがあるから、ということだった。また、彼らが船でソヴィエトに着く前の十三日に発表したのは、ソ連当局が脱走兵に対してどういう態度をとるかがわからなかったので、事前に明らかにしたとのことである。

(24) その後、次々に脱走兵が現れ、ベ平連は対応に追われる。最初は鶴見俊輔の家族、友人らだけで対応していたようだが、それも難しくなり、「ジャテック」（ＪＡＴＥＣ）なる地下組織が組まれ、栗原幸夫や高橋武智などが実務を担っていた。最終的にこの組織をとおして出国した脱走兵は二十名近くとのこと、彼らがどのようなきっかけで脱走に踏切り、誰の助けでどのように暮らし、何を考え、その後どうなったか、また支援する側がどのような問題にぶつかり、それをどう解決したか、その細部は小田実・鈴木道彦・鶴見俊輔編『脱走兵の思想――国家と軍隊への反逆』（大平出版社、一九六九）、小田実・鶴見俊輔編『反戦と変革――抵抗と平和への提言』（学芸書房、一九六九）、関谷滋・坂元良江編『となりに脱走兵がいた時代――ジャテック、ある市民運動の記録』（思想の科学社、一九九八）、鶴見俊輔・吉岡忍・吉川勇一編『帰ってきた脱走兵――ベトナムの戦場から25年』（第三書館、一九九四）などに譲る。

(25) ベ平連が記者会見を開き、四人の水兵の脱走を支援したことを発表してほどなく、以後次々に起こりうるアメリカ兵の脱走に対処するため、また亡命の問題にとりくむために「イントレピッド四人の会」が発足した。この会の世話人は当初、福富節男、古山洋三、鈴木道彦、高橋武智だったが、私も賛同人の一人として積極的に参加した。この間の事情については拙著『かくも激しき希望の歳月　１９６６〜１９７２』（岩波書店、二〇〇四)に記した。

(26) 会議の内容の全体は小田実・鶴見俊輔編『反戦と変革』に収められている。

(27) 戦後、日本人が抵抗なしに占領軍と彼らの与える民主主義をすんなり受け入れたのはアメリカ人にとっては信じがたいことであったようで、ジョン・ダワーの『敗北を抱きしめて』は日本人のこの不可思議な受け入れ方に答えを与えようとする労作だが、小田はすでに、難死が日常化していたからだ、国家の与える正義、原理のかわりに別の原理を無意識的に求めていたからだ、という答えをここで出している。

(28) 「デモ行進とピラミッド——戦後民主主義は破産したか、デモの行進のなかで考える」(『展望』一九六九年七月号。なおサルトルが最晩年に同じような言葉を残している(レヴィとの対談『いま希望とは』一九八〇年)。「民主主義というのは(……)権力の政治的形態ないしは権力の生み出し方の政治的形態というだけではなく、生そのものであり、生の形態であるように思われる」(拙訳『朝日ジャーナル』一九八〇年四月二十五日号)。

(29) 『被災の思想　難死の思想』(朝日新聞社、一九九六)、『でもくらてぃあ——「人間は殺されてはならない」・「人間の国」「人間の文明」の構築へ』(筑摩書房、一九九六)。

(30) 『正義論』からの引用は川本隆史・福間聡・神島裕子訳(紀伊國屋書店、二〇一〇)による。

(31) 吉川勇一は一九五〇年代後半の砂川の米軍基地拡張反対運動における非暴力直接行動を例外として、市民的不服従を実行するという立場は日本の大衆運動の伝統の中になかったこと、非暴力直接行動、市民的不服従が大きく人々に影響力を広げるようになったのはベトナム反戦運動であることを指摘している(高草木光一編『連続講義　一九六〇年代　未来へつづく思想』岩波書店、二〇一一)。

ただここでもう一つどうしても付け加えたいことがある。それは米軍占領時代(一九五六年)に那覇市長に選ばれながら米軍の不当な介入によって市長職を奪われた瀬長亀次郎の長年にわたる不服従闘争である。迂闊にも忘れていたこの人の存在を思い出したのは、二〇一七年に制作されたドキュメンタリー『米軍《アメリカ》が最も恐れた男　その名は、カメジロー』（監督：佐古忠彦）を観たからである。その生涯は『不屈　瀬長亀次郎日記』（全三巻）にくわしく、那覇市にある瀬長の記念館『不屈館』でも追うことができる。文字通り「不屈」の人で、映画の中でもっとも感動的なのは、一九五二年、第一回立法院議員選挙でトップ当選を果たしたカメジローが琉球政府創立式典で全員が脱帽し起立する中、ただひとり鳥打ち帽をかぶったまま立ち上がらず、読み上げられた米軍軍政への宣誓文への捺印を拒否する場面である。それは良心的拒否であると同時に、米軍統治と軍事基地への異議申し立て、公共の場でなされた市民的不服従のみごとな例であった。

終章　少数の力のために

（1）　財界、政界、学会の二十数人からなる討論記録「わが国安全保障に関する研究会報告」（一九八〇年三月）では次のような古色蒼然とした提言がなされていた。

「勤労とか堅忍不抜、質実剛健、困苦欠乏に耐えるといった、五〇代以上の日本人が基本的価値観として教育され、訓練された精神論は、もはや口にする者がいない。しかし、一旦緩急ある場合は国民は一致団結して、このような価値観に基づいて国を守り抜くという覚悟がなければ、国の安全保障は保ち得ない。いまや日本の多くの戦後生まれの青年たちは、滅私奉公の価値観から滅公奉私の価値観に移行してしまった。これを、ふたたび滅私奉公の価値観、人生観に戻さなければならない」

何よりも驚いたのは「一旦緩急ある場合は」の一句であり、まなこをこすらずにはいられなかった。これは、その四十年ばかり前、国民学校の校庭で朝礼の折に繰り返し聞かされていた台詞で、その後に来る言葉は決まって「天皇陛下のために」であり、「命を捨てる覚悟」だったからである。あの一九四五年八月、降伏ととももに、「国を守り抜くという覚悟」などは彼ら自身きっぱり捨てたはずなのに、またぞろ持ち出してくるとは！

（2）『週刊朝日』一九八二年八月十三日号。

（3）「国家権力と知識人の政治参加」一九六六年（『鶴見良行著作集 2』所収）。

（4）もっとも危険なのは特定秘密保護法（二〇一三年）である。その範囲は広く、行政機関の都合で「特定秘密」に指定される可能性が大である。政権に都合の悪い情報が「特定秘密」に指定され、これを取得しようとすると処罰される。国会議員の質問の自由、ジャーナリストの報道の自由がいちじるしく制限されることは間違いない。エドワード・スノーデンはこの法律は「アメリカがデザインしたもの」と語り、毎年「世界報道の自由度ランキング」を査定している国境なき記者団は、この法律を理由に、二〇一三年の五三位から二〇一四年には五九位に日本を格下げにしている。

（5）「「反戦平和」の戦争体験――対話と交流のためのノート」（『現代思想』二〇〇三年六月号）。

（6）戦後沖縄は米軍支配下にあった時代も、日本に返還された一九七二年以後も、島全体が軍事基地化しているがゆえに、日本のなかで反戦運動のみならず社会の軍事化に対する反対運動がもっとも広くかつ持続的になされてきたところである。私の記憶に何よりも鮮明に残っているのは、一九八七年十月、すなわち沖縄においても小・中・高の公立校に日の丸掲揚と君が代斉唱が強制されはじめた頃、読谷村に設定された国体のソフトボール会場で日の丸の旗が引き下ろされ、焼き捨てられた事件である。実行者知花昌一は地元の平和運動家であった。沖縄におけるこうしたさまざまな形の反戦運動については、何よりも新崎盛暉の厖大な『沖縄同時代史』（全十巻・別巻一）、『沖縄現代史』があることを記しておく。

（7）Jean Baudrillard: le sujet et son double（Magazine littéraire avril, 1989）

（8）この件は結局、問題の文書は信用のおけない個人メモであって行政文書でないということにされ、処分は流れた。処分することの危険を避けたのである。

（9）かつての朝日政治部長いま編集委員の曽我豪、かつての毎日政治部長いま特別編集委員の山田孝男、時事通信解説委員でテレビにもよく出演している田崎史朗らはいずれも安倍首相の寿司仲間、当時生活の党の山本太郎がこの件について首相とマスメディアとの癒着について質問主意書を提出したことで知られている。かつてフランスで左翼系の週刊誌『ル・ヌーヴェル・オプセルヴァトゥール』誌の主要記者が当時のサルコジ大統領の食事の招待に応じたことで大問題になり、紙面で弁明していたことを思い出す。

（10）西谷修は「テロとの戦争」なる言葉がそもそも「胡乱な造語」であることを正当に指摘し、その効能を六点挙げている。（1）テロリストと名指せば相手を法秩序の外に置くことができる。（2）テロリスト相手には人道的配慮が不用になる。（3）敵は正規軍でないので汚い戦争手段が使用できる。（4）情報機関や特殊部隊の役割が増大し、報道規制が当然となる。（5）非常時にのみ容認される統制管理の体制が恒常化させられる。（6）このスローガンを踏み絵にして、アメリカの意向に従わない国家に対して軍事力を発動することを可能にする（『テロルとの戦争――9．11以後の世界』以文社、二〇〇六）。

（11）「新しい国へ」『文藝春秋』二〇一三年一月号。

（12）平成二十一年 建国記念の日奉祝中央式典・記念講演『美しい国へ――戦後レジームからの脱却』。

（13）これについてマスコミはいかなる批判もしなかったのが不思議である。どこの国の首相がすぐにトランプ詣をしただろうか。

（14）『平和の思想』解説。『戦後日本思想大系 4』（筑摩書房、一九六八）。

参照文献

第一章

入江曜子『日本が「神の国」だった時代——国民学校の教科書をよむ』（岩波新書、二〇〇一）

戸田金一『国民学校　皇国の道』（吉川弘文館、一九九七）

中井久夫『戦争と平和　ある観察』（人文書院、二〇一五）

辻田真佐憲『日本の軍歌——国民的音楽の歴史』（幻冬舎新書、二〇一四）

『石川湧文集』（緑林社、一九八四）

第二章

『加藤周一　戦後を語る』〈加藤周一講演集　別巻〉（かもがわ出版、二〇〇九）

マーチン・ファン・クレフェルト『戦争文化論』上・下、石津朋之監訳（原書房、二〇一〇）

Frédéric Rousseau（dir）: *Guerres, paix et sociétés 1911-1946*（Atlande 2004）

Emmanuel Hecht et Pierre Servent（dir）: *Le siècle de sang:1914-2014--Les vingt guerres qui ont changé le monde*（Perrin 2014）

Stéphane Audoin-Rouzeau, Annette Becker: *14-18, retrouver la Guerre*（Gallimard 2000）

日本戦没学生記念会編『第二集　きけ　わだつみのこえ　日本戦没学生の手記』（岩波文庫、一九八八）

福間良明『「戦争体験」の戦後史――世代・教養・イデオロギー』（中公新書、二〇〇九）
出隆『出隆自伝　続』〈出隆著作集　8〉（勁草書房、一九七三）

第三章

阿久悠『瀬戸内野球少年団』（岩波現代文庫、二〇一三）
西尾幹二「私の「戦後」観」（『自由』一九六五年二月号）
日高六郎編集・解説『戦後思想の出発』〈戦後日本思想大系　1〉筑摩書房、一九六八）
河上肇『自叙伝　5』杉原四郎・一海知義編（岩波文庫、一九七六）
正木ひろし『近きより　5――帝国日本崩壊　1943―1949』（現代教養文庫、一九九一）
山田宗睦『戦後思想史』（三一新書、一九五九）
色川大吉『廃墟に立つ――昭和自分史（一九四五―四九年）』（小学館、二〇〇五）
久野収・鶴見俊輔・藤田省三『戦後日本の思想』（勁草書房、一九六六）
鶴見俊輔編集・解説『語りつぐ戦後史　2』（思想の科学社、一九六九）
白鳥邦夫『私の敗戦日記』（鶴見俊輔編集・解説『平和の思想』〈戦後日本思想大系　4〉筑摩書房、一九六八所収）
吉見義明『焼跡からのデモクラシー――草の根の占領期体験』上・下（岩波現代全書、二〇一四）
半藤一利『昭和史　戦後篇――1945―1989』（平凡社ライブラリー、二〇〇九）
色川大吉『わだつみの友へ』（岩波書店、一九九三）
ジョン・ダワー『敗北を抱きしめて――第二次大戦後の日本人』上・下、三浦陽一・高杉忠明訳（岩波書店、二〇〇一）

第四章

市川昭午監修・編集『資料で読む 戦後日本と愛国心』全三巻（日本図書センター、二〇〇八―二〇〇九）
柳田謙十郎他『新愛国論――民主主義と愛国の理想』（文理書院、一九四七）
清水幾太郎『愛国心』（ちくま学芸文庫、二〇一三）
杉田敦編『丸山眞男セレクション』（平凡社ライブラリー、二〇一〇）
梅本克己・佐藤昇・丸山真男『現代日本の革新思想』（河出書房新社、一九六六）
姜尚中『ナショナリズム』（岩波書店、二〇〇一）
姜尚中『愛国の作法』（朝日新書、二〇〇六）
佐伯啓思『日本の愛国心――序説的考察』（NTT出版、二〇〇八）
テッサ・モーリス゠スズキ『愛国心を考える』伊藤茂訳（岩波ブックレット、二〇〇七）
ベネディクト・アンダーソン『想像の共同体――ナショナリズムの起源と流行』白石隆・白石さや訳（リブロポート、一九八七）
藤原正彦『国家の品格』（新潮新書、二〇〇五）
『増補改訂 西村茂樹全集』第十巻（公益社団法人日本弘道会編、思文閣出版、二〇一〇）
『オーウェル評論集』小野寺健編訳（岩波文庫、一九八二）
マウリツィオ・ヴィローリ『パトリオティズムとナショナリズム――自由を守る祖国愛』佐藤瑠威・佐藤真喜子訳（日本経済評論社、二〇〇七）

第五章

家永三郎責任編集『日本平和論大系 第一期』全十巻（日本図書センター、一九九三―九四）
内村鑑三『非戦論』〈内村鑑三選集 2〉（岩波書店、一九九〇）

柴田真希都『明治知識人としての内村鑑三――その批判精神と普遍主義の展開』（みすず書房、二〇一六）
内村鑑三『内村鑑三小選集・愛国心をめぐって――普遍の愛と個別の愛』（書肆心水、二〇〇六）
鈴木範久『内村鑑三日録7　1903―1907　平和の道』（教文館、一九九五）
幸徳秋水『帝国主義』山泉進校注（岩波文庫、二〇〇四）
幸徳秋水全集編集委員会編『幸徳秋水全集』第四巻・第五巻（日本図書センター、一九九四年）
山泉進『平民社の時代　非戦の源流』（論創社、二〇〇三）

第六章

阿部知二『良心的兵役拒否の思想』（岩波新書、一九六九）
菊地邦作『徴兵忌避の研究』（立風書房、一九七七）
田村貞一『矢部喜好伝』（湖光社、一九三七）
田村貞一『矢部喜好の生涯――日本最初の良心的戦争拒否者』（キリスト新聞社、一九六七）
鈴木範久編『矢部喜好平和文集　最初の良心的兵役拒否』（教文館、一九九六）
佐々木敏二「灯台社の信仰と抵抗の姿勢――明石順三と『黄金時代』」（『戦時下抵抗の研究　1――キリスト教・自由主義者の場合』みすず書房、一九七八所収）
稲垣眞美『良心的兵役拒否の潮流――日本と世界の非戦の系譜』（社会批評社、二〇〇二）
稲垣真美『兵役を拒否した日本人――灯台社の戦時下抵抗』（岩波新書、一九七二）
津山千恵『戦争と聖書――兵役を拒否した燈台社の人々と明石順三』（三一書房、一九八八）
渡部良三『歌集　小さな抵抗――殺戮を拒んだ日本兵』（岩波現代文庫、二〇一一）
アラン『マルス――裁かれた戦争』加藤昇一郎・串田孫一訳（思索社、一九五〇）
Jean Giono: *Écrits pacifistes* (Gallimard 2015)

ジャン・ミュレール『太陽の影――アルジェリア出征兵士の手記』鈴木道彦・二宮敬・小林善彦共訳（青木書店、一九五八）
モリアンヌ『祖国に反逆する――アルジェリア革命とフランスの青年』淡 徳三郎編訳（三一書房、一九六〇）
保坂正康『「昭和」とは何だったのか』（五月書房、二〇〇五）

第七章

高見勝利編『あたらしい憲法のはなし 他二篇』（岩波現代文庫、二〇一三）
小林直樹『憲法第九条』（岩波新書、一九八二）
『戦争と平和に関する9章』（『世界』一九六二年九月号付録）
林茂『太平洋戦争〈日本の歴史25〉』（中公文庫、二〇〇六）
山田風太郎『戦中派不戦日記』（講談社文庫、二〇〇二）
朝日新聞東京裁判記者団『東京裁判』上・下（朝日文庫、一九九五）
半藤一利・保阪正康・井上亮『「東京裁判」を読む』（日本経済新聞出版社、二〇〇九）
道場親信『抵抗の同時代史――軍事化とネオリベラリズムに抗して』（人文書院、二〇〇八）
戸谷由麻『東京裁判――第二次大戦後の法と正義の追求』（みすず書房、二〇〇八）
日暮吉延『東京裁判』（講談社現代新書、二〇〇八）
高橋哲哉『靖国問題』（ちくま新書、二〇〇五）
『鶴見俊輔著作集 5 時論・エッセイ』（筑摩書房、一九七六）
鶴見俊輔『戦争体験――戦後の意味するもの』（ミネルヴァ書房、一九八〇）
大熊信行『兵役拒否の思想』（第三文明社、一九七二）
宮田光雄『非武装国民抵抗の思想』（岩波新書、一九七一）

『鶴見良行著作集 2　ベ平連』（みすず書房、二〇〇二）
小田実・鶴見俊輔編『反戦と変革――抵抗と平和への提言』（学藝書房、一九六八）
小田実『「難死」の思想』（岩波現代文庫、二〇〇八）
小田実『世直しの倫理と論理』上・下（岩波新書、一九七二）
小田実『「殺すな」から』（筑摩書房、一九七六）
小田実『われ＝われの哲学』（岩波新書、一九八六）
小田実『被災の思想 難死の思想』（朝日新聞社、一九九六）
ソーロー『市民としての反抗』富田彬訳（岩波文庫、一九四九）
吉川勇一編『反戦平和の思想と運動』〈コメンタール戦後50年 第4巻〉（社会評論社、一九九五）
吉川勇一『非暴力直接行動への宿題――反戦交友録』（ピープルズ・プラン研究所、二〇一六）
高草木光一編『連続講義　一九六〇年代 未来へつづく思想』（岩波書店、二〇一一）
José Bové, Gilles Luneau: *Pour la désobéissance civique*（La découverte 2004）

終章

エドワード・スノーデン『スノーデン 日本への警告』青木理訳（集英社新書、二〇一七）
望月衣塑子『武器輸出と日本企業』（角川新書、二〇一六）
西谷修『〈テロル〉との戦争――9・11以後の世界』（以文社、二〇〇六）
雨宮処凛他『経済的徴兵制をぶっ潰せ！　戦争と学生』（岩波ブックレット、二〇一七）
伊藤憲一『新・戦争論――積極的平和主義への提言』（新潮新書、二〇〇七）
エマニュエル・トッド『グローバリズム以後――アメリカ帝国の失墜と日本の運命』（朝日新書、二〇一六）

あとがき

二〇〇七年、小田実がこの世を去った。このような本を書いてみようと思い立ったのはその頃である。ぼつぼつノートを取り始めたが、他の仕事のために足踏み。実際に構想を立て、書き始めたのは二〇一五年に入ってからである。テーマ自体が膨大な広がりを持っていることは承知していたのだが、やはり三年近くかかってしまった。

この十年ほどの間に、終章で少し触れたが、世界も日本も急速に変わった。そして、書き進んでいるうちに、もたもたと過去を振り返っているこのような本は季節はずれではないかという思いに、ときとしてとらわれた。実は書き終わった今、この一月に刊行された山田慶児氏の『ぼくの戦争』（編集グループSURE）を読むことができて少し意を強くしている。いわば同志を発見した気分である。山田氏は三学年上の方、経験–回想と客観的資料とを交差させながら「彼の」戦争と戦後とを冷静に語っている。拙著と合わせて読んでいただければと勝手に願っている。

そしてもう一つ。読者の方々の中には、私の歳の前後の、ほとんど絶滅種に近くなったかつての少国民、多少とも現在の〈空気〉に違和感を覚える方々がおられると想像する。どうか「旅立ち」の前に、現在の世界と日本を考えながら「ぼくの戦争」を、形はどんなであれ、書き残していただけないだろうか。「孤独なかけ」かもしれないが「少数の力」のために。それがどの程度後の世代に伝わるかはまったくわからないが、言葉へのわずかな信頼の証しとして。

「大東亜戦争」という呼称についてはお断りをしておきたい。この本の中で二、三のケースをのぞいて、一九四一年に始まる戦争を私は「大東亜戦争」と括弧をつけて記した。歴史家たちの多くはある時期からこの戦争を「太平洋戦争」、あるいは「アジア・太平洋戦争」と呼ぶようになった。その命名の是非の議論にここで立ち入るつもりはない。ただこの呼称は実のところ、私に何のイメージも呼び起こさないのである。これに対して「大東亜戦争」は戦中の少国民にとっては「正義」に結びついた言葉であり、戦後、物心ついてから、また知識を積むにつれて、「愚劣」「無謀」「残虐」「悲惨」と結びつくようになった言葉である。客観的な歴史の叙述ではなく、記憶に問いかけながら「戦争」と「非戦」を考えるこのような本は、私の中で意味内容を変えていったこの呼称でしか書き得なかったのである。「日中戦争」ではなくやはり括弧をつけて「支那事変」と記したのも同様の理由による。

とにかく書き上げることができたのは、忍耐強く待ってくださったみすず書房の成相雅子さんのおかげである。それだけではなく、記憶の誤り、文章のぎくしゃく、どれだけ多くの箇所を指摘していただいたことか。成相さんに心からのお礼の言葉を何度も記しておきたい。

二〇一八年一月

海老坂　武

著者略歴

（えびさか・たけし）

1934年東京に生まれる．東京大学文学部仏文科卒業．同大学院（仏語・仏文学）博士課程修了．著書『フランツ・ファノン』（講談社，1981，みすず書房，2006）『戦後思想の模索』（みすず書房，1981）『雑種文化のアイデンティティ』（みすず書房，1986）『シングル・ライフ』（中央公論社，1986）『記憶よ、語れ』（筑摩書房，1995）『〈戦後〉が若かった頃』（岩波書店，2002）『かくも激しき希望の歳月』（岩波書店，2004）『祖国より一人の友を』（岩波書店，2007）『サルトル』（岩波新書，2005）『戦後文学は生きている』（講談社現代新書，2012）『加藤周一 二十世紀を問う』（岩波新書，2013）訳書 ニザン『番犬たち』（晶文社，1967）ペレック『眠る男』晶文社，1970，水声社，2016）ファノン『黒い皮膚、白い仮面』（共訳，みすず書房，1969，1998）ボーヴォワール『別れの儀式』（共訳，人文書院，1989）サルトル『植民地の問題』（共訳，人文書院，2000）『自由への道』（共訳，岩波文庫，2000）『家の馬鹿息子』1〜4（共訳，人文書院，1982，1989，2006，2015）ほか多数．

海老坂 武

戦争文化と愛国心

非戦を考える

2018年3月15日　第1刷発行

発行所 株式会社 みすず書房
〒113-0033 東京都文京区本郷2丁目20-7
電話 03-3814-0131(営業) 03-3815-9181(編集)
www.msz.co.jp

本文組版 プログレス
本文印刷・製本所 中央精版印刷
扉・表紙・カバー印刷所 リヒトプランニング

Printed in Japan
ISBN 978-4-622-08518-8
[せんそうぶんかとあいこくしん]
落丁・乱丁本はお取替えいたします